袁微子先生

（1913—1991）

“中国教材研究文库”

第一辑总目

叶圣陶论教材

戴伯韬论教材

辛安亭论教材

叶立群论教材

陈　侠论教材

蒋仲仁论教材

袁微子论教材

张志公论教材

刘国正论教材

陈尔寿论教材

雷树人论教材

王占春论教材

“中国教材研究文库”第一辑选编委员会

中国教材研究文库

袁微子论教材

袁微子　著

人民教育出版社
·北京·

图书在版编目（CIP）数据

袁微子论教材 / 袁微子著. —北京 ：人民教育出版社，2020. 11
（中国教材研究文库）
ISBN 978-7-107-34664-4

Ⅰ. ①袁… Ⅱ. ①袁… Ⅲ. ①小学语文课－教材－研究 Ⅳ. ①G623. 202

中国版本图书馆 CIP 数据核字（2020）第 218117 号

袁微子论教材
作　　者/袁微子
装帧设计/何安冉

出版发行　人民教育出版社
（北京市海淀区中关村南大街 17 号院 1 号楼　邮编：100081）
网　　址　http://www.pep.com.cn
经　　销　全国新华书店
印　　刷　山东临沂新华印刷物流集团有限责任公司
版　　次　2020 年 11 月第 1 版
印　　次　2020 年 11 月第 1 次印刷
开　　本　787 毫米×1 092 毫米　1/16
印　　张　19. 5
插　　页　1
字　　数　254 千字
印　　数　0 001～3 000 册
定　　价　58. 00 元

“中国教材研究文库”总序

郭戈

古人说得好：“以铜为镜，可以正衣冠；以史为镜，可以知兴替；以人为镜，可以明得失。”对于教材工作而言，以史为镜、以人为镜也是至关重要的。我国古代常用的教材主要是“三百千千”“四书五经”。新式教材起步于清末，活跃于民初，先学日本，后仿美国。1897年上海南洋公学外院效法外国，编了国文、算术、历史、舆地、格致等课本，这便是打破老传统，把各门知识较有系统地编为学科教材的开始。随后出现的各种课本和教育著作大都是模拟日本或直接译自日本。清末以来，特别是民国建立后，教材自由编写，实行审定制，民间掀起了一股编撰出版教科书的热潮，一批出版机构如商务印书馆、文明书局、中华书局等，与一批出版家、教育家，为此做出了奠基性、开创性的重要贡献。

五四新文化运动以降，教育理念和课程教材发生了新变革，特别是全国教育会联合会在主要借鉴美国教育的基础上而研制的新学制以及课程标准纲要，影响巨大。一时间，欧美新教育思潮、实用主义教育思想引入中国，教材也从过去主要效仿日本一变而为仿效美国。当时，许多教材在内容编写上都强调以儿童生活经验为中心，甚至一些中学理科教学更直接采用美国的课本。新中国成立之前，民国政府虽然曾几次颁布课程标准，教材的内容和形式却基本上没有大的改观，只不过是更多地借鉴和学习美国的经验罢了。并且，清末及民国历届政府都有统一教科书的意愿和行动，但由于旧中国持续不断的内忧外患和政府的腐败无能，加上课本编写质量不佳等原因，所谓“国定教科书”或“统一教科书”最终都以失败而告终。

新中国的成立开创了中华民族历史的新纪元，也掀开了我国教材事业发展的新篇章。新中国成立伊始的教材，文科主要借鉴了解放区的经验，理科主要选取了国统区的本子，还有一部分选取了编译的苏联教材。接着，便在全面学习苏联教育经验的基础上开始了教材自编或重编的历程，并逐步走出了一条具有中国特色的以统为主、统分结合的教材道路。总的来说，与旧中国相比，新中国成立 70 多年来，全国中小学实施的是统一的教学大纲或课程标准，使用的基本上是由国家统一供应、教育部组织编写、人民教育出版社编辑出版的通用教材或统编教材，并做到了所有地方、每所学校、全部学生都使用上了这样的教材。为此，中央确立了集中统一教材制度的大政方针，制定了统一的教学大纲或课程标准，组建了专门的教材编写和审查机构，配备了强有力、专业化的编审人员，还建立了保证“课前到书，人手一册”的教材出版发行渠道和机制。当前，党中央、国务院高度重视教材工作，把教材建设作为一项战略工程、基础工程，成立了国家教材委员会，教育部组建了教材局，并先后颁布了一系列有关规章制度，在义务教育和高中阶段全面实施政治、语文、历史三科教材统编、统审、统用政策，标志着我国教材建设进入了新时代。

“江山代有才人出，各领风骚数百年。”社会发展史也是个体发展史。历史由人民创造，又有杰出历史人物的巨大作用。讲述历史离不开历史人物，回顾教育不能回避教育家，同样，总结和借鉴教材的历史经验，也不能回避曾经为教材事业创造出重大业绩的历史人物。在我国新式教材100多年的发展过程中，不仅编辑出版了不计其数、数以万计的各个学科、多种形式的教材，而且也涌现出了一大批教材编辑家、出版家、研究者，他们都为我国的教材建设事业做出了奠基性、开创性的重要贡献。归纳起来，这些大家在清末及民国时期主要有：张元济、陆费逵、范源廉、蒋维乔、马君武、戴克敦、沈恩孚、高梦旦、王云五、舒新城、李廉方、庄俞、沈颐、张相、杜亚泉、吕思勉、陈宝泉、范祥善、金兆梓、周建人、黎锦熙、顾树森、俞子夷、吴研因、叶圣陶、丰子恺、朱经农、朱文叔、刘薰宇、宋云彬、丁晓先（韦息予）、赵欲仁、艾伟、沈百英、吕伯攸、陆殿扬、陈鹤琴、辛安亭等。在新中国成立后的主要代表是：叶圣陶、周建人、胡绳、辛安亭、戴伯韬、朱文叔、刘薰宇、金灿然、吉少甫、朱智贤、陈元晖、叶立群、张志公、吴伯箫、张毕来、蒋仲仁、袁微子、刘国正、张中行、邱汉生、苏寿桐、陈尔寿、方宗熙、雷树人、梁英豪、张玺恩、张孝达、王占春、陈侠、熊承涤等。他们都是对一定历史时期的教材建设，特别是一些学科教材领域做出过重要贡献并产生了广泛影响的人物，并大都在编辑出版教材的过程中发表过论述教材的著述，提出了关于教材问题的看法和认识，内容涉及教材的政策管理、编写审查、出版发行、使用教学或教材本体等诸多领域，其中一些人还形成了较为系统和全面的思想观点。这些思想观点成为我国教材建设和教材学术研究史上的一笔笔宝贵的财富。有鉴于此，在人民教育出版社成立70周年之际，我们启动了“中国教材研究文库”这个大型丛书项目，旨在通过挖掘、收集、辑录、整理百年以来教材领域众多大家的研究成果，分期分批出版，比较系统地展示中国近现代以来教材研究的主要成果，从一个侧面呈现中国近现代以来教材发展的基本脉络，为新时代教材建设和研究事业提供参考和借鉴。这套大型丛书的编辑出版也是我们缅怀和纪念老一辈教材大家的最好方式。

改革开放以来，国内出版了不少教育名家的著作、文集甚至全集，其中涉及一些教材编辑家、出版家的论著，这是我们选编工作的基础。对有的教材大家已出版的文集，我们进行了重新编排、补充和校核，以体现新的特色。对于尚未有文集出版的一些教材大家，其教材文集的收集、整理、选编任务则比较繁重。好在现代信息技术很发达，网络文献查阅很方便，我们将传统方法与现代手段相结合，大大提高了工作效率。本文库入选的人物全都是我国百年以来教材建设，特别是教材研究开发和编辑出版事业的主要参与者、贡献者、引领者。本文库秉持按人设卷、一人一卷的原则，但对于教材史上的一些重要人物，我们也不排斥两人或多人合为一册的情况。我们对每卷文集的篇目都大致进行了分类，并基本按照时间先后顺序或一定专题加以排列，但鉴于作者的经历和作品情况的差异，也为了突出某些重要作品，以满足读者现实需要，每卷目录的编排方式也各具特色。无论哪种编排方式，对每篇文章的出处和时间我们都尽量说明清楚，必要时增加注释。读者阅读之后可以感受到，这些教材文集见证和记录了中国近现代课程教材的成长史、演进史，也是教材大家们辛勤耕耘、笔耕不辍的学术思想的集中体现。可以说，每一卷的文字都曾经为教材建设史的推进铺下过坚实的一砖一瓦，也都曾经拨动过教材人的心弦。我们希望，通过重温教材大家精到的论断、深邃的思考、严密的逻辑、优美的文字，以及字里行间蕴含的学术风范、治学之道和人格魅力，可以为后来者提供学习和传承的典范。

“中国教材研究文库”是一套开放性的丛书，第一辑入选了12位人物，主要是新中国教材建设和研究的奠基者和开拓者。接着，我们还将陆续推出第二辑、第三辑。“众人拾柴火焰高。”热诚欢迎国内教育学者特别是课程教材研究者积极参与到这套文库的编辑出版中来。

“闻道有先后，术业有专攻。”教材建设是个专业，也是门学问，教材工作有其自身的特点和规律。当前，教材问题越来越受到重视，从事教材研究开发和编辑出版工作的人也越来越多，如果说有所谓捷径可循的话，那恐怕就是直接阅读和学习以往这些教材大家的有关论著了。了解教材历史，知晓教材大家，汲取和借鉴以往的智慧和经验，继承和发扬他们的思想和观点，可以使我们明理启智、审时度势、推陈出新，对于做好当下教材改革发展工作、提升教材科学化水平大有裨益，对于教材研究和学术创新更是必不可少。

“中国教材研究文库”作为中国近现代教材成长史、演进史的记录和见证，实为百年中国教材研究的缩影和写照，具有较高的文献史料价值，能为教材建设者和教育学者的编辑出版工作和研究工作提供较为完整的基础性材料。我们相信，本文库的出版对于推动教材事业建设、促进教材理论的创新发展会有一份积极的贡献。我们也希望在新时代，教材事业蒸蒸日上、人才辈出，创作出更多扎根中国大地、师生喜爱的各科教材，不断提升教材研究水平，加快构建中国特色、世界一流的教材建设体系和教材理论体系。

本文库由我忝任总主编。教育学界、课程教材界的专家学者以及社会各界人士对本文库给予了热情关注，我社黄强社长以及有关领导、员工和离退休老同志提出了宝贵意见和建议；丛书责任编辑和各分卷编者及责任编辑也付出了辛勤劳动。谨在此一并致谢！

限于水平，本文库的编辑出版工作或有不妥不足甚至错误之处，敬请读者不吝指正！

2020 年 9 月 10 日

本卷前言

在人民教育出版社建社七十周年之际，由郭戈总编辑主持的“中国教材研究文库”大型丛书项目正式启动，旨在系统地展示中国近现代以来教材研究的主要成果，并借以缅怀和纪念老一辈教材工作者和教育大家。《袁微子论教材》作为丛书的一卷，可谓实至名归。

袁微子（1913—1991），浙江省桐庐县人。小学语文教育家。1936年毕业于安徽大学教育系。曾任人民教育出版社小学语文编辑室主任、编审、学术委员会委员、课程教材研究所研究员，历任全国教材审查委员会委员、全国小学语文教学研究会副理事长、理事长、名誉理事长。

袁微子先生早年任职于上海开明书店，在叶圣陶先生的领导下，参加《新少年》杂志的编辑工作，分担《少年习作展览》的编选，并每期撰写评说。抗日战争期间，袁微子回到浙江中学、中专和浙江医学院担任教员，利用课堂教学、课外活动，编辑刊物，撰写文章宣传抗日救国。曾创办过《浙江日报》副刊《江风》，主编《东南日报》副刊《笔垒》，出版有《浪花集》。1949年以后，袁微子同志历任杭州师范军管会军代表、教导主任、浙江省文教厅调查研究室主任、中教处副处长、浙江省文联党组成员、编审部长、《新儿童报》社社长。还创办了全国第一个教育刊物《浙江文教》，担任第一任主编。1955年8月，袁微子调入人民教育出版社，从此开始小学语文教材的编写和研究工作。1955年到1966年，袁微子除参加各套（十二年制学校两套、十年制学校一套）教材的研究和讨论外，主要负责高年级教材的编写，并在《人民教育》等刊物上陆续发表有关教材教法的论文。1977年以后，主持《全日制十年制学校小学语文教学大纲（试行草案）》《全日制小学语文教学大纲》的拟订和教材的编写工作，主持五年制小学语文课本的改编工作，并担任中等师范教材《小学语文教材教法》的主编。

袁微子先生是资深的语文教材编写专家，他遵照叶圣陶先生的嘱托，潜心研究"语文训练的项目和步骤"，组织编写了以"读写训练项目"为核心的新时期全国统编教材，为新中国小学语文教材建设作出了里程碑式的贡献。为了帮助教师掌握教材，提高教学，他还亲自登上讲台，试教课文，开创了编辑人员上讲台试教的范例。他在认真总结我国小学语文传统教学经验的基础上，注意吸收国外的先进经验，根据党的教育方针，提出了小学语文教材及教学改革的主张。袁微子先生还深入全国各地讲学，足迹遍布祖国大江南北，他把听课作为调查研究的重要手段，走到哪里，听到哪里，研讨到哪里，发表了大量有关小学语文教学的文章，论著有《小学语文教学漫谈》《小学语文课文类型研究》等，为小学语文教材建设和小学语文教学改革作出了重大贡献。他曾在联合国教科文组织的会议上介绍中国小学语文教学改革的成果，引起国际上的重视。

本卷主要辑录了袁微子先生在杂志和报纸公开发表的有关语文教材研究的学术论文和少数讲课录音材料，内容聚焦教材，涵盖了教材问题研究的方方面面，涉及语文学科的性质、目的和任务、语文教材基本理论、教材实践问题研究等，既有深刻的历史意义和理论价值，也具有充分的现实关怀，记录了先生一生在语文这块沃土中辛勤耕耘的足迹。认真研究这些内容，可以看出其中贯穿着袁微子先生最基本的语文教育思想。他认为，小学语文教材与教学的改革，要以马克思主义哲学思想为指导，把辩证唯物主义的基本观点渗透到语文学科中去；在发展学生语言能力的同时，提高他们的认识能力，并培养他们的无产阶级世界观。他提出，小学语文教材的编写，不仅要选好课文，还应强调按语文基本功训练的要求，安排若干重点项目，组成一个完整的系统，有计划、有步骤地进行训练，使教材建设逐步走向科学化。在教学论上，他根据语文学科的本质特点，着重强调处理好语言文字训练与思想教育的关系，学习语文与认识事物的关系，传授知识与培养能力的关系，教与学的关系，并重视思维训练，发展智力，培养自学能力，以适应培养社会主义现代化建设人才的需要。

袁微子先生不愧是继叶圣陶、吕叔湘先生之后推动小学语文教材、教学改革的一代宗师。在课程理念不断发展的今天，他的语文教育思想依然熠熠生辉，能够引领后学者在语文教材编写和语文教学的道路上不断前行。

本卷由魏航、陈先云编选，徐轶也为此付出了辛劳。本书主要供教材理论研究者、教材编辑出版人员、高校师范生、中小学校长和教师阅读。由于袁微子先生著述颇丰，作为专门研究先生论教材的专著，选编难免有遗珠之憾，敬请谅解。

编者

2020 年 9 月

目　录

第一编

小学语文教学大纲是怎样审定的*

几经修订，质量逐步提高

这次修订的小学语文教学大纲，以 1978 年教育部发布的五年制小学语文教学大纲为基础，是全国中小学教材审定委员会于 1986 年成立后首次审定的大纲。

国家教委十分重视这项工作，1985 年下半年便责成人民教育出版社着手修订。人教社的小学语文室在具体修订过程中，着重检查了教学大纲的思想性、科学性以及是否适应当前教学实际等主要问题，并认真安排了六年制小学各年级的具体教学要求。以原大纲规定的五个年级的具体教学要求为基础，在不提高总要求的统一标准下，扩展为六个年级。

1986 年 7 月，国家教委初教司拿这个草稿作为底子，经过调查研究，组织力量主持第二次修订。这次修订，把重点放在小学语文学科的

---

* 此文发表于《课程·教材·教法》1987 年第 2 期。第二作者陈国雄。

性质、目的、总要求以及识字、阅读、说话、作文等基本功的主要问题上。其重要特点在于吸收了近五六年来小学语文教学改革实践中行之有效的经验，在大纲中作了适当反映。这次修订的大纲，作为审查本，提交小学语文教材审查委员会审查。

同年9月底，全国中小学教材审定委员会正式成立，小学语文学科审查委员会共有二十多位同志参与审查工作，除审查委员外，还包括有部分顾问、审定委员以及代表。这是一次比较全面的审查。以中央关于教育体制改革的决定精神为依据，从现行教材基本不作变动的实际出发，在思想性、教育性、科学性、实践性，并联系国内外小学语文教学发展的趋势等方面，作了相当认真的审查修改后，基本通过。

11月下旬，国家教委召开中小学教材审定委员会，对各科教学大纲进行审定。这次审定，对审查委员会基本通过的小学语文教学大纲又作了过细的推敲。在逐句逐段、从章节到整体的审定过程中，肯定了审查通过的修订稿，又在目的要求、识字量、阅读教学的目的、说话与作文的要求、成绩考查等重要问题上反复斟酌，作了必要的修改，使大纲的质量又有所提高。

教材改革，要认真走好第一步

教材改革，主要问题在于积极、坚决地改革同社会主义现代化建设不相适应的教育思想、教育内容、教育方法。如果没有好的教材，正确的教育思想、内容得不到体现，也影响教育方法的改革。

教材改革问题十分复杂，既要解放思想实事求是地进行改革，又要有计划有步骤地安排。从我国中小学教育实际出发，目前打算大体上分两步走。第一步是1990年前，在对现行课程设置、教学计划、多数课程的主要内容和体系不作大的变动前提下，修订现行教学大纲。这次修订的教学大纲便是这样一个过渡性的大纲。

具体地说，这个过渡性的大纲，要从适当降低难度、减轻学生学习负担、教学内容要求明确具体等三个主要方面着手。就小学语文教学来说，教师们对大纲里的各年级的具体教学要求最为关心。明确了各年级的具体教学要求，做到心中有数，才便于有计划地教学，便于检查和提高教学质量。

修订后的大纲，教学要求更加具体明确了。教委初教司主持的第二次修订过程中，对这部分内容作了细致认真的安排。在不降低要求、五六年制都达到同样要求的前提下，综合研究了当前小语教学实际，补充了具体内容，明确了具体要求。例如增加并充实了听说训练内容及要求，重视了汉语拼音训练，调整了识字与读写的关系等。修订结果，五年制各年级的教学要求，从原来的20条增加到39条，每个年级都充实了将近一倍，而总的要求并不提高。新增了六年制各年级的教学要求47条，这是在人教社原先提出的基础上的修订。修订的时候，要做到使老师们看得明白，学得进去，教学时不致偏离要求，而又有一定的灵活性。这回审查，认为这项修订是下了细致功夫的。

至于适当降低难度，这个问题反映在小语教学上，教师们普遍认为大纲的要求大体是适当的，教师经过努力是可以达到的。感到困难的是教材中极少数课文难度较大，师生都感到吃力。反映最强烈的是考试题，为了毕业考试拉开差距，有些题目便显得较难，是“超纲”了的。

在审查过程中，对修订稿中某些容易引起不同理解，导致要求偏高、难度偏大的内容，作了必要的控制。例如低年级汉语拼音教学的要求，从近年来的教学实验情况看，做到直呼音节对提前阅读确实大有好处，但也注意到某些学校由于要求偏急产生死记硬背加重学生负担的现象，因而在审查中明确提出“有条件的可以逐步做到直呼音节”，并放宽尺度，作为二年级达到的要求，既不妨碍汉语拼音教学改革实验，又照顾了一般学校的教学实际，提出了努力目标。

三项修订原则中，最突出也是最重要的环节是减轻学生的学习负担。小学语文教学也是这样，这门学科占的课时比例最大，某些小学的语文作业负担很重，而质量并不见得有明显提高。这次审查大纲，注意到这一点。除了多处强调启发学生的学习兴趣，调动学习的积极性，要求学生学得主动外，还采取了三项重要措施。

一是调整了识字要求。在最后的审定会上，负责审定的同志们根据近年来的常用汉字统计频率调查，一致认为小学阶段要认识并掌握三千个左右汉字，难度偏大。尤其是低年级，在识字训练上虽然创造了不少好经验，但学生负担毕竟比较重，有碍于其他基本功训练，特别是影响身体健康发展。照顾到教材内容不作较大变动，作出如下规定：1. 小学阶段识字量仍然维持三千个左右，但只要求掌握其中的二千五百个左右。意思是说，三千个左右汉字，凡在课文中出现的，都应当能读出字音，了解字义，但只要求百分之八十能够掌握。至于认识哪三千个和掌握哪二千五百个，可根据教材和教学实际具体安排，这次大纲不作统一规定。2. 在大纲中，小学低年级不提以识字为重点，而是要求前三年完成大部分识字任务，既有利于加强识字与听说读写的联系，又不致引起片面理解，加重学生识字负担。3. 在识字、写字部分，还明确指出：“在识字教学改革实验中，要注意不能增加学生负担。”

二是改进考查学生成绩的办法。在审查过程中，对成绩考查问题讨论较多而引起重视，单独写了一段。对考查的目的明确指出，在于检查语文教学的效果，促进学生学习语文的积极性，改进教学，提高质量。这样的论述，具有积极意义，既检查教学效果，又促进学习积极性，改变了那种片面地消极地考学生，甚至对学生造成精神压力的消极影响。并在考查方法中着重指出，应当重视日常教学活动中对学生的学习情况进行考察（注意，是考察，不是考查），这是为了让教师可以及时检查教学效果，改进教学，促使学生在平时便注意自己的进步过程，提高学习积极性。同时还指出，要严格控制考试次数。

三是减轻课外作业负担。在审定过程中，参与审定的同志一致认为，为了强调这个问题，有必要单独写上一段。着重指出，课外作业是巩固提高学习效果的手段。学习效果主要是在教学中训练获得的，而不是从课外作业中求得的。课外作业只是巩固学习效果的手段之一，而且不仅限于巩固，还要借以提高学习效果。因而接着便提出，教师要精心设计作业，具有启发性，分量要适当，不要机械抄写，以利于减轻负担，促进学生身心健康发展。这里具体提出“不要机械抄写”，是为了根除那种机械地命令学生一个生字盲目抄写十遍二十遍，甚至借以惩罚学生，责令抄写字词若干遍的不良现象。

正如审定委员会负责同志在总结时所指出的，贯彻执行这次修订后的大纲，必须提高教师的认识水平和业务水平，要端正教学思想，把培养有理想、有道德、有文化、有纪律的社会主义公民作为中心。因而要积极组织教师进修，提高业务能力，才能切实有效地贯彻大纲精神。

加强科学研究，进行教学改革

全国中小学教材审定委员会第二次开会期间，同志们讨论了胡乔木同志和何东昌同志在审定委员会成立大会上的讲话，注意到乔木同志提出的，“爱国主义思想不单贯穿在中小学的教材里，而且应贯穿在中小学校内外的各项活动中，成为中小学教育的主导线索”。还注意到东昌同志着重提到的，“衡量一部教材的水平，不能脱离实际地看它们内容的广度、深度和科学上的先进性，而应当从它的教育性、思想性、科学性、切合实际的先进性、教学上的适用性、启发性和趣味性，从它同其他课程教材相互配合的效果和全体学生学习的实际效果上综合加以衡量。最终还要从学生到社会上工作、劳动或升学后表现出来的基本素质来衡量”。在论述这一问题时，东昌同志强调了要按照不同学科的特点，深刻地渗透正确的教育性和思想性。要恰当渗透先进的科学思想；要使教师经过努力能教得了，学生学得好，学得主动；要适当注意联系当地的生产、生活实际进行教育；要有利于学生自学；要注意各门课程教材的相互联系和配合。

同志们认为，上述教育、教学改革精神，应当在这次修订的大纲中能够初步体现。尽管这是个过渡性的大纲，只能着重解决亟待解决的几个具体问题，但在解决具体问题的过程中，必然要体现教育改革精神，才能做到教委负责同志在总结时提出的，为制订义务教育的各科新教学大纲作好准备。

以上述精神来衡量，在这次小学语文教学大纲的审定过程中，着重注意了下列几点。

一、如何按照小学语文学科的特点，将培养目标与教育任务渗透到具体教学中去。值得着重指出的是，这次对“教学目的和要求”这一章作了重要修订。小学语文教学的目的定为：“培养学生的识字、听话、说话、阅读、作文的能力和良好的学习习惯，并在语言文字训练的过程中进行思想品德教育。”这里便体现了“渗透”教育性、思想性的精神，是1949年以来的1956年、1963年和1978年三次大纲的继承和发展，把语言文字训练和思想教育相互渗透的关系，把语文学科不仅具有工具性而且具有很强的思想性的特点，都比较明确地表达出来了。

根据这样的目的，在论述总要求的时候，为了叙述方便，从语言文字训练和思想品德教育两个方面分别阐述，但都论及了它们之间的内在联系。在列举了语言文字训练八个主要项目之后，加上一段文字：“语言文字是反映客观事物的。学习语文和发展认识能力是相辅相成的。在语文教学中，不仅要使学生自觉地获得社会、自然、人体保健等知识，而且要在训练语言能力和获得知识的过程中，发展学生的智力，特别是发展学生的思维能力。”在思想品德教育方面则着重提出：“语文学科的重要特点是语言文字训练和思想教育的辩证统一。因此，语文教学要在进行语言文字训练的同时，使学生潜移默化地受到爱祖国、爱人民、爱劳动、爱科学、爱社会主义的教育，培养良好的意志、品格和爱美的情趣。”此外，在阅读教学那一章里，指出在讲读课文时要指导学生热爱祖国的语言文字。

二、对识字、阅读、说话、作文等各项基本功，都适当吸收近年来教学实践中行之有效的经验，给以必要的表述。这也是力求能在科学性、切合实际的先进性，以及教学上的适用性、启发性上有所体现。例如在识字教学中，重视发挥汉语拼音的作用，除了一向用于帮助识字与学习普通话，还加了帮助阅读一项，这就可以使识字与阅读等基本功密切联系起来，为识字教学改革更广泛深入的实验开拓思路。关于阅读，对阅读教学的重要性作了充实，在原来提的“培养学生读书看报的能力和良好的阅读习惯”的基础上，补充了两点。一点是：“阅读教学是小学语文教学的重要环节，是识字的基本途径，有利于巩固提高识字质量，为作文打下基础。”另一点是：“在阅读教学中，能使学生获得知识，提高认识，受到思想教育。”这两层意思都是具有针对性，在审定时对原修订稿仔细斟酌、修改而成的。关于作文，明确地指出：“作文训练要从内容入手，指导学生选择有意义的内容和恰当的形式。”这也是有针对性的，在审定时加以肯定的。还重视加强听话和说话训练，把它作为小学语文教学的重要任务，指出“培养听说能力既是日常生活的需要，又能促进读写能力的提高”。把看图说话、写话，加上观察事物说话、写话等，作为初步的作文训练。这就可以把作文训练的基础打得更为扎实。

三、加强与小学各门学科之间的横向联系，为整体性发展创造条件。这次大纲比较重视培养学生的思维能力、自学能力，强调丰富知识，开拓视野，提高认识，还注意了语言文字训练与思想教育的综合训练，这对思想品德以及数学等各科教学将会起到促进作用。加强了汉语拼音，如果数学等科教材加上难字注音，可以相对降低学习难度。重视对自然、社会的观察，以及观察事物的说话、写话，可以跟自然、历史、地理等科相互联系。重视教学人体保健知识，培养爱美情趣，加强课外活动，对音乐、体育、美术等科也会起到相互促进作用。

在审定过程中，还注意到各部分内容之间的联系，各年级之间的联系，部分与整体之间的联系，力求相互衔接，循序渐进，使教学与教育逐步得到统一发展。

由于这次修订的大纲是过渡性的，有些问题只能稍加充实、调整，有的项目还不易提出较大的改革。例如教材的编排原则和方法，这次未作什么修改，留待拟订新大纲时再重作考虑。再如按义务教育法，如何跟初中阶段密切联系，尚待从实际出发，认真研究。说话训练，似应单列一章；成绩考查，应作详细阐述；课外活动，应从全面发展考虑。凡此种种，审定委员会及国家教委领导在总结时均提出希望，要求今后多关心教材建设，重视科学研究，加强实际调查，在业已取得重大进展的基础上，充分做好制定新大纲的准备工作。

对小学语文教材教法的基本认识*

这次想跟同学们谈一谈自己对小学语文教材教法的一些基本认识。

人对客观现实的认识是在不断发展、逐渐深化的。当某个客观过程已经从一个阶段向另一个阶段推移转变的时候，我们就要善于在主观认识上也跟着推移转变，意思是说，要使任务和办法能够适合于新的情况的变化。因此，这里所谈的基本认识，也只是指现在自己的认识水平。

关于小学语文教材教法的基本认识，想着重谈三个问题：第一，围绕着小学语文的规律性谈一谈小学语文学科的性质和作用；第二，围绕小学语文教材体系谈一谈编写小学语文教材的主导思想；第三，围绕小学语文教学思想谈一谈在教学中怎样使用教材。

一、小学语文学科的性质和作用

这是长期以来大家都在探讨的问题。想分三点来说。

* 选自袁微子著：《小学语文教学漫谈》，山东教育出版社 1983 年版。

（一）对小学语文学科性质的认识的逐步发展。

对于事物性质的认识，一般地说都跟它与别的事物本质的比较有关，而且这种本质的比较往往倾向于这种事物对于人的作用。譬如枪炮，它的性质可以是钢铁制品，但也可以说它是武器，联系到它对于人的作用来谈，就不如说是武器更为确切。语文，指的是语言文字，它们的性质可以是反映人们思想的音符或符号，但人们往往把语文的性质称之为工具，当然，称为工具，便似乎对人的作用更实用一些。

由于语文是工具，已为人们所公认，于是语文学科的性质也相应地定下来，称为工具学科或基础工具学科。因为语文不仅是一种工具，而且是各科学习的基础工具。

语文是工具，于是语文学科就是工具学科，是不是可以这样对等地说呢？语文指的是语言文字，而语文学科则是讲怎样理解语言文字和怎样运用语言文字的。对语言文字的理解和运用，都涉及人的思想感情。这样，把小学语文学科笼统称为工具学科，便显出了不够周延之处。我们可以把语言文字作为纯工具来研究，但语文学科却并不这样。没有一篇用语言文字组织起来的讲话或文章是不带有人的思想感情的，没有思想感情的文章与谈话是不存在的。这里试举一个例子。鲁迅在《准风月谈》的前记中，针对当时国民党反动派只准人民谈风月，不许议论国家大事，就借“风月”来讽刺。鲁迅引用的第一句是：“月白风清，如此良夜何？”月儿这样明亮，晚风这样清爽，哪来这样美好的夜晚啊？鲁迅说，“好的，风雅之至，举手赞成”。第二句是：“月黑杀人夜，风高放火天。”天黑沉沉的，狂风呼啸着，正是国民党反动派杀人放火的夜晚。这又如何呢？由此可见，“风”和“月”这样的文字可以作为纯粹工具，而一经人们运用，便可以显示人们截然不同的思想感情。

这样，对小学语文学科的性质便产生了进一步的看法。有人说，小学语文是一门思想性很强的工具学科。也有人认为不妥，工具哪有什么思想性呢？因此，还必须进一步探讨，语文究竟是什么样的工具。它应当是用于建设精神文明的有力工具或武器，这种工具是被人们用来记载、表达思想的，是互相抒发感情的，是用来团结人的，用来跟敌人作斗争的。这样的武器，便是用于认识世界，从而改造世界。这样，我们对语文学科的性质又向前发展了一步。一接触到认识世界，改造世界，就涉及语文这个最根本的、跟我们联系最为密切的本质上来了。马克思教导我们，不仅要认识世界，而且要能动地改造世界。我们的学校教育就是要培养学生学会用马列主义的真理，去正确地认识世界，能动地改造世界，把我们的祖国建设成为社会主义现代化的强国。各门学科都是为了这样一个总目标而设置的。语文学科也是如此。有了这个认识，我们便可以说，小学语文学科是培养建设社会主义现代化强国的一代新人的一种工具或是武器，是帮助他们为认识世界、改造世界而去掌握语言文字这个工具的。小学阶段就要打下初步的基础。

综上所述可以归结为三点：首先，从语文的性质来看，不能为语文而语文，应该强调它有强烈的思想性。其次，语言文字这个工具是要下苦功夫才能掌握的。最后，无论是思想性也好，工具性也好，都是为塑造一代新人所用，为认识世界、改造世界所用，要在这个总目标下统一起来。

（二）小学语文学科是各科学习的基础。

按教育部 1981 年新颁布的五年制小学教学计划，小学除语文、数学外，还添设了思想品德、自然、历史、地理等科。对各门学科来说，小学语文学科是基础，因此，从课时安排上看，它占的比重也最大，约占全部课时的百分之四十。

为什么说小学语文学科是各种学科的基础呢？

首先，从语言文字的工具性来看，它是基础。所有各科的教材及教学，都离不开语言文字。小学生语言文字训练得好，对其他学科的学习就很有帮助。

其次，从语文学科的内容来看，它是基础。语文是从小学一年级开始就设立，不仅要接受语言文字的启蒙教育（文字的启蒙是从小学语文学科开始的），而且要同时接受丰富的知识教育。它涉及的知识面也比较宽，这些知识与其他各科的内容都发生关系，为其他各科的学习准备有利条件。

再次，从语文学科的教育意义来看，它是基础。对培养一代新人来说，语文涉及的范围很宽，一些有关思想教育的初步概念往往都能在语文教材中得到反映，能起到潜移默化的作用。

一方面是学好语言文字；另一方面是获得知识，受到教育，认识事物。这两个方面要在语文学科当中结合起来，这就构成了语文学科这个“基础”的特点。

（三）要充分发挥小学语文学科的基础作用，必须强调训练语文能力。

这是从小学语文学科的性质和作用联系起来谈的。

1. 从语言文字是工具，语文学科是理解和运用这个工具的认识来看。工具，不能光是获得有关它的知识，而且必须能够掌握，善于运用。这道理很容易懂。比如文字是工具，识了多少字，干什么？拿来用。识了字而不会用，作用便发挥不出来。鲁迅笔下的孔乙己，在咸亨酒店教小学徒学“回”字的四种写法，这是知识。也许有不少读者直到看了《孔乙己》才知道“回”字有四种写法。因为有一种写法只有在康熙字典里才查得到，是一个框框里面一个“日”字。孔乙己有这种知识，而且告诉小学徒，将来做掌柜时写账用得着的。但是小学徒不想学，因为他将来当不了掌柜，而且也从不把茴香豆上账。看来孔乙己教学还不得法，所以孩子不想学。我们现在识字，首先要识常用字，便是这个道理。如果把许多非常用字夹在里面，孩子们也许可以勉强记住，但很快就会回生的。所以知识和能力必须结合起来，而且要着重培养能力。

2. 从语文是认识世界、改造世界的武器的认识来看。语文是学习对语言文字的理解和运用，而认识世界、改造世界，人们认为最迫切需要的是观察能力和思维能力。认识世界是从观察开始的。《心经》上有这样一句话：“无眼、耳、鼻、舌、身、意，无色、声、香、味、触、法。”“眼耳鼻舌身”是人体的器官，观察要靠这五种器官，从而产生感觉，获得表象。表象经过“意”即思考，就得到“法”，即事物的规律。这意思我们引申来说，人靠人体的五种感官的功能获得表象，经过思考来认识事物，发现事物间的联系，初步地懂得了规律。而思考是要用语言（文字）的。因此，语文学科除了要培养对语言文字的理解和表达能力，还要重视观察能力和思维能力的训练。

3. 既要讲知识，又要讲能力；既要讲学习语文，又要讲认识事物；于是语文学科的教学就很自然地成为语文基本功的训练。

比如女排得了世界冠军，教练分析胜利的原因，是十分强调姑娘们苦练基本功的。基本功里面有知识，有能力，要统一起来训练。语文学科的基本功训练也是如此，不能将语文知识和能力割裂开来。无论字词句篇，听说读写，都是基本功，这些基本功并不限于语文本身，而且要与认识事物的训练相结合，这便构成语文基本功训练的特点。

基本功训练要循序渐进，逐步加深，逐步提高。这就必然对语文基本功训练提出若干项目，有计划地进行。而这种训练，不管哪一步，都必须从严要求。马马虎虎，不下苦功，是训练不出真本事来的。语文的课堂教学必须严肃认真，扎实训练基本功。当然这并不意味着加重学生的作业负担。这种基本功的训练，不单是依靠外力，主要的是要发挥学生的主动性。真正的能力是学生自己锻炼出来的。

二、编写小学语文教材的主导思想

教材是教学的依凭，编写教材，涉及的问题很多，这里只就主导思想，谈几点个人的认识。

（一）要把握小学语文教材的方向性。

小学语文分担着培养共产主义一代新人的重任，是在学习语文的同时，结合着进行如何认识世界、改造世界的初步教育的学科。因此，教材必须有明确的思想政治方向。

我们是中国共产党领导下的社会主义国家，教材是社会主义新中国的教材，是为实现祖国的社会主义现代化服务的。这个观点应该是明朗的，不应该有丝毫动摇。

任何一套教材都有它自己的政治倾向。譬如封建社会编的《三字经》，开头便是“人之初，性本善”，就是在宣扬孔孟之道，谈儒家的仁义道德，是为巩固当时的封建制度服务的。这个《三字经》也就为历代封建统治者御用。我们不能说《三字经》是单纯的识字课本。至于资本主义国家的课本，那也不可避免地要打上它那个统治阶级的烙印。

我们的方向性是什么？就是要进行社会主义、共产主义的思想教育。我们要从根本上来培养一代新人，目光要看得远，根子要扎得深，在小学阶段就要把马列主义的最基本的观点深入浅出地灌输给学生。这个最基本的观点，就是辩证唯物主义。我们的教材要以辩证唯物主义作为编写的主导思想。

（二）要适合语文学科的特殊性。

不能把语文课本变成政治课本，这就是说，要把辩证唯物主义精神渗透到整套小学语文教材当中去；要在辩证唯物主义世界观的指导下注意认识事物和学习语文相结合。恩格斯说过：“人离开动物愈远，他们对自然界的作用就愈带有经过思考的、有计划的、向着一定的和事先知道的目标前进的特征。”我们要在语文教材里面，用具体形象的内容，浅显易懂的文字，把这种人和动物的区别特征恰当地表达出来。比如说，我们的课本中，编写了《鱼和潜水艇》《蜻蜓和飞机》这样的课文，让学生一边学习语文的词和句，一边对动物的特征和人的创造发明进行比较，懂得人从某些鱼和蜻蜓的特征受到启发，制造了潜水艇和飞机。这种创造发明是人的有目的、有计划的行动，是人的创造，从而启发学生，我们人不仅认识自然，还要扩展开去，去征服自然。要把这样的思想，有意识地运用语言文字这个工具由浅入深地表达出来。

人的认识是从感性上升到理性再回到实践当中去的，是按这样一条认识规律发展的。在语文教材中，要用具体的事例，按循序渐进的原则进行安排，让儿童在学习语文的过程中逐步地明白一些道理，提高对事物的认识。这样，他们不仅懂得了读书方法，而且长大以后还会慢慢体会到，原来自己在小学语文课本学到的，正是马克思主义的认识论，自己是在这种正确思想指导下成长起来的。他们就能够切实地感受到马克思主义的指导作用，从而坚信马克思主义。在高年级的教材中，我们有计划地设计了三类课文和读写例话，其实质正是包含着这样的主导思想。

教材还必须编选表现各种自然常识的课文。通过这些课文的教学，可以从中培养学生的观察能力，学习如何观察、如何表达。而观察能力、理解能力、表达能力，又正是语文学科必须培养的能力。

再进一步来看，恩格斯还说过：“自然科学和哲学一样，直到今天还完全忽视了人的活动对他的思维的影响；它们一个只知道自然界，另一个又只知道思想。但是，人的思维的最本质和最切近的基础，正是人所引起的自然界的变化，而不单独是自然界本身；人的智力是按照人如何学会改变自然界而发展的。”

恩格斯的这段话主要是向我们说明这样三点：第一点，要把研究自然界和研究思维联系起来；第二点，思维的基础不单是解释自然，而且是要改造自然；第三点，人的智力是在改造自然的过程中发展的。我们不仅要把这种思想渗透到课文当中去，而且要把它化为具体形象的事物，让我们的孩子能学习运用这样的思维方法去观察自然，认识自然，研究自然的变化，从而得到发展。当然，在语文学科中观察自然、认识自然，是通过学习语言文字来进行的，因此要考虑怎样把自然和思维的这种联系，从语言文字中透露出来。更值得我们注意的是，恩格斯强调的人的智力，是在改造自然当中得到发展的。因此，我们在小学语文教学中发展儿童的智力，不仅要启发思维，解释自然，还要启发学生思考，初步懂得人如何改造自然，这样才能启发思维，促使儿童智力的发展。

（三）要重视语文学习的阶段性。

我们一般把小学这几年的学习分为三个阶段。在低年级阶段，从语文学习来讲，应当以识字为重点，与此同时还要抓词和句的训练，朗读训练和说话的训练；从认识事物来讲，要指导学生从观察图画和实物中学习如何观察事物，培养他们认识事物的能力。日本的一位心理学家木村久一曾说过："早期教育应以培养观察能力、开发智力为主。"他是反对早期教育以记忆死知识为主的，这个意见看来是正确的。

到了中年级，从语文学习来讲，要从词和句的训练发展到段的训练，进一步培养识字能力，要为读写训练打基础；从认识事物来讲，要指导学生从观察实物、图画，逐步增加抽象的认识事物的训练，发展逻辑思维的训练。

进入高年级以后，语文学习的重点从段的训练进入篇的训练，要重点加强读写训练，加速培养读写能力，认识事物这方面要加强观察能力、思维能力的训练，要让学生从具体的观察、思维中逐步体会思维发展的规律性，逐步让孩子认识到事物是在互相联系、互相比较中存在，是在不断的发展变化之中，是处于运动状态中的。观察事物应当由事物的现象到本质，由外在的到内部的，观察、思维时，应把自己的思想感情融进去。这些训练要在高年级开始重视，为今后的发展打下初步的基础。

编写小学语文教材，要按这三个阶段来安排。为了扎实而有步骤地进行语文基本功训练，就必须有计划地安排好训练项目。这些训练项目每个阶段要有所侧重，各个阶段之间要紧密联系。在低年级，要把一些重要的语文基本功训练，都打下个初步的基础。到了中年级，要重点抓怎样了解具体内容与怎样了解事物发展顺序的训练，这就是“言之有物”和“言之有序”。前者属于空间的训练，后者属于时间的训练。同时要开始对特点、重点作初步的接触，为高年级的学习创造条件。到了高年级，重点抓认识事物与学习语文之间的共同特征，应该以思维发展规律为中心进行安排。这样安排教材，体现了循序渐进的原则，能使我们的孩子们在小学语文学科的学习过程中，既发展了语文能力，又发展了认识能力。

三、怎样使用小学语文教材

近年来，全国许多小学语文教师和教研工作者都在积极地开展教学研究，而且初步见到一些成效，形势是很可喜的。这里想把取得的一些经验，进行初步的分析概括，环绕着教学思想，谈几点关于怎样使用教材的看法。

（一）要重视教和学的统一，强调基本功训练。

许多教师正在努力改变过去那种“先生讲、学生听”的状态，改变那种单纯的授受知识的教学关系。他们从教学思想上明确认识到：在课堂教学中，学生是主体，教师要发挥主导作用；而不是以教师为主体，使学生处于被动地位。教与学要统一到基本功的训练上来。在进行语文基本功训练中，教师们正在注意抓三件事。

第一件，抓联系。在教学过程中注意抓字词句段篇之间的联系。例如不是单纯的就字论字，就词论词，而是要时刻注意它们之间的关系。具体地讲，识字与识词统一，做到了字不离词。识词，特别是学习难理解的词，注意了词与句的联系，做到了词不离句。认识句子，注意了把它放到段里去。学习段，注意了结合到篇之中。把字和词、词和句、句和段、段和篇联系起来。在低年级教材中，“看图拼音识字”把识的字作为词来识，让学生在识词中识字，字词统一起来，从词的整体来识字。“看图学词学句”，从识字进展到学词、学句，上边是词，下边是句，词和句中间有联系。这种联系往往通过形象的图画表示出来，就使学习语文的词和句跟认识事物联系起来。在看图的过程中培养学生的观察能力。把对图画的观察和学句联系起来，就是把事物的概念和词、句的概念统一起来。到了“看图学文”，就由句子发展成短文。文意与图意大致相符，可以通过观察图画，来理解语言文字，又在理解语文之中加深对图意的了解。到了中高年级，设计了不同类型的课文，有讲读课文、阅读课文、独立阅读课文，高年级还增加了读写例话。所有这些类型的课文，都重视了词、句、段、篇之间的联系，进而学习读写的方法，培养自学能力。

在教学中，不仅要抓字词句篇的联系，还要抓听说读写的联系。听和说是语言的理解和表达的问题。听，是接受人家的语言，一边听一边思考，理解人家的语言。说，是把自己的思想感情用语言表达出来，让人家接受。听和说之间有密切的联系。说话训练的同时在学习听话；理解人家的语言，同时从中吸取人家表达的经验。人家说的话是什么意思，怎样才能听得懂，这便是培养听话能力。能够听懂人家的话，也有助于提高自己的说话水平。读和写也要加强联系。读是对文字的理解，写是用文字来表达。理解人家写的文字，从中汲取人家观察、思维、表达的方法，当然有助于写。自己写的时候，怎样选材，怎样表述，往往可以从读中得到启发和借鉴。读和写相互促进，这就是通常所说的读写结合。还要重视听与读的联系，这是对语言、文字的理解问题。由于这种联系，所以要加强朗读训练。朗读训练的作用之一便是通过朗读来锻炼学生的听话能力。这在方言区尤为重要，可以通过朗读来提高学生听懂普通话的能力。方言区的低年级儿童，用普通话朗读课文是比较困难的，同一个事物概念，往往用不同的词语来表达，即使用同一个词，发音往往有差别，朗读训练正是把这些差异统一到普通话上来，要运用普通话来训练听话的能力。听的能力强了，读的能力也能相应提高。善于听别人说的话也就善于读人家写的文章，同样的，能读懂也就容易听懂。所以语文教师总是很注意自己的语言修养。教师说话要便于学生理解和吸收。不少老师很擅长对小学生说话，接近小学生的口语，具体形象，句子短，浅显易懂。还要加强说和写的联系。在表达能力的培养上，要由说到写，往往是从看图说话到看图写话再到作文。说话训练常常是写作练习的准备。当然，说的话和写下来的文并不完全一致。说话的时候可以借助手势，借助声调、语气、表情，使听的人加深理解。而作文却只能靠文字，并无其他辅助条件，而且文字可以修改，可以写得更准确，更有条理。所以说话和作文有相同点，又有不同点。

听说读写之间是这样一种综合联系，在教学的时候，既要突出训练重点，又要加强联系。要重视这种联系的综合性。

第二件，抓过程。列宁说过："思想和客观的一致是一个过程。"这是说人们正确地认识客观事物，是需要一个过程的。人们认识事物，开始时也可能没能认识到，脑子没有正确的反映，以后才逐步使思维和客观事物一致起来。要注意掌握这个过程。因此，教师不满足于现成的结论，而重视这个结论是怎样得出的。譬如说分段、概括段落大意，这是一项重要的逻辑思维训练，是在分段和概括段落大意的过程中，训练学生的逻辑思维能力。在指导学生分段和概括段落大意的时候，注意了分析学生的思路是否正确，他们是怎样由具体到抽象进行概括的，及时引导他们，训练他们的概括能力。如果是教师把文章切成若干块，写下段落大意，让学生记熟它，默写出来，即使一字不差，也只是记住了这样的词句，并没有自己动脑子来分析概括，没有经历这么一个过程。这就不利于学生思维的发展。注意了这个过程，学生的思维才会有所发展，也才会有自己切实的理解，才说得上培养了语文能力。

由此看来，抓过程要注意：不要求现成的结论，而要重视结论是怎么得出的；不单纯要求记住答案，而要重视理解的记忆。理解便是思维发展的过程。

第三件，抓发展。在教学时，要使学生的思维处在不停的运动之中。教师要注意去捕捉学生正在发展中的思维动态。这是课堂教学中一件十分重要的事。在教学过程中，学生的思维会活跃起来，他们常常提出一些教师意料之外的问题。这正是他们思维发展的一种标志，教师要予以扶植，并促使它发展。比如高年级有一篇课文《穷人》，叙述穷苦的渔夫和他的妻子收养邻居遗孤的事。课文在描写渔夫贫寒的家境时，说他的家“温暖而舒适”。说温暖，因为“炉子里的火还没有熄”，舒适呢？学生可找不出课文里有关的语句来说明，便提出了问题。这说明学生的思维并没停留在对“舒适”这个词的一般理解上，他们从词和句的联系中，在寻找这种内容上、思想上的联系。他们在思考，他们的思维在发展。教师及时抓住这种思维发展的苗头，启发大家来找一找有关语句，当学生找到描写几个孩子都睡得很甜的那几句时，才作了恰当的理解。他们不仅读懂了课文，而且发展了思维。

（二）要重视知识和能力的统一，强调培养自学能力。

从近年来教师们的教学经验看，在使用教材的过程中，教师们对于知识和能力的关系的处理是在不断发展的。教师们已经比较深刻地认识到知识当中有能力，能力当中有知识，知识和能力是统一的，不能截然划分的。怎样才能处理好知识和能力的统一关系，从而培养学生的自学能力，有三条比较重要的经验。

首先，要处理好预习和复习的关系。

不少中高年级的教师都在注重加强预习，使学生初步养成预习的习惯。一般来说，预习从二年级下学期开始便可以试着要求，以后逐步提高，养成习惯。预习的时候，学生会遇到一些问题。解决这些问题，就能促进他们思维的发展。学生提出的问题，从教师说，能做到心中有数，教学时可以重点加以指导；从学生说，带着想解决问题的要求来上课，注意力容易集中，理解比较贴近，还能增强兴趣，促使智力的发展。预习也是培养学生自学能力的有效手段。有了初步的语文基本功就可以布置预习，来调动起学生的学习主动性。

复习和预习有共同点。复习也是学生自己的活动，把学习过程中不完全了解的知识进一步明确起来，不熟练的技能通过复习求得比较熟练。复习有助于培养学生的思维能力、记忆能力，以及理解、表达的能力。但复习与预习又有不同。复习侧重于知识的记忆、巩固。事物是在不断认识中，不断巩固，不断发展，又不断提高认识的。在巩固当中具有发展的因素，教师要促使这种发展因素的增加，不要为巩固而巩固，为复习而复习，不要一味让学生死记硬背。预习和复习要互相呼应，加强联系，预习的东西要在复习中得到反映，复习的内容要在预习时加以提示。我们要改进复习的指导方法，在当前，要强调学生的预习，因为预习对培养学生的自学能力，有着更积极的作用。

其次，要处理好讲解与提问的关系。

在课堂教学中教师要进行许多必要的讲解，教给学生一些他们所不知道的事物，使学生明确一些知识，启发学生思考问题的方法，引导学生思维的发展，给学生以逻辑思维的示范；教师的讲解要有启发性，要含蓄，不要把话说尽，要有难有易，有深有浅，能适合不同程度学生的理解，符合学生不同的学习特点。

但是，即使这样，教师不能只抓讲解。如果教师一味讲解而忽视了对学生的提问和学生对教师的提问，学生只是被动地接受教师的讲解，对小学生来说，便容易降低学习的积极性。

教师对学生的提问，重在指导学习思考的方向，指引学生解决问题的主要办法。教师要重视引导学生对教师提出问题，这是让学生的思维得到充分发展，有益于培养学生的理解能力和表达能力。学生善于提问题，就意味着善于发现矛盾，这便为分析矛盾、解决矛盾提供了前提，这样的能力是学生一生都用得着的。既然要重视学生提出问题，就不要把他们的提问题当作课堂教学的形式来处理，学生提学生的，老师讲老师的，使提问与讲解脱节。要把学生提问题和教师的讲解和谐地统一起来。

最后，要处理好作业和训练的关系。

课后作业是必要的，尤其是在中高年级，但是要把作业的性质从单纯的复习、巩固知识逐步地使它服从于基本功训练。这就是说，不要把课后作业看作是单一的重复、机械的练习。每道作业题都要在巩固的基础上提出要求，启发学生的思维螺旋式上升，这才有助于培养学生的能力。

（三）要注意教学重点和非重点的统一，强调循序渐进。

语文教学是综合性的基本功训练，是听说读写、字词句篇的综合训练，是学习语文和认识事物的综合训练。即使是突出某方面的训练，也必然带有综合性。比如识字，就不能单是抓字形，在抓字形的同时，也必然要进行音形义的综合训练，过去有的识字教学，只强调突出某一点，而对其他方面有所忽视的教训，是应该吸取的。再如作文，有的同志主张按写人、记事、状物、写景等项进行单项训练，这也未尝不可，但在小学阶段，这样的单项训练仍然脱离不了综合性。因为作文本身就是字词句段的组织过程，就是观察、思维、理解、表达能力的综合运用，就是学习语文和认识事物的一种综合体现。我们所说的单项训练，实质上只是有重点的综合训练，孤立的单项训练事实上是不存在的。

既然语文基本功训练是综合训练，是不是自始至终不分轻重缓急各方面都一齐抓呢？不，应该分阶段，有所侧重，循序渐进。我们强调重点训练，抓了重点，有所突出，但是必须注意不要脱离非重点。重点和非重点是密切相关的，没有非重点的训练就体现不出训练重点，训练重点是靠非重点的训练烘托出来的。在指导读写过程中，一定要重视训练的重点与非重点的统一，孤立地抓重点，实际上是割裂了事物多方面的联系性，因而是违背认识事物的规律的。

综上所述，我们使用教材时，一要注意教学的阶段性。这就是说，要抓年级的特点，抓训练项目的重点，还要注意某个阶段训练的基础是什么，发展的趋向是什么，要心里有底。二要注意教学的连续性。这就是说，要注意各个阶段之间的关系。抓连续性的关键在于抓训练项目的重点。有重点、有计划地安排语文基本功训练，便体现了训练的连续性。三要注意教学的综合性。这就是说，不要单打一地搞语文基本功训练。所有这些，都是近年来教师的教学经验中极为宝贵的东西，我们要进一步研究，发展。

要从小培育儿童对祖国的深厚感情*

——试论在小学语文教学中加强爱国主义教育

在我国社会主义现代化建设新时期，小学语文该怎样加强爱国主义教育，是值得切实研究的课题。我们该怎样教育亿万儿童，使他们从小就具有热爱祖国的深厚感情，使他们成为具有社会主义精神文明的一代新人呢?

小学语文教学在进行爱国主义教育方面，担负着重大责任。我们祖国的新生一代都将从小学语文这门学科中开始认识祖国的文字，受到祖国语言的训练，学会读和写，凭借语文这个交流思想、发展思维的工具，去认识自己的祖国，接触伟大祖国悠久的历史文化，认识这个地大物博、人口众多、团结统一、反对霸权、逐步走向社会主义现代化的中华民族。从儿童时代起，就把“祖国母亲”铭刻在头脑中，是在学习祖国语言文字的小学语文课上迈出第一步的。

我们要充分利用小学语文的特殊功能来加强爱国主义教育。它的特

* 此文发表于《课程·教材·教法》1983 年第 6 期。

殊功能主要表现在四个方面。一是教会儿童认识祖国文字，学习读和写的技能，提高理解和运用语言文字的能力，培养爱国主义精神。二是借助于文字，认识自然，认识社会，增长知识，启迪智慧，从中打下热爱祖国的思想基础。三是以祖国文字作工具，紧密配合小学其他各门学科，尤其是思想品德、自然、地理、历史等，进一步开阔眼界，扩展认识，从中充实爱国主义内容。四是随着语文学习内容的丰富和质量的提高，逐步把爱国主义引向共产主义，从中培养共产主义理想，提高爱国主义境界。

所有这些功能的发挥，都必须适应儿童的年龄特征，符合认识发展的规律，循着语文学习的进程，从实际出发，分层次有计划地进行。

本着这样的认识，联系近年来小学语文通用教材的编写实际和全国广大教师的教学实标，想就教学内容和教学方法，概括地叙述在小学语文教学中加强爱国主义教育的几项行之有效的措施。

分层次地安排教学内容

教学内容的安排，应当从空间和时间着眼，让儿童形成祖国的具体观念，并由此提高思想境界，加深对祖国的认识。

一、从空间着眼，着重认识自然，形成祖国的具体观念。我们的祖国地大物博，河山壮丽，引导儿童去认识它，必须由此及彼、由近及远地逐步展开。起初可以从家乡的具体景物入手。例如第一册有一幅图，画的是农村秋天景色，图上写有“水稻、棉花、花生”几个词，词下面有两个句子：“金色的稻子望不到边。雪白的棉花堆成山。”呈现一片喜人的丰收美景。又如《春天》这一课，是这样几句话："我们村里种了许多果树。现在是春天，满树都是花，我们村是花园。到了秋天，树上结满果子，我们村就成了果园。"这些都是农村孩子很熟悉的家乡景色。像这类课文，都是与自然风光和祖国新貌联系起来的，学生学习了一些常用字词，欣赏了美丽的图画，会想到以后要用自己的劳动把祖国打扮得更加美好。儿童喜爱小动物，我们着重选了祖国特有的珍贵动物《大熊猫》；儿童喜欢花花草草，教材里便选进这样的诗《咏梅》："墙角数枝梅，凌寒独自开。遥知不是雪，为有暗香来。"像这样的课文，带有浓厚的中国色彩，可以借助动植物播下爱国主义的种子。

到了中年级，将空间扩展开来，开始接触名胜古迹。如《登鹳雀楼》："白日依山尽，黄河入海流。欲穷千里目，更上一层楼。"又如《赵州桥》，表现了我国劳动人民的智慧和才干，是我国宝贵的物质文化遗产。像这些课文，内容并不复杂，文字浅显易懂，可在语文基本功训练中领略祖国一角的风光。

到了高年级，再进一步加强对祖国的认识，但仍然着眼于具体事物的描述，来提高儿童爱祖国的思想境界。如《长城》，描述了参观八达岭的长城，从远望长城到登上长城，从观察城墙建筑整体到一块块条石，体会到这样气魄雄伟、名闻世界的万里长城，是多少劳动人民的智慧的结晶，是祖先给我们留下的珍贵遗产。又如《黄河象》，描述两百万年以前古生物出土的情况，从而想象到我国历史的源远流长。教学实践证明，学生是喜欢这类课文的，这就可以说明，从自然风光的观赏入手，联系祖国新貌，追溯文物古迹，学生比较容易接受爱国主义教育。

二、从时间着眼，着重认识社会，形成祖国的具体观念。我们的人民在祖国这个特定的环境中进行着不同的斗争。我们的祖国，是以历史悠久、人才辈出著称于世的。我们应当对儿童讲授一些现代和近代的历史知识，以利于陶冶爱国主义感情。在低年级，可以具体形象地着重认识一些具有重大政治历史意义的事物。例如第一册，出现北京、天安门、国旗、人民大会堂、中国共产党、中华人民共和国等词语，这些都是伟大祖国的重要标志。对六七岁的孩子，这些概念都不要求教师作全面详尽的解释，而是借图识字，为以后认识祖国打下初步基础。

到了中年级，着重安排一些现代中国革命的故事。如《游击队歌》，里面有这样的话："我们生长在这里，每一寸土地都是我们自己的。无论谁要强占去，我们就和他拼到底。"当年游击队战士保卫祖国的豪情壮志和铿锵有力的语言，激动着孩子们的心。又如《一件棉衣》，叙述毛泽东同志当年的艰苦斗争；《一个降落伞包》，叙述周恩来同志当年为了救助一个孩子而不顾自己的安危。像这些课文，通过简短易懂的事例，既可以对儿童进行爱国主义教育，又可以对他们进行革命传统教育。

到了高年级，进一步加深儿童热爱祖国的思想感情。随着儿童理解能力的提高，课文的含义便逐渐深刻起来。如《革命烈士诗二首》，里面有这样的话："我渴望自由，但我深深地知道——人的身躯怎能从狗洞子里爬出！""对着死亡我放声大笑，魔鬼的宫殿在笑声中动摇；这就是我——一个共产党员的自白。"通过这样的课文，孩子们可以体会到，曾经有多少先烈为中华人民共和国的诞生献出了宝贵的鲜血。又如《金色的鱼钩》，叙述二万五千里长征中，老红军怎样牺牲自己，保护小红军越过草地；《我的战友邱少云》，叙述抗美援朝战争中，邱少云为了集体、为了祖国、为了朝鲜人民的解放，献出了生命，体现了国际主义精神。教学实践证明，学生喜欢这类课文，并能达到预期的教学效果。这就可以说明，选取具体的革命历史故事，是能使学生受到熏陶感染，加深认识，激发爱国主义感情的。

三、透过具体形象的叙述，提高学生热爱祖国的思想境界。不论着眼于空间，纵横数万里，无限风光，还是着眼于时间，上下几千年，源远流长，课文中都应有意识地托物言志，以人论世，从具体形象中加深儿童的认识。在这深化过程中，要着重反映中国共产党人是最忠诚、最坚定、最卓越的爱国主义者。教育儿童热爱中国共产党，热爱中国人民。这是我们爱国主义教育中最重要的内容。

从爱国主义到共产主义，是现代中国革命家思想发展所经历的一条光辉道路。在小学语文的教学内容中必须具体反映。从低年级开始，我们选了《小八路》《我们也要当红军》《刘胡兰》《朱德的扁担》等课文，都是有意识地表现，每个共产主义者都十分热爱自己伟大的祖国。在《我的爸爸》里介绍了李大钊和《国际歌》，在《音乐家聂耳》里介绍了国歌《义勇军进行曲》。

到了中年级，开始选入《一定要争气》《视死如归》一类课文，表明中国人是有志气的，“外国人认为很难办到的事，我们中国人经过努力，也能办得到”。在敌人面前，我们是奋起抵抗，宁死不屈的。到了高年级，学生在具有一定认识能力以后，开始选入介绍马克思和恩格斯的《伟大的友谊》、介绍中国共产党诞生纪念地的《南湖》这一类课文，开始展现共产主义的伟大旗帜。教学实践证明，学生喜欢这类课文，并能达到预期的教学目的。这也可以说明，结合具体事例，小学生是能够初步体会到爱国主义与共产主义是相通的。

有计划地培育思想感情

在小学语文教学中，应当一面指导学生学习语文，一面指导学生认识世界，把这两者结合起来，并以发展思维的训练为核心，在逐步加深语言文字的理解中，加强热爱祖国的思想感情。在教学方法上，总结教师的教学经验，要着重注意以下几点。

一、从具体形象入手形成具体观念。儿童进入小学，首先是识字的基本功训练。汉字是字音、字形、字义的统一体，应当在指导学生利用汉语拼音读准字音，利用字形分析认清字形的同时，重视字义的理解。这样的识字教学，有利于在理解字义的过程中潜移默化地进行爱国主义教育。如一年级有一课“看图学词学句”，安排了三幅图，配上三组词语：“海南岛，鲜花盛开；长江，柳枝发芽；大兴安岭，雪花飘舞。”接着读四行句子：“大兴安岭，雪花还在飘舞；长江两岸，柳树开始发芽；海南岛上，鲜花已经盛开。我们的祖国多么广大。”当孩子们还看不懂地图的时候，借助我国同一时间南北的不同景色，有助于对“祖国多么广大”这一词组的领会，进而初步形成观念。而这些字词，又正是低年级必须认识的常用字词。又如介绍我国历代的科学家，我们编选了《数星星的孩子》，是讲古代天文学家张衡小时候怎样偎依在奶奶身边，仰着头数星星，认真考察星象的故事。联系到科学知识，从一年级的《太阳、地球、月亮》《皮球浮上来了》，到二年级的《锯是怎样发明的》《称象》，都有助于进行热爱科学和热爱祖国的教育。教学实践证明，孩子们喜欢这样的课文，教学效果是好的。这便告诉我们，培育爱国主义感情，要避免空洞的说教，要用具体事物感染学生。

二、从事物的简单联系到比较复杂的联系。世界上每种现象有极其密切而不可分割的联系。在小学语文教学中，要十分重视通过语言文字的学习，认识事物间的联系，发展儿童的思维，加深对祖国的热爱。试以中年级的课文《李时珍》为例。课文从李时珍为什么要学医，为什么要编写药物书，怎样编写《本草纲目》等几层意思来反映这位伟大医学家和药物学家的巨大贡献。中年级的语文基本功，侧重段的训练，教学时按课文叙述顺序，分作三段，从李时珍怎样从小“立下为穷人治病的志愿”，到行医时“发现旧的药物书有不少缺点”，再到亲自调查研究，为编写《本草纲目》花了毕生精力。从一段一段内容的联系中来加深理解，我国杰出的科学家那严肃的研究态度，为人民贡献一切的爱国主义精神，深深地印在儿童心里。

到了高年级，进入篇的训练，要求能体会文章的中心思想，领会作者的思想感情，这就要从内容上的联系深化到思想上的联系。如《帐篷》这首诗，描述地质勘探等野外作业工人以帐篷为家的生活。他们是“荒原最早的住户，野地最早的人家”，从事“探索大地的秘密，开发宝藏，架大桥，修铁路”等劳动。他们过着那样艰苦的生活，而精神面貌，却是“任凭风吹雨打，我们爱自己的家”。这是为什么？因为这个“自己的家”，“它是这样锐敏，反映祖国的变化”。他们每搬一次家，“带走的是荒凉，留下的是繁华”。学生在学习中，拿那样的“家”跟自己的小家联系起来思考，工人们的豪言壮语启迪了他们的理想，把做一个志在四方的社会主义祖国的建设者，看作一种幸福。教育实践证明，学生喜欢这类课文，教学效果是好的。这便告诉我们，要改变教学中对现象孤立的说明，用从内容上的联系到思想上的联系来加深爱国主义的思想感情。

三、从事物间的多种联系到思想境界的提高。从语文教学看，学生的认识水平往往和语文水平有不可分割的关系。列宁曾经说过："我们需要用基本事实的知识来发展和增进每个学习者的思考力。"只有这样，才能"使你们学到的共产主义不是生吞活剥的东西，而是经过你们深思熟虑过的东西，是从现代教育观点上看来必然的结论"。基本事实的知识，主要依靠教学内容来提供，而发展和增进思考力，却主要靠教师的教学方法。从高年级的教学经验看，除了要求学生理解课文的思想内容，教师还必须重视了解学生的思想实际，指导科学的思想方法。试以《伟大的友谊》的教学来说，课文叙述马克思和恩格斯共同创造马克思主义，为了共产主义事业而建立了伟大友谊。这些基本事实的知识，学生可以理解。但他们却有这样的疑问：马克思这样穷，为什么恩格斯还要跟他做朋友？为什么还要丢下自己的工作，去从事商业？……如果不深入学生的思想实际，只满足于课文本身的理解，是发现不了学生竟会产生这样的问题的。而这些问题不解决，对"伟大的友谊"的了解也就成了生吞活剥的东西。思想认识与思想方法的关系极为密切，怎样通过马克思和恩格斯的工作与生活、生活与环境、环境与理想等种种联系进行思考，集中到以共同的共产主义事业为基础的友谊上来，是教学时要予以重视的。学生经过自己开动脑筋，对"友谊"便产生了新的认识。这种认识的提高，是针对学生的思想实际，运用科学的思想方法而达到的。有的教师试着这样做了，收到了较好的效果。

小学语文教学和培养一代新人*

一、一项重要的战略任务

我们面临着一项重要的战略任务，便是培养具有共产主义思想的一代新人。今天的一亿四千万小学生，到了20世纪末21世纪初，将会决定着我们国家的命运和前途。小学语文是思想性很强的一门学科，语言文字这个工具又是进行社会主义现代化建设的有力武器。从事小学语文教学的同志，在教学过程中，既要帮助学生掌握、运用语言文字，又要承担对儿童进行共产主义教育这个光荣而艰巨的战略任务。

这里先举一个实例。北京市某小学高年级的语文课上，教师讲一篇课文《伟大的友谊》。这是记述马克思和恩格斯亲密合作四十年，在为共产主义理想的奋斗中建立了伟大的友谊的故事。课文里面提到马克思长期流亡在外，生活很困窘，恩格斯则竭尽全力，在生活上给了他很大的帮助。马克思逝世的时候，《资本论》没有最后完成，恩格斯毅然放

* 此文发表于1982年8月13日《光明日报》。

下自己的工作，去完成《资本论》的最后两卷。讲到这些地方，有的学生问：马克思这么穷，恩格斯为什么还要和他做朋友？还有的学生问：恩格斯放下自己的工作去完成马克思的著作，这是为什么？这样两个问题，显然并非由于对词句有什么不懂而提出，而是如何正确对待友谊、对待理想的思想认识问题。据教师反映，像这样的思想认识问题，在小学语文教学中是经常遇到的。

由此可见，为了培养一代新人，我们在指导小学生学习语文这个工具的同时，就必须根据语文学科的特点，教育小学生认识世界，从而有志气、有理想地去改造世界，建设一个新世界。

认识世界（也就是认识事物）有它本身的规律，学习语文也有它本身的规律，这是两条不同的规律，我们要在教学过程中把它们结合起来。怎样结合呢？就是要使小学生在语文学习过程当中，既能够掌握、运用语言文字，又能够同时学习认识事物，开拓知识领域，提高认识水平，初步地培养共产主义的世界观。

二、要以辩证唯物主义为指导

为了培养一代新人，小学语文教学应当重视学习语文与认识事物的两条规律的结合。要使学习语文与认识事物结合得好，必须以辩证唯物主义为指导。

建设社会主义现代化的新中国靠马克思主义，搞好小学语文教学同样要靠马克思主义。马克思主义的核心就是辩证唯物主义。因此，是否可以这样说，小学语文教学最重要的指导思想就是辩证唯物主义。

首先，在小学语文教学中，我们要以辩证唯物主义为指导，处理好发展语言和发展思维的关系问题。

马克思主义告诉我们，语言是从劳动过程中并且是和劳动一起产生出来的。首先是劳动，然后和劳动一起产生了语言，这二者是促进人脑发展的主要推动力。通过语言，发展思维，这很重要，我们都比较注意，也在这样做。但是，首先提出这个正确观点的恩格斯接下去说："脑髓和为它服务的感官、越来越清楚的意识以及抽象能力和推理能力的发展，又反过来对劳动和语言起作用，为二者的进一步发展提供越来越新的推动力。"这段话又道出了思维对语言的作用。视觉、听觉、味觉、嗅觉、触觉，还有意识、抽象能力、推理能力——这一种思想认识能力，对劳动能起作用，对语言能起作用。这种思想认识对劳动和语言的进一步发展提供了推动力，而这种推动力还是越来越新的。

学习恩格斯的这段话，联系到我们的语文教学，就可以体会到这么几层意思：第一，思想认识对语言是起着重要作用的，因此，学习语文一定要重视发挥思想认识的作用。这就是说，在指导学生学习语文时，不要就语文论语文，要重视启迪学生的思想认识。第二，语言要进一步发展，靠思想认识提供推动力。所以要把语文学好，就要提高思想认识。第三，这种推动力向前发展，越来越新，没有止境，不会停止下来。这就是说，学生的思想认识越高，语文能力也就越强。所以，要培养和提高学生的语文能力，必须十分重视培养和提高学生的思想认识水平。学习语文，不能单纯求之于从语言中发展思维，还要重视从思想认识的规律中去寻找推动力，发挥这种推动力的作用。

其次，在小学语文教学中，我们要把辩证唯物主义这个普遍真理和小学语文这个特殊事物结合起来，处理好共性与个性的关系问题。

辩证唯物主义在小学语文教学中如何体现，大体来说，要着重三个方面。

第一，要让儿童逐步地、由具体到抽象地了解我们的世界是物质的。世界是物质的，这是辩证唯物主义十分重要的内容，具体到小学语文来讲，就是要让儿童能够具体地认识自然现象，具体地认识社会现象，从而正确地认识世界。因此，小学语文必须要教给学生比较广博的自然知识和社会知识，要在教学中增长孩子的知识，开拓孩子的眼界。

人的认识是从感性上升到理性再回到实践当中去的，是按这样一条认识规律发展的。在语文教学中，要用具体的事例，按语文学习循序渐进的进度，让儿童在学习语文的过程中逐步地明白这个道理，提高对事物的认识。这样，他们不仅懂得了读书方法，而且长大以后还会慢慢体会到，原来自己在小学语文课里学到的，正是马克思主义认识论最基本的东西，自己是在马克思主义认识论的指导下较快地成长起来的，他们就能够切实地感受到马克思主义的指导作用，从而坚信马克思主义。

有的同志也许认为，既然要谈明确的思想观点，那么像看虾、捉鱼、“鸟的天堂”之类的教学内容，就可有可无了。这个看法不对。我们不能把思想认识看得太狭窄。《论语》中有这样一句：“不学诗，无以言。”诗，指的是《诗经》，意思是，不学《诗经》中的内容，是连话也说不像样的。孔子还说，学诗，可以“多识于鸟兽草木之名”。孔子早在几千年前就提出要拿丰富的自然知识来充实弟子的头脑，我们在今天的教育中自然不能忽视这一方面。“我们应当汲取旧学校中的好东西”，列宁在《青年团的任务》中明确指出，“只有用人类创造的全部知识财富来丰富自己的头脑，才能成为共产主义者”。他更进一步说，“我们需要用基本事实的知识来发展和增进每个学习者的思考力”。语文教材中选了那么些有关动物、植物的教学内容，正可以从中培养学生的观察能力，学习如何观察，如何理解和表达。而观察能力、理解能力和表达能力，又正是语文学习中必须培养的能力。

第二，要逐步地训练儿童正确的思想方法，指导他们学习辩证地看问题，能够比较正确地认识自然，认识社会。比方说，要指导孩子学习从联系当中认识事物，而不是孤零零地认识事物。第一册语文课本里面有一课中写道：“太阳大，地球小；地球大，月亮小。”这是告诉学生关于太阳、地球、月亮大小关系的初步知识，同时也告诉他们地球比起太阳来是小，但是比起月亮来又是大，这是具体地让孩子知道，事物的大小是在比较之中认识的。到了高年级，还要学习从现象来看本质。比如高年级语文课本中有一篇看图学文《伏尔加河上的纤夫》，那是19世纪俄国画家列宾的名画，描绘了这样的画面：宽阔美丽的伏尔加河上，近处有一条装着货物的帆船，十一名衣衫褴褛的纤夫拉着它，在沙滩上艰难地迈着沉重的步子。远处的河面上有一只轮船，依稀可辨。引导学生去欣赏世界名画，这是一种美的教育。在美术欣赏中，又怎样引导学生认识画上反映的景物，使看画、识物和思维联系起来呢？有的教师指导学生先观察画面上的纤夫，对照课文的叙述，从他们的外表，体会他们的内心，理解他们怎样在受苦受难。再指导学生把近处的帆船和远处的轮船联系起来，学生便提出了疑问：老师，他们为什么不抛掉笨重的帆船换上轮船，让机器代替人力？孩子们想到要改造自然了。教师再告诉他们，在当时沙皇的封建统治下，要把纤夫们从沉重的纤绳中解放出来，必须要改变那个腐朽落后的社会制度，这就逐步使学生体会到社会主义制度的优越性。学生的思想认识正是这样地发展着，他们的语文理解能力也在这样逐步培养提高。对于小学生，要指导他们面向具体的生活实际，结合语文的学习，逐步开拓眼界，提高认识。

第三，在教学方法上，要鼓励他们主动地去认识世界。只有主动地认识世界才能够主动地改造世界。怎样主动地认识世界呢？要培养他们认识事物的能力。这个认识事物的能力，就小学生来讲，最主要的是两种：一是观察能力，二是思维能力。而就学习语文来讲，还要具备两种能力：一是语言文字的理解能力，二是语言文字的表达能力。观察能力、思维能力是认识事物必须要具备的能力，理解能力和表达能力是学习语文必须具备的能力。这四种能力要结合起来。从语文教学来讲，我们不能满足于学生识了多少字，读了多少篇文章，会写几百字的短文。我们要进一步地追问：这一千个字、两千个字，学生是怎么样认识的，怎么样掌握的？这些字组成的词是不是跟学生所认识的具体事物完全相符，学生是不是理解得很正确？我们还要问一问：这几百篇文章学生是怎么读的？是怎么理解的，理解了多少，理解的程度又怎么样？我们也要问一问：学生会写千余字的文章，这种能力是怎样训练起来的？经过哪些步骤训练的？只有这样，才会促使摆正教与学的关系，才会去创造让学生主动学习的条件。

以上三个方面，只是就其最初步的而言，无非希望在小学阶段培育一点思想认识的萌芽。思想认识的训练是各科教学都要承担的，是共性，而语文训练则是语文学科独立承担的，是个性。共性要寓于个性之中，这才体现出小学语文学科的特点。

思想教育重在潜移默化*

小学语文教学要不要对学生进行思想教育，这个问题曾经争论得很久。这种争论，赞成和不赞成的双方有个共同点，都承认语文教学必须培养学生的语文能力，所不同的只是对语文教学与思想教育的关系有着不同的看法，对思想教育在语文教学中占着什么样的地位有着不同的看法。

我们也是赞成语文教学应当进行思想教育的，而且认为针对小学生学习语文的特点，思想教育应当重在潜移默化。

为什么小学语文教学中进行思想教育要强调潜移默化，这不单是一个教学方法问题，还与语文训练和思想训练的特点有密切联系，是小学生发展语言和发展思维的特点所决定的。现在想就这个问题谈谈我们的看法，希望有助于正确地进行思想教育。

---

* 选自袁微子著：《小学语文课文类型研究》，四川人民出版社 1982 年版。

一、从语文训练来分析

小学语文教学所凭借进行思想教育的是语文教材，语文教材内容主要包含两个方面，一方面是自然知识，另一方面是社会知识。在自然知识方面，教材中安排了不少有关自然现象的内容，让学生认识自然，同时认识一批记录自然的文字和由这些文字组成的文章。所谓“多识于鸟兽草木之名”，孔子指导学生读《诗经》，也有这样的主张，可见认识自然的要求源远流长，有相当悠久的历史。时代在前进，我们的语文教学已经不仅停留于认识一些草木鸟兽之名，还要告诉学生这些自然现象是怎样发生、发展和变化的，就是说，要给学生一些有关自然发展的规律性的知识。拿这样的知识指导学生，为的是让学生加深对自然的认识，从而想到怎样顺应这样的规律去改造自然。一谈到改造自然，就属于科学研究的范畴，也可以说是已经触及思想教育的范畴了。关于这一点，许多教师是同意的，恐怕也还有教师认为认识鸟兽草木之名与思想教育关系不大，这样的想法是否略显狭隘？因为建设社会主义现代化的祖国，应当付出极大的精力用在改造自然上，这已是不言而喻的事。既然要改造自然，却又排斥认识自然，这是很难言之成理的。

在社会知识方面，针对小学生的特点，在语文教材中大抵包含这么几种内容的课文：一种课文是叙述一件具体的小事，因小见大；或者是一些容易被忽略的事，从中可以发现与思想品德有关的大道理，见微知著；或者是从几句极浅显易懂的语言中发掘出深刻的做人的道理，微言大义；或者是径直讲一件历史事件，评论一个历史人物，提出可资学习的道理，以史为训。这几种课文都是从具体的事实出发，进行分析，得出论断，使学生受到思想教育。还有一种课文，或者是生动有趣的童话，童言童语，寓教育于想象的故事之中；或者是民间故事或寓言，阐述一些道理，可以让学生懂得做人的道理；或者表面是讲述一件事，实则含有教训之意，谈言微中；或者是写景记事，描写人物，却在里面说上几句耐人寻味的语句，写上一些引人深思的情节，意在言外，足以发人深省。在小学语文课本中也还有少量的一种课文，是直接讲述道理，要学生读了以后，从正面懂得如何做人的道理。上面所举的这些课文，都有个共同的特点，便是凭借着具体的人和事，生动形象，让学生从中展开联想，联系实际，从中抽象概括，受到教育。

二、从思维训练来分析

小学语文教学要对学生进行思维训练，这是已经为人们所重视的了，由于对象是小学生，因而只能进行初步的思维训练。这种初步的思维训练，大抵是要抓住一些最基本的观念。一般来说，在思维训练里边主要的是要抓住以下几种基本观念。

第一，要认识世界上的事物是互相联系的。这从低年级开始就逐步地在进行训练，在“看图识字”“看图学词学句”“看图学文”以及其他课文里都安排了这样的内容。教学要把词和词、句和句在内容上联系起来，让学生理解到事物和事物之间是彼此联系的，要从联系中来认识这些事物。

第二，要认识世界上的事物是在不断发展变化的。这也是从低年级开始的。在低年级的教材中，讲人和事的简单的表象的变化，到了中年级以后逐步加深变化的内容，加宽变化的范围，加多事物之间的关系，加强错综复杂的变化，到了高年级，就逐渐地引导讲究文章的中心思想和作者的思路，分析事物内部的发展变化。

第三，要学会分析事物。能从现象到本质深入思考，找出事物间的内在联系和它们的发展变化，这是小学阶段较高程度的思维训练。在小学高年级要适当进行这方面的训练。

所有这些训练，无非帮助学生初步学习一些辩证唯物主义的思想方法。这种思想方法的训练，正是培养无产阶级世界观所必需的。

三、从语文训练和思维训练的共同点来分析

语文训练和思维训练是紧密联系的。它们是怎样联系起来的？从现象上来分析，可以看出这么三个共同点：

第一，是具体的。无论哪篇课文，无论什么样的内容，一套比较好的小学语文课本都应当适合儿童阅读，要有具体的内容。这些具体内容必然是教给儿童一些有关自然和社会的知识，扩展儿童的知识，开拓儿童的眼界，发展儿童的智力。知识贫乏是无论如何不可能成为一个有聪明才智的、全面发展的现代社会人才的。“知识就是力量”，从这一角度来看，是很确切的。

第二，是合乎逻辑的。凡是选入小学语文教材的课文都必须言之有序，无论叙事状物，一层一层地叙述，都符合实际，而且有条有理。这个有条有理，都应当由浅入深，由简单到复杂，由现象到本质，能够启

发儿童的思维，也符合学习语文的要求。一句话，是合乎逻辑的。只有这样，才能使学生读懂课文，会说有条理的话，会写有条理的文章，也才能使学生的思维顺利地发展。

第三，是自觉地获得的。小学语文教师使用课本进行教学，都要讲究让学生自觉地获得知识。要借助生动形象的图画，引导学生多观察自然、观察社会，要善于启发式教学，循循善诱，所有这些都是为了让儿童自觉地获得必要的自然知识和社会知识，以及读写知识。如果不重视学生的自觉性，就会妨碍儿童的语言发展和思维发展。这种自觉性涉及语文教学的各个方面，例如掌握识字方法、培养有感情的朗读，以及激发写作兴趣、自觉地多读多写，等等。

上述这些共同点，决定了必须潜移默化地进行思想教育。从获得知识来看，既然要自觉地获得，就必然要从感性的、形象的观察出发，从中逐步扩展知识的广度，探求知识的深度，这便要求步步加深，潜移默化。从思想方法的训练来看，既然要求由浅入深，由表及里，由简单到复杂，就必然有个思想变化的过程。这个过程是靠教师的指引而逐步完成的，不是靠死记硬背能够获得的，这也需要潜移默化。从学习的自觉性来看，要学生发挥他们的积极性和主动性，靠强迫命令是办不到的，必须要循循善诱，潜移默化。这是一层意思。

再推进一层来说，从语言训练、思维训练到受到思想教育，中间还有一个过程。这个过程是不能截然划分的。思想教育必须是在进行语言训练和思维训练之中逐步地有所渗透，让学生的脑海里展开联想，进行推理，而后才能形成判断，懂得道理，坚持不懈，并见之于行动。这便是对小学生进行思想教育必须重在潜移默化的主要依据。

这里想以一篇讲读课文《种子的力》为例，讨论一下怎样处理这个问题，看看高年级应该如何在语文学习中进行思维训练，从而使学生潜移默化受到自觉的思想教育。

《种子的力》是夏衍在抗日战争时期写的一篇杂文。他响应党的号召，以强烈的抗日激情，呼唤中国人民奋起抗战。他当时在国民党统治的白区，亲眼目睹国民党反动派假抗日真投降，企图消灭共产党的阴谋。他要在人民面前宣传抗战，鼓舞斗志，处于那种白色恐怖中，不得不托物言志，借种子的力来激发抗日斗志，树立必胜信心。使学生理解到文章的这个中心思想，体会到作者的思想感情，是这篇课文的语文基本功训练的重点所在，也是思想教育的重点所在。

这篇课文一共五个自然段，首先叙述大象、狮子、金刚的力气并不是最大的，世界上力气最大的是种子。一颗种子可能发出的“力”简直可以超越一切。其次叙述植物种子的力量能够把一切机械力所不能分开的头盖骨完整地分开。再次叙述到石块下面的小草，有一种不可抗拒的力，能够掀翻石块。又次叙述这种力是看不见的生命力，是一种长期抗战的力；有弹性，能屈能伸的力；有韧性，不达目的不止的力。最后叙述一颗有生命力的种子，不会悲观，不会叹气，有阻力才有磨炼，这是坚强的草，足以嗤笑那些养育在花房里的盆花。

学生初步读这篇课文提出的有关问题：

——一颗种子可能发出来的“力”，简直超越一切。课文里为什么这么说？

——看大象那么大，和狮子一样，它们都是威武有力的。可植物种子那么小，一粒一粒，动也动不了，哪来的那么大的力气？

——我看种子很平常，为什么能发出可怕的力？人怕狮子、大象，可没有怕种子的。

——种子刚发芽，特别嫩，用手轻轻一拉就断，怎么能分开头盖骨？

——为什么说种子有一种看不见的生命力？

列举的这些问题，反映出学生对课文里的“种子”的认识还停留在具体的事物上，没有延伸开去，建立一个新的概念。这说明小学生认识事物，总是具体的、形象的。学生对种子的认识和作者的认识有很大差距，所以理解不了。作者看到的是种子的内部，而小学生则往往是从事物的表面现象来认识。这里便给教师一个如何引导思维发展的任务。

还有，学生对这篇课文的语言表达方法，也有不理解的地方。有的学生说：

> 我开始读（课文），啊，是一个故事，我急忙往下看，什么？种子力气比狮子还大，我简直不相信。再看，说它能分开结合致密的头盖骨，我更吃惊了。我一边读一边疑惑，这该不是胡编的吧。真太神了。

这又给教师一个如何让学生了解为什么这样叙述的语文训练的任务。

怎样解决这样的问题呢？教师在教第一段的时候，启发学生懂得：狮子、大象和金刚，它们的力气是人们一眼可以看出来的，而种子的力是从表面上看不出来的。这种表面上看不出来的力是“可能”发出来的，一旦发出则是可以超越一切的。再体会到种子的力的那个“力”字加引号，指的是一种隐藏在种子里边的、从外表看不出来的、可能超越一切的力。到这里，学生认识到种子的力是内在的，是可能发出来的，经过一番逻辑思维的活动，开始透过表面深入了一步。

到学习第二段时，教师引导学生具体了解人的头盖骨的特点，然后体会到种子要发芽才能显示出力来。学生自觉地说：“发芽才能使种子的力有个发出来的机会。”“种子要把里边的劲发出来就靠发芽!”他们已经相信种子有股内在的力，这股力遇到适当的条件就会发出来。

到了第三段学习，联系种子的力，转到小草，对小草怎么掀翻大石头挺出地面，懂得了种子发了芽要生长，在生长时就有一种不可抗拒的力。这是展开联想，进一层的思维发展。

有了这些认识，在学习课文第四段时便可以引导学生的认识上升提高。可以让学生联系前边已有的知识来想，为什么说种子的力是看不见的生命力。学生从具体的事物进行联系、分析，便自觉地说：“种子怎么发芽，怎么生长，因为埋在土里，谁也看不见。它的力在身体里藏着。它不像狮子、大象，一下看出有力气。它的力是内在的，积蓄在那儿，一发芽，这力就显示出来。它是有生命力的。”学生自觉地认识到“种子”是有生命力的，在一定条件下可以生长发育的，这股力是不可抗拒的。学生的认识已经发生了变化，这个认识的变化是经过思维训练和语言训练而获得的。一个正确的概念是教师用正确的思想方法，引导学生通过词句段的理解而逐步建立的。这样的思维训练之中已经包含着思想教育的萌芽。学生从以为“胡编”，感到不理解，而逐步地读进去了，有了这种思想认识作基础，就可以逐步体会课文的中心思想和作者的思想感情了。

在这样的基础上，教师再点一点“长期抗战”指的是什么，学生便很自然地联想到抗日战争。教师再讲一讲抗战时期国民党反动派的阴谋，进步人士怎样响应中国共产党的号召宣传长期抗战。由此再进入最后一段的学习，学生的思想认识发生了很大的变化，自觉地受到思想教育。请看学生的体会：

> 我喜欢蜡梅不怕风雪，喜爱荷花出淤泥而不染，但从不知种子有什么发光的地方。学习了《种子的力》，我才知道它有着看不见的生命力。你看它微小、柔嫩，不声不响地待在那里，可是它在积蓄力量，一旦有了条件，它就要发芽、生长。在泥土中它顽强奋斗，战胜重重障碍，曲曲折折，长期抗战，挺出地面，不达目的不止。这，不正是做人的榜样吗！这，不正是我们建设祖国时要发挥的力量吗！

学生已经联系自己的思想实际，受到思想教育了。文章论述的道理是学生自己逐步自觉地理解到的，正因为这样的道理是学生自己悟出来的，他们的思想觉悟也自觉地有所提高。这便是潜移默化。

当教师让学生写写这一课的学习收获时，全班三十八人，有三十五人谈了相似的体会。

> 我一直以为自己脑子笨，学数学最吃力。不少作业拖拖拉拉，甚至抄别人的，我竟没看到自己应该拿出自己的“生命力”，靠自

己动脑筋。说起来，就是懒。怕费脑子，怕困难，遇到困难，光是叹气发愁，想躲过去，这太懦弱了。种子还可以发出自己的力，就是掉到瓦砾堆里也不悲观，它一个劲往上长，顽强不屈，什么力量也阻止不了它。我想自己是个少先队员，也应该做一颗有生命力的“种子”。

这是联系学习谈的，这样的收获占的比重较多。

作者告诉我们，人要像种子一样，在困难面前不低头，要学习种子长期抗战的精神，而不要像盆花那样经不起困难的磨炼，一遇到困难就唉声叹气。我想到，现在我们的学习、生活条件都很好，可是我们很娇气，遇到点儿困难就抱怨。天冷了，上操就找有太阳的地方站；天一热，就想往阴凉地方躲。什么事总希望别人帮助，好像条件都得好好的，让我们舒服才成，这样下去真不好，还不如一颗种子呢。我可不要做暖房里的盆花，要做一颗有生命力的种子。

这是联系日常生活的，这样的收获占的比重次之。

作者写这篇文章，告诉我们不要小看了种子，它是有生命力的，连大石块也能掀翻，甚至也能把结合致密的头盖骨分开来。教育人民面对强大的日本帝国主义不要灰心丧气。这就是告诉敌人，中国人有顽强的生命力，是不可战胜的。这是抗日战争时写的，鼓励人民打败日本侵略者。我读了很受教育，我们中国人是有生命力的，发挥这股精神，在困难面前不低头，顽强不屈就能胜利。我想，现代化建设也有许多困难，今天我们只要再发挥种子的精神，往前挺就能胜利。

这样的认识，这样的境界，展示了少年儿童的胸怀，使人感到振奋。这样联系现代化建设来谈的全班也有七八人。

我们再来看看语文训练方面的收获吧。这里举一则学生写的日记：

我是很看不起小草的，每当我看见刚从土里钻出来，还在微风中抖动着的嫩绿的小草，就揪住它们连根把它们拔起来。不知这样拔过多少次，我们家房檐下和周围再也见不到那些可爱的小草了。学了第三课，我真是大吃一惊，原来，小草有这些可贵的地方，我怎么没有看见！我真是后悔极了。学完这篇课文的当天，我就回到家里，寻找小草。可是，一簇也没有。找了好几天，连一棵小草也没有找到。也不知那些小草是还没有苏醒，还是生我的气了。

到底什么使我这样动心？是从第三课的第三、四层的一些语句中体会出来的。比如，“它的根往土里钻，它的芽向地面透”，这句话说明小草正准备和困难作进一步的斗争。“它的根往土里钻”，说明它要使自己的根牢牢地扎在土里，它已经摆好了进攻的架势；“它的芽向地面透”，表现它在扎好根的基础上开始向地面进攻了——往上挺。为了生长，百折不挠，冲破一切阻力，坚强不屈地冲出土层。这是柔嫩的小草吗？想不到它竟有这样的英雄气魄。说起来令人难以相信。可是那从大石头下、墙角的砖缝里挺出来的小草，不正是向人们最好的说明吗？我不禁赞叹它的力量竟有这么大。别看它弱小，可它有一股内在的力，这就是生命力。

安排这篇课文的读写训练项目的重点是体会文章的思想感情，这个训练目的应当说是初步达到了。

综上所述，小学语文教学中的思想教育重在潜移默化是符合学生的认识规律即儿童思维发展的规律的，也符合学习语文的要求。如果注意了潜移默化，重视学生学习的自觉性，一篇课文所给予学生的思想教育往往是多方面的，比较扎实的。如此不断进行，将为培养学生的正确世界观打下良好的基础。

当然，也有一些课文，例如直接讲道理的议论文章，也许不一定是这种情况。到了中学，学生的思想情况与小学生不同，也许不一定是这种情况，这里便不展开来说了。

小学低年级语文课中的思想教育*

全国通用的五年制小学语文课本的低年级部分共四册，已经根据1981年春教育部发布的新教学计划改编完毕，现在准备就其中有关思想教育的问题，谈点个人的认识。

小学语文课怎样进行思想教育，它的指导思想已经见之于1978年教育部颁布的教学大纲，这套课本便是按那个大纲精神编的。这里仅就低年级部分，具体说明三点：第一，低年级思想教育包括哪些主要内容，即学习什么的问题；第二，这些内容是怎样针对小学低年级儿童学习的特点安排的，即怎样学习的问题；第三，教师该怎样针对小学低年级语文课的特点进行教学，即怎样训练培养的问题。

第一，学习什么。

关于这个问题，早在六十多年前，列宁便已作过回答，就是要学习共产主义。具体学习些什么，《预备队的光荣任务》的讲话中，曾经对少年先锋队员明确指出过，着重提出了三项内容："第一，应当学习知

---

* 此文发表于《课程·教材·教法》1982年第4期。

识；第二，应当学习劳动；第三，应当学习为人民服务的共产主义精神。”

马克思主义认为，只有用人类创造的全部知识财富来丰富自己的头脑，才能成为共产主义者。所以，学习知识，应当是学习共产主义的首要任务。如果不是自觉地获得有关自然和社会的基本知识，也就不可能养成共产主义的观点。不要把学习知识排斥在学习共产主义的思想教育的范畴之外，否则，这样的思想教育必将成为空洞的说教。就小学低年级的语文课来说，儿童初学识字，总要解释字义，这便接触到词的概念。例如“人”，就不是张三、李四等一个个具体的人，而是指称所有的人的抽象的词。这个词，既是语言的基本单位，也是指称事物的基本概念。许多人认为，识字必须同时识词，必须在识词中识字，这是很对的。

我们要重视的是，儿童初学识字，究竟要先识哪些字词，才既有利于学习语文，又有利于获得有关自然或社会的基本知识。这套教材的低年级部分，把自然常识放在重要地位，例如最常见的花草虫鱼、家禽家畜，以及其他的动植物、一年四季的不同景色，还有构成现代科学一些最基本的因素如空间、时间的概念，等等。在自然常识方面，不仅着眼于眼前的、身边的，还要放开眼界，看到被人们用科学改造了的自然。其次是社会常识。关于人与人的关系，这套教材没有着重从人的伦理关系如亲子之爱入手，而是着重从人的生产劳动关系入手。我们是社会主义国家，中华人民共和国成立三十多年，有关共产党、祖国、工人、农民、工农业生产等名词概念，儿童耳濡目染，并非完全陌生，从一年级开始便给学生一些有关社会主义的初步观念，有个印象，随着年级的递升，认识的提高，可以再逐步充实内容。还要从小把孩子们的学习与工农业生产劳动联系起来，使我们的下一代既是有知识的，又都善于劳动。

无论学习知识，还是学习劳动，都应尽可能地体现共产主义精神。在低年级，共产主义精神主要体现在两个方面：一方面是强调初步培养共产主义道德，诸如有礼貌，守纪律，关心集体，热爱劳动，讲究卫生，爱护公物，认真学习，诚实勇敢。另一方面是尽量体现为人民服务的精神，初步培养共产主义理想。

统观四册课本，把专学汉语拼音部分除外，共 160 课。约略统计，着重自然常识的共 90 课，约占低年级全部课文的 56%，着重社会常识的共 58 课，约占 36%，着重学习劳动的共 12 课，约占 8%。这样的比例大体是符合七八岁儿童认识事物的特征的。其中自然常识方面，一年级所占分量比二年级略多一些，社会常识方面，二年级又比一年级略多一些，这也是符合儿童的认识发展情况的。学习劳动部分只占 8%，那是由于学生的年龄不过六至八岁，只能初步培养热爱劳动的兴趣、尊重工农劳动和劳动人民的观念。

第二，怎样学习。

怎样把这些学习内容具体安排在低年级课本里面？应当注意语文这门学科的重要特点是思想教育和语文教学的辩证统一，要力求通过语文教学使儿童从小就打下科学世界观的初步基础。

从这次课本的改编来说，低年级的四册着重注意了以下三个方面：

一、重视事物之间的联系，尽量做到从联系中认识事物，建立词的概念，同时学习字、词和句，获得有关语文学习的初步认识。

这里所讲的联系，主要指的两种联系，一是文字与客观事物的联系，二是文字与文字之间的联系。为了重视第一种联系，在低年级尤其是一年级课本中，配有大量的插图，力求做到无论教哪些字，学哪些课文，都有具体的插图相配合，使儿童在学习抽象的文字的同时，脑海里反映着具体形象的图画或实物。第一册课本从“看图拼音识字”到“看图学词学句”，再到“看图学文”，都很重视“看图”，即使在“看图学文”以后编排了“课文”，也配有插图。可是我国的物质条件一时还跟不上，所以只能在一年级给插图加色，而且只是双套色。至于文字与文字之间的联系，是从识字到学词学句一直到学文，都力求做到字不离词，从词中识字，并加强词与词、词与句、句与句的联系。

二、重视由具体到抽象的认识规律，尽量做到在让儿童获得词、句所代表的事物概念的同时，初步领会事物之间的逻辑关系，理解词、句、段的意思。

汉字有它的特点，最主要的是音形义的统一体。一个字往往就是一个词，以后随着语言的发展，增加了双音节词、多音节词，但仍是以单音节词为基础。我们称汉字为表意字。在低年级课本中，初教识字学词，应当从具体事物所代表的字词入手。第一册开头的“看图拼音识字”中那 99 个笔画比较简单而构字率较强的字，全部都是具有具体意义的词。到“看图学词学句”中，开始稍稍增加一点儿含有抽象意义，但儿童能经常看到、听到的词，同时开始注意文字与文字之间的联系，注意事物之间的逻辑关系。试举第一册“看图学词学句”的几课为例。

“学校，教室，老师，同学”，先出现这四个词，接着出现“老师关心我们。我们爱老师”这样两句话。这样安排，学生先学四个词，知道它们的意思，而后把词和句联系起来，在老师与同学之间建立了尊师爱生的关系。

“爷爷，奶奶，叔叔，阿姨，哥哥，姐姐，弟弟，妹妹”，先出现这几个词，接着出现“我们不是一家人，我们就像一家人”这样一句话。这样安排，学生从几个词里学习了对人的称呼，而后把词和句联系起来，懂得了新社会中人与人之间的亲密关系。

“工人，农民，解放军，科学家，医生，教师”，先出现这六个词，接着出现“你长大了干什么？我长大了为人民服务”这样两句话。这样安排，学生先学六个词，知道了这些人是干什么的，而后把词和句联系起来，懂得了人们各有自己的工作，但那是新社会分工的不同，他们都有个共同的理想，就是“为人民服务”。尽管这句话比较抽象，但仍然可以从词的意义中让儿童获得比较具体的初步观念。

三、重视认识的逐步加深，逐渐扩展知识面，丰富词、句所表现的内容，体现螺旋式上升的学习规律，进一步理解课文内容，加强思想品质的陶冶。

试以人们怎样从自然现象中得到启发，从而有所创造来说。第一册有这么一课：“这是什么？这是蜻蜓。那是什么？那是飞机。飞机飞得又高又快。蜻蜓飞得又低又慢。”图上画了许多蜻蜓和飞机，儿童可以看出，蜻蜓和飞机是很像的。但这时儿童的认识不过是两种事物间的具体形象的感性上的联系。到了第三册，有一课《鱼和潜水艇》，进一步叙述了人们怎样从鱼的浮沉的特点受到启发，发明了潜水艇。这样的联系，不仅是具体形象的，而且逐步进入到理性上的联系了。

又如关于劳动。第一册讲了“你洒水，我扫地，他擦桌子”，很具体，第二册讲了小白兔和小灰兔的故事，小灰兔吃老山羊送的白菜，没多久便吃完了，小白兔向老山羊要了菜籽自己种，知道了“只有自己种，才有吃不完的菜”，开始接触到劳动的重要性。到了第三册，讲到了孩子们捡稻穗，“颗粒归公”，第四册开始讲了种树、养兔的知识，这就初步接触到集体生产的观念和劳动知识。

再如共产主义精神。第一册讲了雷锋小时候怎样背小同学过桥；第二册讲了蒙古族儿童怎样把拾到的小羊羔归还失主，讲了王二小怎样帮助八路军打击敌人；到了第三册，讲了穷苦的孩子怎样跟着毛主席当红军，讲了刘胡兰的故事；到了第四册，开始从李大钊教孩子唱歌的故事中接触到《国际歌》，从聂耳怎样苦练音乐的故事中接触到《义勇军进行曲》，认识也在逐步扩展、提高。

以上只是四册课本中内容的一部分，所有这些思想内容，都力求用浅显易懂的文字、具体形象的故事，寓思想教育于其中，力戒空洞说教，使学生逐渐受到熏陶感染。

第三，怎样培养训练。

怎样让小学低年级的儿童在语文课中受到思想教育，最重要的方法是潜移默化，比起高年级来显得尤其重要。这是由于低年级的孩子还偏重于形象思维，抽象思维能力显得比较薄弱。在培养训练中，要尽量避免用现成的知识去填充儿童的头脑，而是要启发儿童，由不知到知，从不完全的不确切的知识到比较完全比较确切的知识。在这样培养训练的过程中获得知识，受到教育，同时也学习了语文。

具体地说，可以采取如下一些主要办法。

一、善于指导儿童识字词的时候联系实物，又从实物的联系中加强对词的理解。

比如“工厂、农村”这样的词，儿童是懂得的，但懂得不完全，或者不确切。在第一册里，画了个纺织厂，有女工在工作，出现“工厂”这个词，下面还安排有“毛巾、白布、背心、雨衣”四个词，配有实物图。儿童可以先认这四样东西，将“毛巾”等词和实物联系起来，了解得很具体。这四样东西都是工厂里工人制造出来的，儿童认识到工厂是制造这些东西的地方，“工厂”这个词便有了比较确切的概念。以后学到别的课文，再扩大、加深对“工厂”的认识。出现“农村”这个词，同时出现“玉米、大豆、瓜、果”这些笔画简单、易认易懂的词，学生知道农村主要出产这些东西，这个概念也比较确切。再到另一课，出现“水稻、棉花、花生”这三个词，配有图画。学生认识这些词以后，再出现两句话：“金黄的稻子望不到边。雪白的棉花堆成山。”儿童逐渐懂得，这是稻子、棉花丰收的景象，他们获得的概念进一步扩展了。到了二年级，讲毛主席小时候帮助毛四阿婆收稻谷的故事，里面讲道：“她家里只有那么一点儿稻谷，还要交租，要是被雨淋坏了，生活就更困难了。”学生在教师指导下读懂了这句话的意思，就比一年级时提高了认识。由于有了一年级的感性认识打基础，发展到比较抽象的认识就可能顺当一些。

二、善于指导儿童思考，启发儿童动脑筋，进行初步的思维训练，发展他们的智力，是有利于进行思想教育的。

比如第一册有一课《她是谁》，讲小华和秋生在上学路上，看见一位老奶奶摔倒了。小华连忙跑过去把她扶起来。秋生问小华，是他的奶奶吗，是他的姥姥吗，都不是，是位不认识的老奶奶。这里就包含着重要的思想教育，要帮助老人，不管是认识的还是不认识的。老师不直接把这道理讲给孩子听，而是让他们一边读课文一边想，自己悟出这个道理，才是有效的思想教育。第三册有一课《小马过河》，孩子们都很爱读。小马过河的时候，遇见老牛，老牛说河水很浅，能蹚过去。小马刚要下河，树上一只松鼠大叫起来，说河水深得很，曾经淹死过一个伙伴。小马不知怎样是好，回去问妈妈。妈妈说："孩子，光听别人说，自己不动脑筋，不去试试，是不行的。"教师指导学习这篇课文的时候，不直接把这个道理讲给学生听，而是让学生自己动脑筋想一想，为什么老牛说水浅，松鼠说水深，究竟是深还是浅，该怎样来看。尽管孩子还讲不出什么抽象的道理来，但他们都已具体地学到了辩证地看问题的方法，懂得了亲身实践的重要性，这对他们以后进一步学习辩证唯物主义是很有好处的。

三、善于调动学生的积极性和主动性，培养学习的自觉性，是进行共产主义教育、启发学生今后能动地改造世界的重要思想基础。

许多教师的经验证明，要调动学生的学习积极性，关键在善于提问，也就是说，善于启发学生从学习中发现问题，发现矛盾。这是很宝贵的经验。这不仅对学习语文有好处，对认识事物有好处，扩大来说，对共产主义教育也很有好处。

在小学语文教学中，要启发学生从课文的理解中发现问题，与此同时，还要启发学生从事物的观察中发现问题。思维能力的训练要在理解课文与观察事物的过程中进行，既发展了思维，又培养了理解能力和观察能力。

第一册有一课《种鱼》，是这样写的："农民把玉米种到地里。到了秋天，收了很多玉米。农民把花生种到地里。到了秋天，收了很多花生。小猫看见了，把小鱼种到地里。它想收很多小鱼呢!”

儿童学了这篇课文，很自然地会想，小猫把小鱼种到地里，能收很多小鱼吗？对六七岁的孩子来说，这问题是不容易回答的。但是，只要儿童知道，小猫不可能收到很多小鱼，而且能说出一点儿道理来，就可以促使儿童留心观察周围的事物，并思考它们是怎样成长的。

到了第三册，有一课《我要的是葫芦》，讲一个人种了棵葫芦，结了几个小葫芦。后来叶子上长了虫，那个人光盯着小葫芦，不给叶子治虫，结果小葫芦慢慢变黄了，一个个都落了。那个人那样喜欢小葫芦，可是小葫芦偏偏都落了，他究竟错在哪里？对七八岁的孩子来说，这问题也不容易回答。但是，只要儿童知道，光顾果实不管叶子是不对的，叶子长得好，果实才能长得好。只要这样，就可以启发他们留心观察事物，注意事物各部分之间的关系，不仅有利于他们今后重视植物的栽培，而且初步学习到一点儿思想方法，这对他们的成长也是很有利的。

一篇比较好的课文，往往包含着一些可供孩子们思考的问题。在教师的指导下，学生逐步学会发现问题，并设法解决问题，这正是培养儿童改造自然、改造社会的自觉性的起点。对今后的现代化建设人才的培育能起积极作用。既然要让儿童发现问题，就应当使课文内容稍稍有点儿难度。学生能够在教师的帮助下，自己克服困难去解决，这正是鼓励学生的主动积极性的极有效的措施。把什么知识都嚼得稀烂喂给学生，是培养不出人才来的。正如把共产主义理想、道德等道理，都由教师讲给学生听，小学生即使记得很熟，能够背得出来，是同样收不到真正的思想教育的效果的。这在小学低年级，尤其值得注意。

第二编

认真钻研教材　重视思维训练*

小学语文教学如何发展儿童的智力，从现在的小学语文教学情况来看，应该从认真钻研教材，重视思维训练入手。

先从教材来说。

我们目前使用的小学语文通用教材，它的编写指导思想注意了学习语文规律和认识事物规律的结合。

小学语文教学大纲提出了要以从小培养无产阶级世界观作为小学语文教学的指导思想，并要体现在整个小学语文教学之中；以培养学生识字、看书、作文的能力作为小学语文教学的目的。前者涉及认识事物的规律，后者涉及学习语文的规律。这样，教材的编写就必须注意学习语文规律和认识事物规律的密切结合。

在这个思想指导下，通用教材就要做到内容丰富，知识面宽，利于开拓学生的眼界，帮助学生认识自然，认识社会。学生通过学习语文，不仅培养了语文能力，而且认识世界上的各种事物，并在这个认识过程

* 选自袁微子著：《袁微子谈小学语文教学》，衢县教育局教研室、衢州师范学校资料室编印。

中发展了他们的智力。

在这个思想指导下，教材不仅注意到内容丰富，而且力求形式多样。因为各种不同形式的课文，反映了作者不同的思想方法。这样就利于通过课文的不同形式来对学生进行不同思想方法的训练，不仅使学生获得理解、运用语言的能力，而且在此过程中发展了他们的智力。

由于注意到学习语文规律和认识事物规律的结合，全套教材有目的、有计划地安排了若干重点训练项目，来训练学生的理解能力、表达能力、观察能力和思维能力，为发展学生的智力提供了保障。

为了具体说明上述意图，我们从一个侧面勾画一个轮廓。

把学生学习语文的规律和认识事物的规律结合起来，教材安排了三个训练阶段。

第一步是小学一、二年级，这是一个以识字为重点的阶段。这个阶段要让学生识一批汉字（1 700～2 100）。识字的着力点放在教给学生识字方法，培养学生独立识字能力上，一、二年级要有一个识字量，但不能片面地只是注意这个量，应当在完成一定量的识字过程中，把重点放在教给识字方法、培养识字能力上。经过两年来的实践，不少教师收到了相当好的成果。学生懂得了识字方法，有了识字能力。他们自动去识字，掌握的识字量往往超出了教材的规定。按照大纲指出的，把汉字本身的规律，学习语文的规律，认识事物的规律结合起来。这样，教师就能在识字教学中进行思维训练，学生的智力也能有所发展。如果光注意到识字量，把小学生入学后那两年大好时光都用来孤立地识字，就会遏制他们智力的发展。他们进入小学，想要认识更多的事物，要表达自己对各种事物的认识，这正是开展思维训练的大好时机。我们在识字教学中就必须对学生进行思维训练，培养他们识字能力，发展他们的智力。

第二步是小学三年级，这是从以识字训练为重点过渡到以读写训练为重点的过渡阶段。到了这一年，识字任务不是重点，但仍有它的特殊性：既要复习巩固已经学到的字，还要在读写训练中，在独立识字过程中，继续识一批字。除识字任务外，这一年还要开始有计划地抓初步读写训练。这一年的读写训练，教材中安排了五项重点训练项目。这五个项目是：观察事物的训练；叙述事物要有具体内容；要注意先后次序；要抓住课文重点；要抓住事物的特点。这五个项目化为二十个细项，体现在全年的“习作例文”中，进行反复训练。这一年读写训练的重点放在段的训练上。段的训练是逻辑思维训练的重要手段。因此，要花一年时间，认真地、细致地进行。

第三步是小学四、五年级，进入了高年级阶段，以读写训练为重点。这两年当中，根据认识事物和学习语文规律的结合，安排了三十二个重点训练项目。这些训练项目，在各册“读写例话”中都已标明。从发展儿童智力、进行思维训练来讲，主要是解决四个关系问题：

第一是动静关系。这是对学生进行思维训练时首先要注意到的一种关系。我们观察事物，不外动态观察和静态观察。观察自然或观察社会，可以放在静止的状态中去看，也可以放在活动的状态中去看。这种动静关系，从小学一年级起，就要注意从具体形象中认识，以发展他们的形象思维为主。到了高年级，可以有意识地把这种关系着重地摆出来。比如高年级的“看图学文”，注意了这种动静关系。像《海上日出》便是动态观察，《桂林山水》就是从错综复杂的景物中归纳出几个观察点进行静态为主的观察。

第二是顺逆关系。这是个思路问题。观察和思维都有个先后顺序，文章也有顺逆写法，说话也有个顺逆说法，这种顺逆关系是逻辑思维中很重要的一步。

第三是详略关系。这也是个逻辑思维训练当中要重视的问题。文章有重点，重点可能说得详细些，非重点说得简略些。学生读文章，要能抓住重点，写文章，要突出重点，不能一般齐。要注意训练学生能重点突出、主次分明，就要懂得详略关系。

第四是内外关系。它是四种关系之中更深一层的关系，是研究事物本质的问题。由表及里，由外到内，由具体到抽象，由现象到本质，便是内外关系。这是训练学生逻辑思维能力、认识事物能力的比较重要的一种关系。

以上这四种关系，是从逻辑思维训练的角度来谈的。它和观察能力、理解和表达能力的训练都有关系。在课本的重点训练项目中，没有明确地提出这四种关系。因为这是思维的内在联系，对小学生来说，没有必要给以这些抽象的概念。

这四种关系相互交叉、相互结合，贯穿着发展学生的思维能力。这套通用教材由此设计了不同的形式，来开展学生的思维训练。

小学语文教材在注意把学习语文规律和认识事物规律结合起来这一思想指导下，为开拓学生思维、发展学生智力作了一些安排。我们希望教师钻研教材时，注意这些，更好地使用这套教材，更有效地发展儿童的智力。

再从教学上来说。

我们的教学也应该重视思维训练。改革小学语文教学，着力点应放在启发儿童思维，培养学生的自学能力上。这并不是说可以忽视语文基本功训练，而是在学习语文的过程中把重点放在发展思维、培养能力上。

目前，小学一至三年级教学改革在发展儿童智力上已取得了一些经验，难点是在小学高年级如何对学生进行思维训练，如何培养学生自学能力上。我们要注意结合语文基本功训练在培养学生思维能力、训练学生自学能力上创造的经验。

针对目前高年级的语文教学情况，提几点意见，供教师进行思维训练时参考。

第一，高年级语文教学希望能抓好预习，指导学生思路。预习是教师指引学生自学，了解学生学习语文思想动态的有效方法。因此，教师要重点指导，及时检查，把预习放到相当重要的位置上来。如果课外时间紧，可将预习放到课内进行。检查预习，发现学生阅读课文时的问题。重点抓什么？检查预习时抓学生是怎样读课文的，重点检查学生理解课文时的思路是怎样的。在检查字、词、句的理解时，了解学生是怎样读课文的，他们的思路是什么。这样便于有计划地启发学生思维，引导他们怎样思考。这是发展学生智力的重要一环。

第二，重点提问，留出思考时间。教师备课不仅要考虑自己怎样教，还要考虑学生会怎么学。特别要多考虑、多设计课上该提哪些问题，着重提哪几个问题。这是直接影响教学效果的。教师应根据课文的特点、教学的重点、学生理解的难点，有计划地安排提问的顺序。这实际上是指引学生的思路。教学时提出一些需要认真思考又难以回答的问题，学生会一时答不上来，教师要从发展学生智力出发，考虑给学生留出思考时间，哪怕一分钟也好。教师不要在提出问题以后见没人举手，就发急，就发火。孩子这时正在动脑筋，他们需要时间。思维是要时间的，发展学生思维必须留出思考时间。这时课堂会出现一时的沉默，这个沉默往往是学生努力思考的时候，不可忽视。教师如果看到沉默就发急，学生思维被迫中断，是十分可惜的。学生为回答老师提出的问题，要进行一番艰苦的脑力劳动，要从具体到抽象，要组织自己语言，选择词汇，从理解到表达。在这个过程中，有不少错综复杂的问题在学生脑子里转。在这艰苦的脑力劳动过程中，学生发展着自己的思维能力。因此，教师不仅要精心设计课上提问，还要在课上提出比较难答的问题后给学生留出适当的思考时间。

第三，引导学生独立思考，注意联系课文。要训练学生独立思考的能力，但不能脱离课文。思考要运用语言，课文中有许多学过的新词，教师要启发学生思考时能运用这些新词。如果脱离课文，就失去了运用新学词语的机会。学生思考有个过程，有思想方法，要学生不仅从学习课文时领会到这个思考过程，还要让学生在思考时运用这种思想方法。所以，发展思维不要脱离课文，要联系课文提问，运用课文词句答问，让学生根据课文进行思考，展开思路，提出见解，逐步发展思维能力。

第四，引而不发，及时指引关键。当学生为一个难解决的问题而纷纷议论时，他们希望教师马上下个判断。这时正是他们开动脑筋的高潮，教师不要轻易地下结论，过早地结束学生的思考。从一般教学情况看，教师看到学生纷纷议论，争着各抒己见，教学秩序难以掌握，担心影响教学进度，就打断学生思路，匆匆忙忙给出判断式的结论。这样容易挫伤他们的积极性。不要这么办，要让学生把话说完，即使是学生说的不太对，或是把话题扯开了，教师也要仔细地听，认真地分析：学生的思路是什么？注意力放在哪里？师生要沟通思想，教师要掌握学生的思想动态，然后热情耐心地加以引导。不要过早下结论，要给学生留个思考余地。引而不发，像把弓拉满了，箭搭在弦上，但是不马上射出去，引导学生自己通过思考解决问题。高年级教材当中处理重点讲读课文和“读写例话”的关系时，重点讲读对重点训练项目就是引而不发。这样能激发学生的学习兴趣，也能更有利于促进学生智力的发展。

第五，共同思考，不断引向深入。在课堂上，教师应与学生同呼吸，共思考，不要以问题解答者自居，不要把学生看成远不如己的笨蛋。“师不必贤于弟子，弟子不必不如师”，教师在学生智力发展的过程中有许多地方能指导学生，但也会有些地方不如学生考虑得周到细致的。教师应以平等的态度对待学生。要和学生一齐积极思考。倘若有问题一时说不清，就实事求是和学生共同研究；倘若有问题不如学生考虑得好，应虚心学习，主动吸收，去启发更多的学生。这样做，可以调动学生的学习积极性，有利于因材施教。在课堂上我们有时感到学生不善于表达自己的意思，回答问题结结巴巴。要注意这个结结巴巴，正是在语文教学过程中学生逐渐掌握词句的过程，也是逻辑思维训练和语文基本功训练相结合的必然过程，是可贵的发展。教师要引导这个发展，这就是在发展学生的智力。一位好的语文教师应该像一位最善于启发诱导的导演。导演要让演员进入角色，自己应当先进入角色。教师要让学生学好，必须从思想感情上与学生产生共鸣。我们理想中的小学语文教师应该是和蔼可亲、虚心诚恳、细心灵活、热情耐心、勤于思考、善于思考的人。这样的教师会使整个课堂成为发展学生思维、培养学生智力的很好的土壤。教师讲起课来娓娓动听，不疾言厉色，上语文课应该让学生感到如坐春风，仿佛在春风荡漾之中师生一齐学习，共同思考。课堂成了发展学生思维、培养学生智力的土壤。要使课堂教学有利于学生思维发展。小学语文教师要培养自己教学的风格，让教师的这种风格成为学生发展智力的积极因素。

只有认真改革教学，认真重视思维训练，才能使学生的智力更快地发展起来。

小学语文教学要重视儿童的认识发展*

为什么提出这样的问题

在小学语文教学改革中，要重视研究儿童的认识发展。这个问题的提出，首先是由于新时代的需要。恩格斯曾经这样说过："每一时代的理论思维，包括我们时代的理论思维，都是一种历史的产物。在不同的时代具有非常不同的形式，同时具有非常不同的内容。"这说明，理论思维并不是一成不变的。不同的时代有不同的形式和内容，理论思维是哲学研究的对象。由于社会主义现代化建设的需要，我们这个时代理论思维研究的重点，将会放到人类知识的来源，获得知识的方法、途径，以及发展规律上来。这主要属于认识论的问题。

党中央多次号召我们，要学习马克思主义基本理论。小学语文教学研究工作者也应当义不容辞地钻研马克思主义基本理论，把马克思主义认识论放到重要地位上来，并联系小学语文教学实际进行学习。要找出

---

* 此文发表于《课程·教材·教法》1986年第4期。

儿童在学习语文的同时是怎样认识事物，怎样发展认识、提高认识的，从而使他们遵循规律，获得全面发展，以适应新时代的需要。

其次，从小学语文教学本身的发展来看，也有这个必要。语文教学的研究主要是围绕着教学规律问题而展开的。规律，就涉及教学的本质问题，涉及学生的认识过程问题。而语文教学规律却并不等同于人类的从事多种劳动的一般认识规律，而是有它的特殊性的。我们要运用马克思主义基本原理，探索小学语文教学规律的特殊性。从这个角度来看，小学语文教学研究应该把儿童认识发展作为重点来进行研究。

1984 年，教育部核定了一批重点科研项目，其中之一是“中小学学制、课程、教材、教法改革的实验与研究”。在这个科研项目下有若干个子目，其中之一便是“小学语文教材教学和儿童认识发展的规律性研究”，由课程教材研究所负责。1985 年 2 月，全国小学语文教学研究会在北京召开常务理事会。会上决定了几项小型研究工作，其中之一便是这个研究课题，并确定由云南、贵州、四川、山东、浙江、南京等六省市参加。课程教材研究所的决定，得到全国小学语文教学研究会常务理事会的支持，这一年来，我们与六省市有关同志分头做了些工作，还跟浙江教育出版社进行了联系。令人感奋的是浙江教育出版社不仅给以热心支持，而且投入人力、财力参加这项工作。这样，六省市原先分头进行的研究工作，能够通过加强集体研讨发挥有力的促进作用，使这项研讨的成果得以较完善地变成现实。

正在探索的几个认识问题

我们的探索还不仅限于课堂教学。因为力量与时间所限，没有触及其他方面。在课堂教学的过程中，当前反映出来的、涉及的主要问题有：

（一）教学活动是从掌握知识出发还是从培养能力出发？

我们都知道，教学活动是教师、教材、学生三个要素的相互作用。教材提供学生学习的知识，是教学的凭借。在教师和学生的相互作用下，教师使用教材，发挥学生全部精力，学懂教材，从而获得知识，发展技能，在技能的熟练运用中培养了能力，从而又加深了对知识的理解。因此，我们不能说教学活动是从掌握知识出发，也不能说是从培养能力出发，而应该是掌握知识和培养能力的统一，是在教师的主导作用下，学生运用已有的知识，自觉地掌握知识，这种知识经过教学活动又得到新的知识，把这个新知运用到实践中去，逐步形成能力，能力又反过来促使知识的提高。如此循环不已，走的是一条马克思主义认识论指引的路。

在1985年全国教育工作会议上，万里同志作过重要讲话。他曾经指出，教师不仅要传授知识，更重要的是培养学生独立思考的能力，培养运用已知解决新问题的能力，培养继续学习新知、善于总结经验、发展新理论的科学的思想方法。这是告诉我们，知识和能力要从马克思主义认识论来考虑，不能偏于某一方面，要把知识和能力的问题统一起来研究。

知能统一过程中，儿童的认识发展处于什么地位呢？六省市同志探讨的教学实践告诉我们，学生在教学过程中，总是运用他们已有的生活经验、一般的常识，经过学习，不断地向理论思维过渡。在这个过程中，由于教师的作用、常识的再现，产生了新的认识。这种新的认识又联系所获得的知识，上升成为理性认识。这样从具体的认识向理性的认识发展，是培养学生的创造精神的重要因素。常识的再现与理性认识的发展，二者是相互渗透的，是一个问题的两个侧面，处于同一教学过程之中。

（二）儿童的发展，是来自他们内在的潜力，还是取决于社会的制约？教师应当发挥什么作用？

儿童的发展，首先是智力的发展。我们都已认识到，小学语文教学要促进儿童的智力发展。这个智力发展属于认识发展的范畴，但并不等于儿童的全面发展。

从智力发展来看，它具有哪些本质特征？苏联的敏钦斯卡娅提出的看法可作参考。她认为智力发展的本质特征有四条：掌握速度；分析综合活动的水平；思维过程的灵活性；直观和抽象因素的联系。六省市的同志在实践中认识到，智力是在儿童掌握知识的过程中发展的。教师的教学使儿童的智力得到充分发挥，才是质量最高的。这便意味着是教师的教学在引导儿童认识的发展。儿童的认识发展要依靠教师的主导作用。这样的认识是否正确，值得进一步探讨。

有人说，智力发展要有两个必须具备的条件。一是要有知识的装备，并且形成一个复杂、能动的体系。因而我们强调要扩大阅读量，丰富知识，扩大视野，创造智力发展的条件。二是要掌握思维活动的方法。因而在教学中要指导学生学会思考，也是为智力发展创造条件。

那么，在教学过程中，怎样发挥儿童智力发展的潜力呢？首先，有经验的教师都很重视对儿童的潜力作出充分的估计。既不能估计过低，也不能估计过高。那个估计得比较正确的潜力活动领域便是我们通常所说的“最近发展区”。其次，要促使儿童有发挥潜力的愿望。这也就是有的教育家所指出的，使儿童的脑力劳动得到满足的喜悦。在教学过程中，教师要肯定学生是有这种认识自己的智慧的要求的，而且在这个基础上，还要认识到教学是能充分发挥儿童的潜力的。要注意的是，在教学过程中，要有明确的目的性和阶段性，与儿童的积极性相适应，求得相互作用，相互促进。

但是，教学是不是就在于随心所欲地自由发挥儿童的内在潜力，而不受任何制约呢？事实并非如此。儿童的内在潜力、智力发展总是不可避免地受到儿童所处时代的社会制约。我们今天所处的新时代，对培养的人才提出了明确的要求，指出要具有为祖国富强和人民富裕而艰苦奋斗的献身精神，具有实事求是、独立思考、勇于创造的科学精神。儿童潜力的发挥，不能脱离这个时代要求的制约的轨道。这是有别于某些教育家所主张的儿童中心论的。我们过去也曾提出过要发展儿童的思维，发展他们的智力，但由于实际上并不适应社会的需要，也缺乏种种客观条件，因而难以较大规模地实现这种良好的意愿。现在党中央提出培养献身精神和科学精神的要求，完全是在马克思主义的科学轨道上提出的，于是我们就有可能迈开大步前进。这个问题，有待于我们进一步加深认识。

（三）对教学活动的教育意义的认识，即与共产主义思想教育、培养一代新人的关系是怎样的?

我们都知道，教学的终极目的是培养人才，新时代需要的人才。从小学语文教学来讲，语言文字是工具，是人们相互交际的工具。同时，语言文字也是认识的工具，是凭借语言文字这一工具来认识事物的。儿童在人们的相互交际中逐渐掌握这个工具，同时也在相互交际中增长知识，发展智力，并能更顺利地熟练掌握语言文字这个工具。这是两种工具的统一。但是归根结底，工具只是手段，目的在于求得全面发展，成为人才。

现在，我们在小学语文教学中，提出发展儿童认识的课题，该怎样考虑小学语文教学与发展认识、培养人才的关系呢?从认识论的角度来考虑，是在马克思主义认识论的指导下进行小学语文教学改革。马克思主义认识论可以使语文教学过程有一条明确的路线，促使语文能力与认识能力得到统一的发展。认识发展了，提高了掌握语言文字的能力，语言文字掌握了，又促使认识的发展，这样相互促进，相互渗透，共同提高。

六省市的教学实验说明，就课堂教学来看，儿童的认识，是在教学活动中发展的。因此，儿童的认识发展必须依靠教学过程的逻辑顺序。这个顺序不单是指看得出的教学步骤，而且是指看不出的、内在的、暗含着的教学步骤，是有计划地让学生掌握知识，并且在这个掌握知识的过程中学习运用知识的方法。这个内在的指引，既增加学生的直接知识与间接知识，又激发学生对新知识的探索。在这个新的探索中使知识条理化，获得新的知识、新的认识，逐步培养共产主义世界观。经过生活实践，在实践中得到检验，深化提高。共产主义的理想、道德、纪律也便在教学过程的这个顺序的进行中，在语文能力与认识能力相统一的训练过程中得到潜移默化的渗透教育。这样的问题，有待于继续探索。

（四）认识论在小学语文各项基本功训练中如何体现和运用？

关于这个问题，有不少试图进行小学语文教学改革的教师和教研工作者都在探索着，都有种种体会。把六省市的教学实验归结起来，大抵有这么几点共同的认识。

1. 在课堂教学中，教师的提问至关重要。问题的提出与解决过程是发展儿童认识的重要方法和途径。问题就是矛盾。问题的解决，意味着新知的获得、智力的发展、认识的发展。因此，在课堂教学中，问题要提到点子上来，才能获得较好效果。怎样的问题才算提到点子上呢？有同志认为该具备三个条件：一是问题要有正确的方向；二是从提出的问题中要能找到解决问题的途径；三是能促使儿童运用已有的知识，培养独立思考的能力，独立地解决问题。《中共中央关于教育体制改革的决定》中指出，从小培养学生独立思考的能力很不够，我们应当联系起来认真考虑解决。

2. 小学语文教学的任务是不是就在于让学生学会如何思考？同志们认为，这个认识是片面的。第一，我们要教给学生思维方法，但在语文教学中，思维方法并不是独立存在的。思维方法体现于获得知识、提高认识的过程中。它将储存于自觉获得的知识与认识中。知识与认识的运用，便重现了学到的思维方法。儿童认识的提高，也就意味着科学的思维方法的掌握和熟练。第二，思维方法还体现于语文能力的培养与提高的过程中。语文能力的掌握、思维方法的训练、认识的提高，是统一进行的。这个问题也需要进一步探索。

3. 获得的知识与认识，要运用于生活实践，体现在能力的独立性上。这个独立性要在实践中体现。这样看来，小学语文教学就不仅仅是教一两篇课文的问题，而是要联系生活实践，对教学有个整体性的认识。六省市有些学校正在作有益的探索。

从儿童的认识发展角度来考虑，教学的整体性大体包含这些内容：一是武装学生新的知识；二是教会学生思考；三是让学生能初步地学习辩证地分析事物，正确地对待事物；四是培养进一步探索新知识的愿望；五是促使他们自觉地把学到的知识、理论用于实践，逐步培养共产主义世界观，为培育人才打下基础。

语文教学究竟是为了什么*

20 世纪 80 年代初，我曾经在北京市一所小学试教过一次语文。试教的课文叫《在仙台》，是从鲁迅的《藤野先生》中节选的，编排在高年级的课本里。那次试教，是为了探究一个问题：语文教学究竟为了什么？如今已经相隔近十年，这十年的小学语文教学，变化很大，但仔细寻思，旧话重提似乎仍有必要，倒并非为了怀旧。

记得在试教前的那段日子里，我在外文局编印的《编译参考》上看到一篇美国人写的登在英国刊物上的文章，题目叫作《中国的教科书十四年来依然如故》。这“十四年”，指的是 1964 年到 1978 年。

作为教科书编者，看到外国人评论中国的教科书，自然会联系自己的工作。我算了一下，1964 年到 1966 年，我是在一家专门编辑出版中小学教科书的出版社当一名小学语文课本的编辑。这“依然如故”与我有关，我得承认小学语文教材没有多大改革。直到 1977 年秋，正值邓小平同志亲自抓教育，他提出要让娃娃们有书读。娃娃该读书，本是人

* 此文发表于《人民教育》1989 年第 1 期。

类社会普遍习知的常识，可当时听到这样的话，却犹如拨开云雾见青天，真是振聋发聩。我们这些“编书的”，也得以住进似乎不合身份的西苑饭店、香山饭店，怀着激情，不分昼夜地编起书来。仅一年工夫，便制订出了中小学各科教学大纲草稿，并于 1978 年秋开始供应第一册，创造了编书的新纪录。那位美国人写文章的时候，当然来不及看到 1978 年开始供应的新教科书，但是我们仍有必要听听美国人对中国教科书的评论。

读完那篇文章，我确乎佩服起那位美国人来。原来他并非是钻在教科书那个纯业务圈子里的书呆子，在识见上比我们一些编书匠或教书匠高出一筹。你道他涉猎中国教科书的目的何在，怎么给出十四年“依然如故”的断语？

文章里有这么两句话道出了真谛。他阅读中国教科书，为的是“了解这些儿童所受到的影响和他们对世界的看法。知道他们所读的是些什么样的课本，或许可以使我们了解他们是怎样的人，并且将来成为什么样的人”。

我们不妨琢磨琢磨这两句话的内涵。第一句话有两层意思。第一层意思是想从教科书这个窗户里去了解中国儿童目前所受的影响，换句话说，在受着什么样的教育。第二层意思是想从教科书这个窗户里去窥测中国儿童对世界的看法。前者是面向现在，后者是面向世界。无论中国儿童受什么样的教育或是对世界有怎样的看法，显然都不是儿童们自己所能作主或者自己生来便具有的，都应当是那个时代中国教育的决策者给确定的或是给指引的。教科书乃是教育决策的具体反映，方向指引的具体体现。任何一个国家，他们给孩子们读的教科书，都受着那个国家当政权威的制约，概莫能外。就教科书而言，具体反映一个国家的教育宗旨——路线、方针、政策，乃是编辑工作者不能推卸也不可能推卸的责任和义务。那位美国人正是以这样的道理为据，这才打主意从教科书中具体了解中国在对后代施以什么样的教育，指导他们怎样对待世界的。

第二句话是就对人的培育说的。也有两层意思。第一层意思是想从中国教科书这个窗户里去了解中国儿童现在是什么样的人，在干些什么，想些什么。第二层意思是想从中国教科书这个窗户里去窥测这一代中国儿童将来会变成什么样的人，是抱残守缺靠吃老祖宗的遗产混日子，还是卸下因袭的重担，放眼未来，奋发图强，与国际试比短长。前者是了解实际，后者是面向未来，中国儿童现在是什么样的，当然得选取有代表性的活生生的孩子，他们得有代表性的思想和行为。谁来选取，责任在教科书的编者。中国儿童将来会成为什么样的人，当然我们希望他们有理想、有道德、有文化、有纪律，具有综合起来的素质和具有民族特点的素质。由此看来，作为编者便必须切实了解中国现状，看清社会发展的主流，从实际出发，在五彩缤纷的出版物中觅取典型，编修成文，以利对孩子启发诱导，提高他们的素质。这是编辑工作者不可推卸也不能推卸的责任和义务。那位美国人懂得这个理，这才打主意从教科书中去了解中国儿童的现状和他们的未来。

那两句话确实分量不轻，应该认真掂量。今天来看，似乎更使我联想起邓小平同志 1983 年指出的教育要面向现代化，面向世界，面向未来。这三个面向不仅是指引方向的卓见，而且道出了时代发展的必然。一个外国有识之士看待中国教科书，不正是在作这样的探索吗？真是一块可资借鉴的“他山之石”。

由教科书联想到语文教学，我在当时也有过感触，写进小册子里的是这样一番话：

> 一套教科书的出版，使我进一步从国内看到了国际影响。我也更加坚持了近年来的一些想法：语文是个工具，这个工具是拿来培养儿童的读写能力的，但这还不是终极目的，终极目的是要让儿童会运用这个工具去认识世界，从而改造世界。

我不仅这样想，而且把这个想法跟一位正在小学教语文的年轻老师谈了。说话的大意是：我们当语文编辑的、教小学语文的，虽然站的是十分平凡的岗位，干的是十分平凡的工作，但我们都深深知道，我们是新中国的教育工作者，我们确实关心我们的下一代，关心他们“是怎样的人”，该指引他们正确的“对世界的看法”，希望他们“将来会成为什么样的人”。

那位老师自然不知道我是有感而发，想改变语文教学的片面性。她似乎有所体会却又显得有点儿为难，于是对我说：“话说得很对，那就请先生教一课试试看吧。”回过头来将了我一军。

那时我在她教的那个高年级班听过几堂课，孩子们很可爱，课堂气氛也活跃。相处了一段时候，他们都叫我“袁爷爷”。我想，既然和孩子们熟悉了，倒也不妨试一试。于是教了一课《在仙台》，用两节课教完。试教的目的是探究一下语文教学是否能获得那位美国人的两句话里想得到的东西，从而加深认识：语文教学究竟是为了什么。

教学的经过这里不必细说，就介绍一下学生的反应吧。我在教完以后，没有出题测验，而是让他们用写日记的方式，写出自己的感受。全班学生都写了。我还选择保存了几则。如不嫌拖沓，且摘录一则如下：

……这时，袁爷爷把《藤野先生》中的一句话读了一遍："在我所认为我师的之中，他是最使我感激，给我鼓励的一个。"然后袁爷爷把这句话写在黑板上，让我们读，接着他问："鲁迅感激的是什么？"王翔回答："感激他认真批改讲义，关心中国留学生的学习。"他点点头又问："他又受到什么样的鼓励呢？结合课文说说看。"这时大家陷入了沉思。我凝视着藤野先生对鲁迅说的话，思考着：这句话很婉转地教育了鲁迅科学不是艺术，对待科学应有一个老老实实的态度。（按：这句话是有语病的，但这是孩子的原话。）这使鲁迅受到鼓励，鼓励他一心尊重科学。后来，鲁迅勇敢地解剖尸体，藤野先生看了十分高兴，并且表扬了他，这又一次鼓励他要相信科学，尊重科学。这时，同学们纷纷举手，我也举了手，正好叫到我，我把自己的想法说了出来，袁爷爷连声说"对"。我低着头笑了，同学们也点着头，脸上露出了喜悦的微笑。这时只听袁爷爷说："鲁迅最受鼓励的就是——"他把右手高高挥起，表情变得很严肃，然后猛地将右手向左手心砸去，提高嗓门郑重地说道："尊重科学！"

"尊重科学！"这有力的一击，这铿锵的话语，这四个金光闪闪的大字，将永远刻在我的记忆中。

鲁迅的文章博大精深，即便是《藤野先生》中的一个片段《在仙台》，也绝不只是局限于“尊重科学”这样的思想境界。在那篇文章里，鲁迅的爱国主义思想也是那样地闪烁着，我在教学中对“物以稀为贵”式的接待，稍稍发挥了一通，以至于这个课堂实录被日本的一位教授看到后，他写信给我，对此表达了不同的看法。他认为他们日本人是真诚地优待中国留学生的。而就“尊重科学”而论，学生确乎是从反复阅读课文中体会到的。既学懂了语文，又提高了对科学的认识，即使课教得并不理想，但在指引学生将成为什么样的人，以及中日两国在学术思想上的影响来看，对这班学生想来多少起了点儿作用吧。语文教学究竟是为了什么，对这样的探索，我觉得是明确了些的。

前些时遇见那个班的语文教师，她告诉我，这批学生有不少已经上了大学。他们每逢假期总不忘去看望小学时候的语文教师，而且几次提到“尊重科学”，觉得对做人和治学都产生了一定作用。作为一个语文教师，听到这样的话，是感到愉快和安慰的。

从 1985 年以来，在中央发过的一些重要文件里，都把教育跟提高素质联系起来。语文教学是专门训练祖国语言文字的理解能力和表达能力的，它对提高素质的作用是容易被理解的。提高素质当然既有文化素质，也有思想品德素质，这样说，似乎比文道关系的提法更不易产生歧义。1988 年 6 月，《世界经济导报》的记者曾经访问过夏衍同志，夏公在谈话中严肃地说：“这 10 亿多人口再不加强文化与科学的教育的话，整个民族的素质都要下降，这才是最危险的。”“现在提出以生产力发展为标准，但生产力中最革命最活跃的因素——人。长久以来都是我们最忽视的，许多弊端便由此而生。”一语中的，语重心长。早在 20 世纪

30 年代，有的人还在流行于国际的书里写过，汉字这个书写系统是中华民族团结的有形象征。相同的历史、相同的书面语言、相同的文化，这些共同点使中国人获得了一种人类情感的共同基础。这样的说法，只要不夸张到超过限度，对语文教学的作用，是应当作出正确的评估的。

至于教科书的编辑，在教《在仙台》的过程中，有几点想法：一是教材当有一定的深度，又要恰到好处，要让学生“跳一跳，够得着”；二是编写教材的同时要考虑教法，探索怎样从陈旧的教学法中有所突破，能调动学生去积极思考问题，培养自学能力；三是要把教学参考书写得好一点儿，给教师一些切实帮助。这样的意见现在看来，恐怕也并无大错。

如今到了 20 世纪 80 年代后期，小学语文教学和教材都面临着深化改革的新形势。从 20 世纪 90 年代开始，将要有义务教育各科教学大纲问世，“一纲多本”，将会出现多种教材。目前，正是为深化教育与教学改革作好准备的时刻。无论教学作哪些改革，教材有哪些版本，就语文学科而言，最根本之点恐怕还是要首先明确：语文教学究竟是为了什么？对于这个问题，是应当有个共同的认识的。

在基础教育中要加强语言文字训练*

从中国文字改革委员会到国家语言文字工作委员会，顾名思义，是在原来工作的基础上，责任更加重了，任务更艰巨了，跟基础教育的关系也更加密切了，也就是说，跟教育改革的关系更加紧密了。作为一个小学语文教材和教学研究工作者，我由衷地感到，在基础教育的语言文字训练这个阵地上，将会得到国家语言文字工作委员会专家们的更多的支持和指导，真是莫大的欢欣。

我国的基础教育原来是相当薄弱，为了祖国的社会主义现代化建设，在党中央关于教育体制改革的决定中就明确地提出，将实行九年制的义务教育，也就是说，基础教育相当于现在的小学和初中。这一决定的实现，必将大大提高全民族的文化素质，为培育人才打下扎实的基础。在基础教育里面，基础的基础是小学，而小学语文又是小学里面极为重要的一个基础学科。如果不把语言文字学好，其他各科的学习都将受到极为不利的影响。就在前不久，国家教委的中学司、小学司，中央

---

* 此文发表于《语文建设》1986 年第 1 期。

教育科学研究所，课程教材研究所，还有北京师范大学等单位，约请一些同志，研讨九年制义务教育的教学计划问题。参加研讨的同志对小学语文这一学科都极为重视，给了比较多的课时，并且比较一致地提出，希望在九年的基础教育里面，让咱们的孩子们能够基本掌握现代汉语。这是多年来所盼望实现而为之努力奋斗的艰巨任务。从新时代的需要来看，从提高民族素质、培育人才来看，这个任务的完成是有着重要的紧迫感的。如果不是这样，就将会拖教育改革的后腿，使培育新时代需要的人才的基础打得不扎实，从而有损于现代化建设宏伟目标的实现。把基础教育中的语言文字训练跟祖国的现代化建设的宏伟目标、培育新时代需要的人才联系起来考虑，提高这样的认识，实在太必要了。

那么，究竟该怎样做，才能更确切地把小学语文训练跟培育一代新人联系起来呢？这是一个很具体、很细致、要在教学实践中一步一步切切实实研究的课题。从许多教学实际看，一不小心，是会走偏了的。比如说，有的同志认为联系祖国的现代化建设，无非就是进行思想政治教育。于是就在教学中穿插一些思想政治教育的教学内容，有的甚至对每篇课文都要研究它的思想政治教育的意义。这样做的结果是，学生的语文能力固然培养不好，而所谓思想政治教育也只是几句空洞的说教。有的同志认为，这个问题无非是文与道的关系问题，早已解决了的，今天只是旧调重弹罢了。于是在教学中并不自觉地注意联系学生的思想实际，更不重视学生的实践。所谓语文教学便只是语言文字的种种徒具形式的练习。这样做的结果，往往是把学生训练成叶圣陶先生所指出的那种“活书橱”“人形鹦鹉”，像叶老预见到的那样，“不能养成善于运用国文这一种工具来应付生活的普通公民”。这是叶圣陶先生五十年前指出的“旧式教育”的弊端。这种“旧式教育”在今天仍然存在。对于这种陈腐的传统教育思想、教学方法的弊端，在去年的全国教育工作会议上，万里同志的讲话中便曾从社会根源、思想根源等方面深刻地作过分析，这里就不重复了。在中央的“决定”中，也很明确地指出，我国教育现在的主要问题，在教育思想、教育内容、教育方法上，是从小培养学生独立生活和思考的能力很不够，立志为祖国富强而献身的精神很不够，生动活泼地用马克思主义思想教育学生很不够。这几个“很不够”，尖锐地指出了问题的症结所在。拿小学语文来说，绝不能因为我们是专搞语言文字训练的，就认为这几个“很不够”与己无关，而应该说是在小学语文教学中也同样存在，而且也确实做得很不够。经过学习，我们还感受到，这样的指点，是对小学语文教学怎样联系一代新人的培育提出了明确的途径和具体的内容。

这样的途径，这样的内容，并不是思想政治教育的老框框所能概括的，也不是文道关系的老概念所本来具有的。它击中要害，是针对新时代的需要而提出来的，是有重大的现实意义的。这个精神，从党的十一届三中全会以来，是一脉相承，贯穿下来的。

把这个精神贯彻到小学语文课的教学实际中，便带有它学科本身的特点，有它的特殊体现形式。从我们所了解到的教学实际看，对这个方向性问题的认识，是伴随着小学语文教学的改革而逐步加深的，是有个变化过程的。这个变化过程，也就是端正教学思想的过程。

从党的十一届三中全会以来，在这六七年里，大体经历了三个阶段。

首先是从培养学生对语言文字的自学能力入手，那是 1979 年前后，叶圣陶先生重申了“教是为了达到用不着教”的讲话，吕叔湘先生提出了学生的学要由被动的学成为主动的学。老前辈的指引，在全国引起强烈反应，大家对此进行了切实研究，并在教学中认真实践。由于当时的小学语文教学大纲和教材都重视了这一点，在教材上还提供了自学能力的凭借，例如安排了讲读课文、阅读课文、独立阅读课等三类课文。有了这种种条件，所以进展比较顺利。当然，在培养自学能力的自学实践中，还认真研究了传授知识和培养能力、发展智力的关系。这样的探索，几乎遍及全国，蔚然成风，是很可喜的。

在这过程中，大家具体认识到，要切实有效地培养学生的自学能力，必须改变教和学的关系。如果还是先生讲学生听的那一套，是很难有效地在课堂上培养出自学能力来的。这便进入到第二阶段。教师们真切地感受到，必须把注入式的教学改变为启发式的教学。而这种教学法的转化，却是一个教学思想的转化过程，而且是相当艰巨的过程。

正在这个教学思想的转化过程中，党的十二大召开了。十二大提出了全面开创社会主义现代化建设新局面的战略任务，过了不到一年，邓小平同志又指出了教育的“三个面向”。大家的目标更明确了，培养一代新人的认识更具体了。关于小学语文教学，也就比较明确地认识到，要以马克思主义思想，辩证唯物主义作为指示，把它渗透到小学的语文训练中去。因为同志们深切感到，无论是小学语文教学和思想教育的关系，传授知识和培养能力、发展智力的关系，还是教和学的关系，都应当遵循辩证唯物主义，运用科学的思想方法，实事求是地分析，才能得到正确处理。

由于有了这样的认识，对叶老所倡导的小学语文教学的基本功训练，也有了进一步的理解，并在那个基础上有所发展。大家的理解是，称之为基本功，便体现了知识与能力、智力的辩证统一；称之为训练，便体现了教与学的辩证统一；称之为基本功训练，便应当有若干个训练项目，有系统、有步骤地进行，综合成一个整体，并把课内与课外、校内与校外、教学与教育辩证地统一起来。这是第三个阶段。

在越来越具体、深入的探索过程中，同志们还认识到，在整个小学语文基本功训练中，重要一环是处理好学习语言文字和认识事物的关系。

语言文字是人们相互交际的工具。人们运用这个工具来交流思想，认识世界。语言文字的训练如果不和认识事物联系起来，便影响了它的工具作用。教学实践还说明，如果教师注意到语文训练跟认识事物的训练的辩证统一的关系，那么，对知识与能力、智力的关系，教与学的关系，乃至语文教学与思想教育的关系，教师都能自觉地正确处理。关于这方面，这里就不展开来说了。

值得注意的是，在小学语文教学中，那种语文训练跟认识事物的训练相脱离的现象，是普遍存在的。这既不利于语文能力的培养，也不利于人才的培育。

记得去年春天，我曾在一个小学听课，教的是三年级的《沙漠里的船》。课文讲了人们怎样利用骆驼的生理特点作为沙漠里的交通工具。那篇课文有几个生字，教师让学生自己查字典认识。一个是鼻孔的“鼻”字。这个字只要按汉语拼音一读，是很容易懂的。但是学生查了，还抄在笔记本上：“鼻孔，是嗅觉器官，也是呼吸的孔道。”对三年级的孩子来说，是比原来的还难懂。另一个是“烫伤”，“烫”是生字，学生也查了，抄了：“皮肤接触温度高的物体感觉疼痛叫烫。”也相当难懂。还有个“胼胝（piánzhī）”，抄的是：“手掌和脚掌上因摩擦而生成的硬皮。”其实“胼胝”就是老茧，如果写出来，则是“趼子”，这个“趼”（jiǎn）字也不容易认得，又得查字典。为什么让学生抄下来，背下来？很可能为的是准备应付语文考试中的那个词义解释。而这样的抄、背，也正是语言文字的教学与认识实际事物相脱离的具体反映。

还有一种情况，是牵涉语言和文字跟认识事物的关系的。那是在一个农村小学里，一年级的小孩子学习《乌鸦喝水》那一课。读到乌鸦口渴了，到处找水喝。有个学生问：什么叫“口渴了”？原来那一带农村，人们通常不讲“口渴”，而说“口干”。老师就问有谁懂得什么叫“口渴”，有个孩子说，就是“口干了”。这一解释，孩子们都懂了。我在听课的时候，也确实难以判断，口渴、口干，究竟哪个算是方言，哪个算是普通话？直到现在也还没闹清楚。可见普通话跟方言的关系，要搞清楚，真是十分细致的工作。至于它与认识事物的关系，当然是十分密切的。譬如江南一带对“花骨朵儿”这个词就相当生疏。我听学生读课文，读这个词相当别扭。然而这却恐怕属于普通话了。

再有一种情况，是对常用成语的理解跟认识事物的关系。在汉语言文字中，四个字的成语是很多的。比如小学高年级有一课《钓鱼》，讲了一个叫阿成的少年，他很会钓鱼，课文里描述了他的钓鱼竿。老师问：“阿成的钓鱼竿怎么样？”学生回答：“华而实用。”这个回答，听起来相当陌生，但它显然就是从“华而不实”的成语里变化来的。“华而不实”，我们一般的理解，好像是指开花而不结果的意思。那么，这个“华”和“实”，究竟是指开花与结果，还是指华丽和实用呢？学生把它理解为华丽和实用了。这样的理解，是老师教的，还是学生查字典查出来的？或者两种可能性都有？如果不搞清楚，学生读到“华而不实”，对认识事物便会产生模糊的印象。

还有一种情况，让我们来看看语言文字的训练和思想认识的关系。小学高年级有一课《伟大的友谊》，讲的是马克思和恩格斯在共产主义的伟大事业中结成的伟大友谊。课文里讲到，马克思很穷，连邮票也买不起，恩格斯就在生活上给他很大帮助。课文还讲到，马克思逝世了，恩格斯放下自己的研究工作去完成《资本论》的出版工作。读完后，老师问学生有什么感想。学生的回答是，我们也要有理想，要像马克思、恩格斯那样，朋友间互相帮助，为实现理想而努力。说得很不错。可是有的学生却在私下跟同学议论，马克思那样穷，恩格斯还去帮助他，跟他做朋友，究竟图个啥？对这个学生来说，语言文字看起来是懂了，但他的思想认识显然是不对头的。那么，语文教学管不管呢？而且，这个学生说出来了，其他的学生是不是都没有这样的思想认识，或者说也有这样的想法只是不便说出来呢？这些地方，恐怕正是语文教师要发挥主导作用之所在。孩子到了中高年级，他们的思想认识已经不是很天真、简单，像一张白纸那样了；他们也懂得怎样看老师的脸色行事，说一些老师爱听的话了。如果不处理好教与学的关系，用平等的态度对待学生，不重视语文学习与发展智力的关系，允许学生自己独立思考；不注意学习语文与认识事物的关系，让学生对不理解的问题发问，恐怕遇到这样的课文，教师就无从知道学生还有这样的想法，从而失去了正面指导、教育的机会。即使词句都懂得，段落大意也背得出来，中心思想也说得出来，如果学生还有上述想法，能不能算是对语言文字真正理解了呢？

从教学实践中，我们体会到，解决这类思想认识问题，重要的还在认真体会课文中的语言文字。不仅懂得词和句的意思，还要从词、句、段、篇的联系中去理解，去体会文章内在的思想感情，从而提高认识，受到教育，这叫作潜移默化。所谓潜移默化，其中有着这样的含义：把语言文字所反映的思想内容，放到一定的语言环境中去，体会作者的思想感情，从而在教师指导下，把它和读者的思想感情联系起来，师生相互影响，相互促进，对文章加深体会，使思想认识有所改变，有所提高，也同时加深了对语言文字的理解。这大约就是小学语文教学中进行语文训练的一条重要途径吧。

这样的途径，实际上是在发展语言的同时发展思维、提高认识的途径，是培养独立生活和思考能力的过程，培养献身精神的过程，生动活泼地用马克思主义教育学生的过程。至于文字，识字教学当然十分重要。但是，如果能在发展语言的过程中，使识字问题得到切实有效的处理，那将是一个比较理想的做法。好在从 1958 年以后，根据周总理的指示，已经把汉语拼音编进小学语文课本，用来帮助识字和学习普通话。二十多年来，汉语拼音已经发挥了很好的作用。利用汉语拼音这个工具，既可以有利于学习普通话，发展语言；又可以帮助识字，起到有力的辅助作用。这样来解决在发展语言的过程中的识字问题，可能是个有效的做法。

由此我想到黑龙江的“注音识字，提前读写”的实验。如果我没有理解错，这个实验走的是发展语言的路子。他们在专家们的指导下，实验了三年，取得了较好的成绩。尽管还有不完善的地方，但只要路子对，总是可以从不完善逐步走向完善的。这个实验，改变了过去单一的从认识汉字入手来培养听说读写能力的路子，应当说是一个重大的改革。我们对这个实验寄予希望，希望参加实验的同志使实验更加扎扎实实地进行，同时汲取人家有益的经验，取得更好的成绩，为小学语文教学改革作出贡献！

语文学习要自觉地获得知识*

叶圣陶先生在《略谈学习国文》里说过一段很精彩的话：

> 语言文字的学习，就理解方面说，是得到一种知识；就运用方面说，是培养一种习惯。这两方面必须联成一贯，就是说，理解是必要的，但理解之后必须能够运用；知识是必要的，但是这种知识必须成为习惯。语言文字的学习，出发点在“知”，而终极点在“行”；到能够“行”的地步，才算具有这种生活的能力。这是每一个学习国文的人应该记住的。

从这段话里我们得到这么一些概念：就学习语文来看，知识是从语言文字的理解中得到的；如果不通过语言文字而获得的知识，这不是语文学习范围的事。这种从语文学习中理解到的知识，有个特点是必须能够运用，要运用得成为习惯。知识的获得是语文学习的出发点，并不是

* 选自袁微子著：《小学语文课文类型研究》，四川人民出版社 1982 年版。

目的。目的是养成习惯，成为能力，而这种能力却需要由知到行，从理解到运用才能养成。

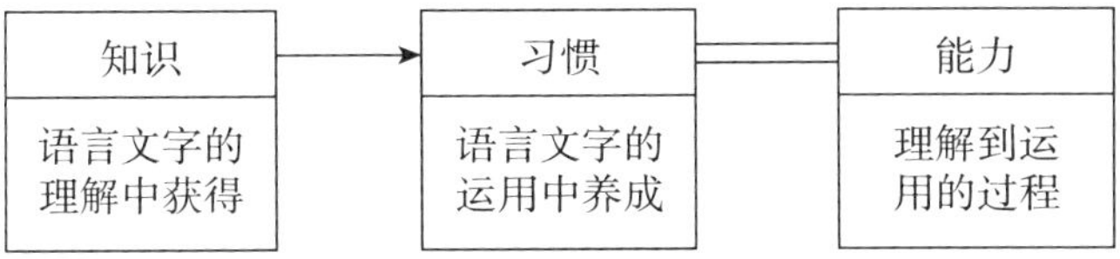

从这里我们明确理解到：1. 语文学习中的知识应当通过语言文字的理解去获得；2. 这种知识的特点是必须拿来运用，养成习惯。为了进一步理解这几个问题，我们再继续读一段叶老的话：

> 从国文科，咱们将得到什么知识，养成什么习惯呢？简括地说，只有两项，一项是阅读，又一项是写作。要从国文科得到阅读和写作的知识，养成阅读和写作的习惯。阅读是“吸收”的事情，从阅读，咱们可以领受人家的经验，接触人家的心情；写作是“发表”的事情，从写作，咱们可以显示自己的经验，吐露自己的心情。在人群中间，经验的授受和心情的交通是最切要的，所以阅读和写作两项也最切要。这两项的知识和习惯，他种学科是不负授予和训练的责任的，这是国文科的专责。每一个学习国文的人应该清楚：得到阅读和写作的知识，从而养成阅读和写作的习惯，就是学习国文的目标。

从这段话里，我们又进一步得到这么一些概念：语文学习中的知识，指的便是读写知识。习惯指的便是读写的习惯。读，是吸收，领受经验，接触心情；写，是发表，吐露心情。无论吸收或发表，都有个知识的获得和习惯的训练问题。

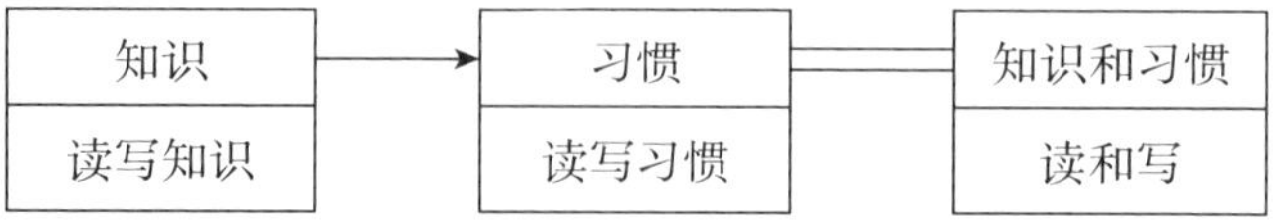

从这里我们进一步明确理解到：1. 知识并非专指阅读而言，也包含写作；运用并非专指写作而言，也包含阅读；2. 读和写都有个从知识到习惯（从理解到运用）的培养过程。

联系我们平时的理解，有几点需要认真辨明：1. 知识的范围，要着重读写知识；2. 读写知识的获得要重视它的理解和运用；3. 在阅读和写作中都有理解和运用的问题；4. 以上三点，都有针对着养成习惯和能力的语文学习目标。本着这样的认识，试加抒发，想着重有关知识的问题谈几点体会。

第一，要明确语文教学中获得的知识是哪些知识。读一篇课文是必然会得到一些知识的，比如读一篇《海底世界》，就会知道海底有哪些动物、哪些植物、哪些矿物，有没有光，有没有热，这些都是知识。读一篇《卖火柴的小女孩》，就会知道 19 世纪丹麦也和旧中国一样的，劳动人民在受压迫受剥削，这些都是知识。这些知识要不要？当然要。通过语文学到这些知识，能够开拓学生的眼界，增长他们的知识，那是很必要的。但是，从语文来讲，不应当单是获得这些知识就完了。语文学科还有另一种需要学到的知识，那就是怎么读、怎么写、怎么听、怎么说。这些知识，特别是获得怎么读、怎么写的读写知识，别的学科不担负这个任务，只有语文学科才要担负。比如说，识字，理解词义，理解句子的意思，了解每段的内容，了解整篇文章的主要内容，从内容到思想，从想象到本质的认识，等等，这些都是在语文学习当中要学到的知识。这就是我们通常所讲的字、词、句、篇的知识，听、说、读、写的知识。这种知识，到了高年级，更加需要注意。这种读写知识，和前面所讲的那些开拓眼界、增长知识的那种知识，都是要在语文学科中学到的。而语文学科学到的知识，涉及语文本身的那些读写知识更是特别重要，因为别的学科是不担负的。为什么不嫌烦琐地讲这一点呢？因为我们过去教学当中，大都注意前一种知识，读了《海底世界》就问一问：海底有些什么？学生能够说出来了，教师就认为这篇文章读懂了。读了《卖火柴的小女孩》就问一问：你受到什么教育？学生谈了受到什么教育，教师便认为他们懂得了这篇课文，认为知识就到这里为止了，但忽视了另一种重要的读写知识的获得和训练。

第二，要明确读写知识是怎么获得的。知识是从语言文字的理解中获得的，语言文字是课文的表现形式，通过这种形式去理解课文内容，在理解的过程中获得有关读写的知识。反过来，在初步理解课文内容之后，又回过头来推敲语言文字，从而加深读写知识的领会。这样几经反复，读写知识得到巩固，读写习惯得以养成，从而培养了读写能力。

为什么要这样提？因为我们教给学生们的读写知识，往往不是在从形式到内容和从内容到形式的反复理解过程当中去指导学生获得的，而是把它作为现成的定义让学生知道，懂得，记得。这个简单化的做法是把知识的获得作为知识的传授来看待，而忽视了在学生获得知识的过程中同时培养他们的读写能力。由于知识的获得要经过一个由语言文字的形式到内容和由内容到形式的过程，这个过程既包含有语言文字的理解，又包含有语言文字的运用，因而就必然促使学生自己动脑筋去理解，去运用。这样我们可以进一步明确，这种读写知识是要让学生自觉获得的。只是因为他们是小学生，缺乏必须具备的最基础的条件，所以仍然需要教师必要的讲解。教师讲解的目的，是提供条件，让学生自己去理解。

为了把这个问题讲得更具体一些，我想举一个例子。比如，高年级教材里面有一篇讲读课文叫《卖火柴的小女孩》，这篇课文，是安排在体会文章的主旨这个重点训练项目之中的。我们以课文开始的一段作为例子来说明一下。

> 天冷极了，下着雪，又快黑了。这是一年的最后一天——大年夜。在这又冷又黑的晚上，一个光着头赤着脚的小女孩在街上走着。她从家里出来的时候还穿着一双拖鞋，但是有什么用呢？那是一双很大的拖鞋——那么大，一向是她妈妈穿的。她穿过马路的时候，两辆马车飞快地冲过来，吓得她把鞋都跑掉了。一只怎么也找不着，另一只叫一个男孩捡起来拿着跑了。他说，将来他有孩子可以拿它当摇篮。

通过这一段话，学生怎样自觉地掌握读写知识？学生读了这段话之后，他知道这是讲一个大年夜的晚上，一个光着脚的小女孩在街上走着。这是对主要内容的理解。再从读写方面来看，这一段话开头有三句：“天冷极了，下着雪，又快黑了。这是一年的最后一天——大年夜。在这又冷又黑的晚上，一个光着头赤着脚的小女孩在街上走着。”这三句话已经讲清楚了这段话的大意。可是下面还有五句话，都在讲拖鞋，讲小女孩为什么赤着脚。在这里，教师就可以提问：这一段一共有八句话，为什么却有五句着重地讲拖鞋？这个提问之后，学生就会去分辨。他们去数一数，果然是八句，而讲拖鞋的句子比前边的三句还要多。前面讲了小女孩在街上走着，后面几句话都在讲她的拖鞋。原来她自己并没有鞋，穿的是妈妈的拖鞋，可见家里实在太穷，小女孩太可怜。穿着这样的拖鞋上街卖火柴，偏偏遇到马车，马车根本不把小女孩放在眼里，横冲直撞，多么欺负穷人！小女孩吓得直跑，跑得那么慌张，一只鞋找不到，多半是因为下雪天，天快黑了，看不清楚，被雪盖上了。多冷的雪天，多可怜的孩子！还有一只被男孩捡跑了，不仅不还给她，居然还讽刺她的这只拖鞋太大了，可怜的小女孩，又受到男孩的欺侮！——学到这里学生懂得了，为什么着重讲拖鞋，为的是借拖鞋来表现小女孩的穷苦，上街受人欺侮，受着冻，实在可怜。学生顺着语句去体会，在理解语句的过程中感受作者的思想感情。作者从语句中透露了自己的思想感情，读者从语句中接触到这种思想感情，如此反复寻味，读者和作者的心灵就相通了。这便懂得了一点儿读写知识。

又如，课文中另一段：

> 可怜的小女孩！她又冷又饿，哆哆嗦嗦地向前走。雪花落在她的金黄的长头发上，那头发打成卷儿披在肩上，看上去很美丽，不过她没注意这些。每个窗子里都透出灯光来，街上飘着一股烤鹅的香味，因为这是大年夜——她可忘不了这个。

在这个自然段里，有两句话很值得重视，一句是“雪花落在她的金黄的长头发上……看上去很美丽，不过她没注意这些”；另一句是“每个窗子里都透出灯光来，街上飘着一股烤鹅的香味，因为这是大年夜——她可忘不了这个”。一个是“她没注意这些”，另一个是“她可忘不了这个”，抓住这两处对比一下，教师就可以提问：在这一段里面，为什么作者写“她没注意这些”，又写“她可忘不了这个”？这是什么意思？学生去仔细阅读这些语句，发现原来这小女孩长得很可爱，可是又有什么用，她又冷又饿，家家都在准备大年夜必有的菜——烤鹅，可是小女孩没有这种大年夜的享受，她在挨饿，她怎么能忘记！作者多么同情她！这样就通过语句领会到作者的思想感情。这些地方，对讲读课文来说，便叫作关键的地方，在关键的地方下细功夫，才能够把课文里蕴含的思想感情突显出来。这种读写知识，让学生通过课文理解到，要促使学生自觉地获得。

由此可见，我们所说的语言文字的理解中关于读写的知识，是通过自觉体会而获得的。

第三，要明确语文学科的目标指的是从获得读写知识到养成读写习惯这样一个完整的过程。语文学科不仅仅是要使学生学到读写知识，而且要养成读写习惯，培养读写能力。从获得知识到养成习惯和能力，这中间有一个过程，要注意到这个过程。光是得到读写知识，从语文学科的目标来看还是不够的，还必须巩固已有的读写知识，初步运用，加深理解，形成技能，熟练形成能力。读写知识的获得，还要多次地复习巩固，成为习惯。

比如，识字要复习巩固，学词也要复习巩固，分段、概括段落大意和总结中心思想也要复习巩固，不是学了一次，知识就能掌握。知识必须不断地复习巩固才能真正掌握。怎样巩固呢？要在学习、运用当中去巩固，不是靠死记硬背去巩固。因为从运用当中去理解，就会理解得更准确，那才是真正的理解。理解了去运用，就能运用得更准确，那才是真正的运用。从这个意义上来说，就要指导学生读一些课文，要按照巩固复习的要求，指导学生借这些课文来“磨刀擦枪”，既巩固加深了已有的理解，又初步学习了运用，获得技能。这种做法是十分必要的。这种运用，从实质上讲，就是在理解和运用的过程当中训练学生的观察能力、思维能力、理解能力和表达能力。因此，这种复习巩固，实际上是在获得知识和培养能力这中间搭一座桥，是一个必要的过程。这个要求在过去的教学当中，人们或者是做了而不自觉，或者是忽视了的，现在要把它放到重要的位置上来。这对培养学生的能力来讲，是个十分必要的过程。

这个复习巩固的过程，可以放到阅读课文的教学中去。举个例子来说，高年级的阅读课文中有一篇《小桂花》，主要是复习巩固已经获得的抓住人物特点的知识。所以在教这篇《小桂花》的时候，着重复习巩固关于人物特点的那一种知识，使学生形成技能。在教的时候，就可以注意到周总理跟小桂花的对话，通过对话来说明周总理平易近人，没有架子，和孩子合得来、有共同语言，很关心孩子这些特点。这些特点都是从对话中体会出来的。在教这篇课文的时候，应当把重点放在怎样从语句当中看出人物的特点。这样做的目的是巩固读写知识，初步运用，形成技能。

从教学的要求上来讲，单是这样还不够。学生掌握的知识是不是扎实，学生初步形成的技能是不是正确，还要加以考查，加以检验。这种考查和检验，是教学当中所必须做的，是学生在自学过程中必须进行的。为了达到这个要求，就要放手让学生自己去读，自己去写，教师事先提出重点的要求，学生自学之后教师加以考查。只有做到这一步，才算是培养了自学能力。这种自学能力还要不断地熟练，因此要加强学生的独立阅读训练，这是促使学生牢固地掌握读写知识和技能，切实养成读写习惯，形成能力的一个重要过程。比如，就在《小桂花》那一组课文里面有一篇独立阅读课文叫《一分试验田》，讲的是彭德怀种试验田的故事。当时有浮夸风，彭德怀实事求是地考虑，认为亩产多少万斤是一种浮夸风。这种实事求是的可贵精神，是彭德怀的一种特点。在让学生掌握人物特点的时候，就要让学生自己读一读这篇课文，看一看学生能否总结出人物的特点。课后练习题要求学生用课文里面的语句来说一说彭德怀的特点，便是对学生这种能力的考查。独立阅读课文，着重考查这一点就可以。

由此可见，自觉地掌握知识不是初步获得知识就算完成，还要经过反复巩固，初步运用，还要求熟练，通过考查，成为习惯，化为能力。只有经过这样的过程，知识才算自觉地获得。

语文学习的联系、过程与发展*

语文是语言文字，语言文字是工具，这个工具用来培养听说读写的能力，主要是读写能力。在学习语文过程中受到思想教育和提高读写能力，其总的目的是认识世界和改造世界。认识和改造世界有一个指导思想，这个指导思想就是无产阶级世界观，就是辩证唯物主义。辩证唯物主义世界观应该贯穿整个小学语文教学。这就要求语文教学应当同认识事物紧密地结合起来，不要单是为语文而语文。学习语文和认识事物都有其规律，要把学习语文的规律和认识事物的规律结合起来。这里我们探索小学语文教学规律的总的指导思想。本着这个看法，下面谈几点认识：

一、要加强和客观事物的联系

1978 年的小学语文教学大纲中提到，学习语文要重视字词句篇的

---

* 选自袁微子著：《小学语文课文类型研究》，四川人民出版社 1982 年版。

内在联系。重视听说读写之间的内在联系。这两种联系，可以分为两个问题来讲。

第一，字词句篇的内在联系指的是什么？一般指的是文字形式之间的联系。比如说，由字联成句，由句联成段，由段联成篇。这是外在的联系，还没有涉及内在的联系。内在的联系，就是字词句篇思想上的联系、思路上的联系。这种内在联系必须与对实际事物的认识结合起来才有可能产生，因而往往为语文教师所忽视。举一个例子，有个二年级学生的日记中有这样一段话："那天初到一户农民家里，一进门，我看到一头又肥又大的动物，阿姨问我这是什么，我看来看去，说，是牛。阿姨哈哈大笑说，这明明是猪，怎么是牛呢？妈妈也哈哈大笑，正要同阿姨讲话，我连忙上前堵住妈妈的嘴，不让她说，心里十分惭愧：画上的猪认识，怎么真的猪不认识了呢?"这就是说，这个孩子经过识字，认得"猪"这个字，图画上也看过猪，但由于她一直在大城市里生活，还没有见过实物，所以把猪看成牛。我看了这篇日记，那个孩子的妈妈说，那头猪也真像头牛，耳朵像牛一样。这就是说，孩子对猪的特征和牛的特征还没有真正掌握。我们在识字教学中要尽可能加强同实物的联系，否则，学生从课本中学到的词和实物没有建立联系，遇到实物不能鉴别。教师教学生识字，必须让儿童完全了解词的意义，才能使儿童联系现实在脑子里作出正确的反映。这便是词的正确观念的建立，而这不过是字词句篇之间的内在联系中字词的内在联系问题，就是文字层面的词和反映客观事物的词的内涵之间有着联系。要加强它们之间的这种联系的统一。为了使学生得到词的正确观念，教学中既要重视教师讲的词学生是不是正确理解，又要善于培养学生的观察能力，提供正确理解的具体条件。小学语文教材中编排有看图识字、看图学词学句、看图学文，目的在于借助看图和学文，让学生建立文字层面的字词和实际事物之间的联系，建立词和句的内在联系，达到正确理解。教师进行字词句篇的教学，一定要同时注意认识事物的规律，让学生从具体到抽象，逐步培养他们对文字和事物的理解能力。

第二，关于听说读写能力之间的内在联系。听说读写之间的内在联系，实际上是语言文字的理解和语言文字的表达之间的联系。听和说之间的联系是语言的理解和表达的关系，读和写之间的联系是文字的理解和表达的关系，语言的理解和表达与文字的理解和表达又有着密切联系。这种种联系又都离不开语言文字和实际事物的密切联系。要培养学生建立这种联系的能力，需要进行有计划的基本功训练。要安排好若干训练项目，有计划、有重点、有步骤地落实。低年级的小学生已经具备一定的口语能力，又认识了一些字，他们就能够使用文字把想说的话写下来。有的学生写得多一些，教师就认为学生识了字，会写文章了。我们不能满足于眼前的这种能力，而要认识到这是没有经过基本功的严格训练的，是不扎实的，要着眼于他们今后的发展。要在这样良好的基础上，从一年级开始把读写的基本功一项一项地打扎实。

以上两种内在联系，它们的共同点都是把语言文字同具体事物紧密地结合起来。这种结合，往往有个曲折的反复的过程。语言文字是有限的，客观事物是变化无穷的。拿有限的语言文字去理解变化无穷的客观事物，在孩子们的头脑里便形成一个曲折、反复、多变的过程。这个曲折、反复、多变的过程，教师在教学时要有意识地使之符合教学的过程，符合教学的规律，这才能够使学生的语言文字的理解能力和表达能力有效地得到提高。总之，在语文教学中，教师要注意学习语文同认识事物之间的关系，要处理好教学过程，以适应学生通过语言文字去认识并表达客观事物的需要。

教同一篇课文，尽管教师一样地教，但全班学生中每一个人的理解不一样。我们不可能希望全班学生跟教师都是一样的理解。学生的理解不一样，由此而培养出来的语文能力也不可能是一刀切的，但在语文能力上都得到了不同程度的发展。

在小学阶段，怎样让学生在学习语文时认识语文同客观事物的关系呢？从客观事物的存在来看，不外是空间的位置联系和时间的历史联系。因此，对小学生来说，最基本的是要加强空间观念和时间观念，加强这两种观念之间的联系。

所谓空间观念，就是指具体事物之间在空间位置上的联系。由于在空间位置上发生了联系，人就在这种联系中认识事物。由于这种联系，就产生了大小、多少、前后、左右这些词。这些词是相对存在的。所谓时间观念，就是指具体事物在产生、发展、变化过程中在时间上的联系。由于时间上的联系，就要讲究事物的活动和变化是怎样随着时间的推移而变化的，怎样由一个事物逐步变成了另一个事物。事物的联系和变化在自然科学领域，就产生了达尔文的进化论；在社会领域，就产生了社会发展史。小学教材中要有这些理论的初步观念。这两种观念同小学生学习语文联系起来，就叫言之有物，言之有序。

言之有物，就是认识世界是物质的、具体的，使孩子从小具体地认识客观事物，具体地理解课文，具体地表达自己的意思，不要讲空话、大话、假话。言之有序，就是有条理、有次序地理解和表达事物。这些在小学语文教学大纲中有明确要求，在小学一年级语文教材里就开始有具体体现。这样做，就不至于单是为语文而语文，就使学习语文与认识客观事物之间加强了联系。

二、要重视事物变化的过程

单纯指导学生初步理解字词句篇的联系、听说读写的联系，以及它们同客观事物的联系，是不够的，还要重视事物发展变化的过程。不注意这个过程的训练，就会导致“高分数低质量”。比如教材中的分段，教师如果不重视让学生理解怎样分段的过程，只是把段落的起止和大意写在黑板上，让学生抄下来，背出来，默写出来，考试时学生也许能答得一字不错，取得高分数，但是这样的成绩是死成绩，没有多大用处，真正的质量是很低的。所谓过程，对学习语文来说，指导学生学习一篇一篇课文就是从不知到知，从知之甚少到知之较多，从逐步获得的知识练成为技能。这个过程大概可以分为三步。

第一步，学生在教师指导下，利用已有的知识和技能去获得新知识。这个新知识要依靠教师的指导，让学生自己去获得。单纯的教师讲解，让学生熟记教师的讲解和课文中的语句，不能真正使学生掌握科学知识。教师的讲解是必要的，但不能离开学生自觉的理解。正如有的教师所说，学生能理解的时候，教师不要告诉他们，要让他们自己理解；学生不能理解的时候，教师要指导他们自己钻研，从不知转化为知。这个认识是很正确的。通用教材中的第一类课文就是希望发挥这一方面的作用，重点是让学生自觉地获得知识。

第二步，获得的知识还要经历一个过程，逐步成为技能。这个过程是学生的自己运用，在运用中复习巩固已获得的知识，而后发展成为技能。学生在讲读课文中学到的知识，教师要有意识地让他们在另一类课文中熟悉它，巩固它。孩子的学习有一个反复的过程，不是直线进行的。这个反复过程就是使知识获得巩固，得到运用，并逐步地熟练。这种巩固和运用，要在教师的指导下进行。这在通用教材中就是第二类课文——阅读课文。这类课文的主要任务，就是使学生在讲读课文中学到的知识得以巩固和熟练，逐步形成技能。

第三步，技能要熟练成为能力，形成习惯。学生要自己去学习，去读，去写，教师加以检查，看他们理解得怎样，熟练的程度如何。教师在学生自己读的过程中要随时检查，去发现哪些地方学生已成为习惯了，哪些地方还不够，要在下一次教学中加以注意。这就是通用教材中安排的第三类课文——独立阅读课文。

从认识过程来讲，大体要经过这样三个阶段：学生在教师指导下获得知识，知识训练成为技能，技能熟练成为习惯或者能力。而这三者又是有重点地不断反复的。我们的课文就是这样一步一步地、一组一组地加深的。

由此可见，在孩子初步获得时间观念和空间观念的基础上，要加强过程的训练。对语文教学来说，要在言之有物、言之有序的基础上，抓住事物的特点和重点。要加强段的训练，因为段与段的联系显示了文章的逻辑。要初步进行篇章结构的训练，把写人、写事、写物的训练，纳入认识事物特点的训练。要加强观察能力的训练，指导学生怎样抓重点、抓特点。这些在教学中都要抓好，并注意孩子认识事物的思维发展过程。

第三编

阅读教学的指导思想和训练途径*

一、阅读教学的指导思想

目前，小学语文阅读教学要解决几个问题。

第一，要摆正教和学的关系。要从先生讲学生听的关系中解脱出来，从单纯的授受关系中解脱出来。这个意见是 1978 年叶圣陶先生提出来的，现在已成为全国小学语文教学的一个著名的命题，即：教是为了用不着教。这是一种改革，也是一场革命，革旧式教学的命。我们不要把它单纯看成是一个技术问题。不，这是一个宣战！叶老为此研究了几十年，我们要为之战斗下去！在这个命题下，要解决三个认识问题：

1. 在教学思想上，如何看待讲的问题。讲是为了达到用不着讲。有的人却误以为老师讲的越少或越多越好，这只是从形式上改。我们不能把如何看待讲和怎样讲混淆起来。如何看待讲，是认识问题；怎样讲，是方法问题。不要把观点和方法混淆了。观点是方法的先导，而方

* 本文是袁微子在北京景山学校语文教学改革座谈会上报告的一部分。易昌波整理。

法是观点的体现。如何看待讲？讲是手段，而不是目的。如果把讲看作目的，就会让学生把老师讲的记下、抄下、背下，考试时原原本本抄在考卷上还给老师。这样教学有什么用呢？这样教学就成了“鹦鹉学舌”，把讲当作目的了。应该把讲当作手段，当作推动学生自学的手段，学生应从老师讲的知识中去自学，寻找学习的方法，猎取更多的知识，提高自学的能力。

2. 在教学要求上，要明确训练的目标。目标是什么呢？叶圣陶先生提出：学生自己能探索，独立实践，独立解决问题。这就是教学训练的目标。要达到这个目标，老师和学生必须一起活动。老师不能指手画脚，不能搞单边活动。探索和实践都应该是双边活动，如女排教练是和女排队员一起打球的，教练不是指手画脚的。因为这是训练，而不是单方面的授受关系。从这个教学要求看，明确教学目标后，就要把语文的阅读教学当作语文的基本功来训练。

3. 在教学措施上，要突出培养学生的自学能力。“教是为了用不着教”，实质上就是要培养学生的自学能力，并且是凭借教材来培养。怎样使用教材来培养这种能力，这就是通常说的教学方法。教学方法，指的是结合自学能力的训练，给学生以训练步骤和训练方法，这就是教学方法的内容。什么是自学能力？有的规定一二十项，我认为，它的基本含义就是在教师的指导下，让学生独立实践，训练到具有预定的能力。

第二，要重视知识和能力的关系。要加强发展智力、培养能力，从片面传授知识的关系中解脱出来。学生学习语文，当然要学习语文知识。如汉字的笔画、笔顺，但光有知识不够，还要能运用知识，还要能自己动脑去运用。就知识讲，也要让学生自己获得知识。因此，这中间就有个能力问题。如何获得知识？它不仅是传授的问题，因为知识当中有能力，能力里面有知识。知识和能力是辩证统一的。

现在的试题，往往分成考知识和能力两部分。出得好的试卷，应把知识和能力统一起来，体现出知识中有能力，能力中有知识。如果避开能力单讲知识，这种知识只有靠死记硬背。我们要着重培养理解记忆，当然机械记忆也需要。希望他们在获得知识中培养能力。如果我们在指导学生获得知识中，重视指导获得知识的方法，那就可以得到一个效果，就是“举一反三”。举一反三，这中间是能力在起推动作用，而不是知识起推动作用。学生怎样才能发挥自己的能力？这就靠他们动脑筋。动脑筋，这就是智力。引导学生动脑筋，发展他们的智力，这对获得知识和培养能力起着核心作用。

第三，注意语言与思维的关系。在发展语言的同时发展思维，加强思维训练，从单纯的语言训练中解脱出来。

要培养学生的自学能力，就必须发挥智力的核心作用。智力主要包括观察能力和思维能力，最重要的又是思维能力，思维能力的训练在语文教学中起着突出的作用。我们知道，语文学科是专门讲究如何发展语言的，这是这个学科的独特任务；然而，发展思维在发展语言中又是起着核心作用的。

语言文字是思想内容的外衣，思想内容是语言文字的内涵，两者是统一的。“外衣”有两种解释：一种把它当作衣服一样的外衣，可以脱离内容而存在；另一种把它比作皮肤和肌肉的关系，彼此不可分割。就语文讲，文字和内容（字音、字形、字义）是不可分割的。教学时，要字不离词，词不离句，句不离文。叶圣陶先生讲，识字就是识词。识字要先讲字音、字形、字义。讲句子，要把内容放在第一位，把语法放在第二位。讲段，要把理解内容放在第一位，把对形式的分析放在第二位。反之，那就是另一种教法。这两种教法，正在交替进行。不管采用哪种教法，我认为都要把语言和思维紧密结合起来，把单纯的语言训练纳入发展思维。

第四，注意学习语言和认识事物的关系。要体现两者辩证统一的关系，就要从单纯的为教语文和单纯的为学语文中解脱出来，而把两者真正联系起来。

学习语文，是借助于语言文字认识事物，认识自然界，认识社会。认识事物，同样要借助语言文字来提高认识水平。我们读书不就是为了读书明理吗？这两者的关系是相互渗透、相互促进的，是辩证统一的。因此，读一篇课文，不单是理解语言文字的形式、字词句篇的形式，而且要探索它们之间思想上、内容上的联系，听说读写内在的联系。这就不仅是培养学生的表达能力，还要培养学生认识事物的能力，即观察能力和思维能力。在语文教学要培养学生的理解、表达、观察、思维四种能力中，前两种属于学习语文的能力，后两种属于认识事物的能力。这两类能力要靠思维联系起来，思维起着核心作用、决定性的作用。如果这样来理解，我们就可以从为学语文而学语文的局限当中解脱出来。

第五，以马列主义哲学为指导，从小培养辩证唯物主义世界观。

要通过语文学科提高学生的思想认识，在认识世界中提高改造世界的觉悟。实际上这是文化建设和思想建设在语文学科中的体现，这就进入了社会主义两个文明建设的领域。能读会写，是文化建设；从认识世界到改造旧世界，建设新世界，这是思想建设。认识问题涉及方法问题，怎样才能把文化和思想两个建设统一起来，主要靠马克思主义哲学。既学好语文，又认识好事物，达到互相渗透和促进。语文教学如何进行思想教育，也可从这里摸出一条正确的方法来。这样一提，语文的性质就起了变化，语文是工具，但不是纯工具，要把语文教学从纯工具论中解脱出来。

二、阅读教学的训练途径

前面是讲指导思想，在教材中如何体现这个思想，怎样凭借教材贯彻这个思想，便涉及训练途径。阅读教学的训练途径，有个深度和广度的问题。深度就是怎样学进去，广度就是怎样学开去。

怎样才能学进去？

第一，课文太简单了，不易学进去，所以课文要有一定的难度。“学，然后知不足。”如太简单，怎能“知不足”？想要“不足”，就要有一点儿难度，要攀登。北京有句话：“不要猫（弯）腰捡，而要跳着够（摘）。”世界上没有一件事无须付出艰辛的劳动，学语文也是如此。一定的难度，是指在教师的指导下，经过一定的努力可以达到的。

第二，完全靠自学不一定学得进，必须要有教师的指导，小学生不能完全强调自学。自学和引导不能对立起来，教师要教给学生学习方法，培养独立自学的能力。教师要发挥主导作用，这是培养学生自学能力的保证。

第三，靠死记硬背不一定学得进去，一定要注意发展思维。这不是否定记忆，而是强调理解记忆。阅读能力主要是培养理解能力和表达能力，平常叫读写结合，要在读中理解如何表达，体会是怎样表达的。我主张从理解的角度出发来领会表达，而不要从表达这个角度出发来理解写作。人们的理解能力往往高于表达能力，理解能力是阅读教学的核心。到了中高年级要注意理解文章的思路。

第四，加重作业不一定学得进去。作业要有一定的量，但更要重视作业的质。那种叫学生写字练几十遍的方法是无效的，要使学生在作业中有新的提高。作业是运用已学到的方法，自己去实践，让学生对所学方法理解领会得更深刻。作业要能由一点联想其他的二点、三点。作业要有适当的量，但更要有一定的质。作业要融在课堂教学中，腾出时间让学生参加多种活动，发展自己的兴趣和爱好。

第五，多次的重复不一定学得进去，要时时有新问题摆在学生面前，启发学生去解决。我们提倡多读，但不是多次重复。每一次读，都要有新的要求，提出新的思想。到了高年级，读的要求更高，要体会感情，受到陶冶。所以不要笼统地提“多读多练”，要提有目的地读，有目的地练。

怎样才能使学生学得开去？学生学语文，不能囫囵吞枣，要认真读，认真钻研。认真读，是学得进，但还要学得开。读书要像蜜蜂采蜜那样，不能专叮在一处。鲁迅讲的这个方法，讲出了语文学习的特点。怎样学开去呢？

第一，要从字、词、句学开去。景山学校低年级教材采用集中识字的方法，其特点很快和一篇篇课文联系起来，这是对的。因为中国孩子学语文，如长时间单独学汉字就会枯燥无味；字和词是组件，组件要到整体中去理解、运用和巩固；记忆生字要在联系具体课文中记忆、巩固，这不但不影响识字的质量，而且有利于提高；识字是阅读的手段，课文应由浅入深。我们强调从部分到整体，再从整体到部分这样一个结合过程，即字、词、句表面上是重复，实际上是提高，螺旋式提高。

第二，从一篇课文学开去。景山教材是个综合体，每篇课文之间有联系，有重点课文，能学到读书方法和思维方法，并从这几篇学开去，去学习另外几篇。自学的因素逐步加大，教师指导逐步减少，从课内学到本领，应用到课外阅读中，去进行综合训练。

第三，要从低级阶段到高级阶段，有步骤地学开去。各年级有不同的训练重点，重点之间又有联系，一个重点到下一个年级就变成非重点，重点向非重点转化又出现新的重点，在转化中培养学生的自学能力。语文是比较复杂的基本功训练，用单打一、单项突击的方法训练是不适宜小学生的。

第四，从语言文字的训练学开去。从听到读，从说到写，是语文学习范畴的东西，不要停留在单纯的为学语文而学语文上，要学开去，就要通过语言文字的学习去认识世界，在认识世界过程中，他们碰到问题需要学习，又去读其他的书籍，这就越学越开了。理想的课本应该这样，学生在语文学习中，形成初步的辩证唯物主义世界观。

试谈小学高年级语文的教学思想*

这里想着重谈一谈小学高年级语文的教学思想。为什么要谈这个问题？主要是考虑到，担任高年级语文教学的老师，有不少是教学经验丰富，有自己的风格，并且在教学上取得了显著效果的。该怎样扬己之长，用于新教材，发挥更大的作用，这中间有个教学与教材的适应过程。如果在教学思想上相互沟通，比较一致，就能更主动地改进教法，缩短这个适应过程。

谈论教学思想，必须涉及的一个中心问题，就是教学的目的。教材是干什么用的，进行教学为的是什么，都要解决一个目的问题。小学语文教学的目的是为了培养学生识字、看书、作文的能力，这就是主要目的。教材与教学的优劣，都取决于是否有利于识字、看书、作文能力的培养。这个道理看去很简单，可是与教学思想关系极大。在知识教学和能力训练的问题上，孰轻孰重，在讲授知识和培养能力的问题上，孰主孰次，还需要仔细分辨。语文教学目的的确定，对教学思想是起着决定

* 选自袁微子著：《小学语文教学漫谈》，山东教育出版社 1983 年版。

性作用的。现在是不是可以这样说，语文教学应当着眼于能力的培养，并以此作为教学思想的出发点呢？我想这大概是可以得到大家公认的。

能力靠培养、训练而获得，好比学习游泳，游泳知识固然重要，但要学会游泳的本领，非亲自下水、亲自练习不成。因此，所谓能力的培养，应当是指自学能力的培养。我想这大概也是毋庸置疑的。

这样，是不是可以说，小学语文教学，应当着眼于识字、看书、作文的自学能力的培养，并以此作为教学思想的出发点。

这种自学能力的培养，在教材与教学中怎样体现呢？就小学高年级来说，要重视以下三个方面。

一、要重视听、说、读、写能力的训练。

从语言训练的角度看，为了发展儿童的口头语言和书面语言，提出听、说、读、写四项基本功训练，是极为重要的。多年来在这几方面创造了很多好经验，有几点特别值得注意：

（一）要侧重于读和写的训练，但不能忽视听和说的训练。从表达方面说，学生除了具有一定的写作能力，还应当具有一定的说的能力，能够当众发表自己的意见，内容具体，条理清楚。对五年级学生，还要求中心突出。说有助于写，也能促进读，这是已被教师们的教学证明了的。从理解方面说，学生除了具有一定的阅读能力，还应当具有一定的听的能力，听别人说话后，能够正确地概括其内容，或者简要地复述。对五年级学生，还要求重点突出，能够评论别人的话说得对不对，谈谈自己的体会。听有助于读，也能促进自己的说，这也是早已被老师的教学证明了的。

（二）要注意读写结合。读有读的规律，写有写的规律。从书面语言的角度说，写以读为基础；从研究作者的写作技巧说，读是为写服务的。但如果教学时的认识停留于此，一则容易忽视观察自然、观察社会的重要性，把基础看得比较狭窄；二则容易把读片面地变成写作方法的指导，忽视更深刻地理解课文里包含的思想感情。要避免这种片面性，在理解能力和表达能力的训练上应当注意二者的紧密联系。

（三）要十分重视指导自学的门径。高年级的课本，安排有若干个重点训练项目，有的侧重于训练读，有的侧重于训练写，读与写之间又注意互相联系。这些重点项目，都是为了帮助学生自学，在前三、四年的基础上着重进行有关读写的自学能力的训练。要注意的是，这些项目是作为重点训练用的，而不是作为重点讲授用的；是用来培养能力的，而不单是用来充实知识的；是在教师指导下学生自己去体会获得的，而不是单凭教师的讲授使学生背熟这些重点知识的。

以上三点，如果在教学思想上有了共同认识，那么，改进教学方法也就更有信心了。

二、要进行字、词、句、篇的训练。

从文章结构的角度，为了读懂一篇文章或是写好一篇文章，讲求“因字而生句，积句而为章，积章而成篇”的道理，进行遣词造句，布局谋篇的训练，也是极为重要的训练。由于我国实行了几百年科举制度，这方面的经验极为丰富，也特别引起人们的重视，其重视的程度远远超过听、说、读、写的训练。这给咱们的语文教学提供了有利条件，但必须防止孤立地进行。从高年级来看，有几点特别值得注意：

（一）高年级以篇的训练为重点，但必须继续注意词、句训练和段的训练。关于识字，由于在前三年已经学会了识字方法，培养了识字能力，也已掌握了二千多字，所以遇到生字，一般应当让学生查字典自己解决，不必单独进行识字教学。词和句的训练是文章结构训练的基础，是十分重要的基本功，从一年级到五年级都要进行，要求也逐步提高。小学阶段的词、句训练应当着重与词、句叙述的具体内容相联系，使学生理解意义并练习表达。因此，尽管它要触及语法和修辞，但因为学生的抽象概括能力不很强，对词、句训练的要求不很高，因而不必系统地讲授语法和修辞的术语。至于段的训练，它不仅对理解内容和表达思想起着重要作用，而且是逻辑思维训练的重要项目，因而必须在三年级段的重点训练基础上继续进行，使学生能够熟练掌握，养成习惯。

（二）要把联词成句、联句成段、联段成篇的训练和课文的具体内容紧密联系起来。文章里一些用得很好的词、写得很好的句子，是和整篇文章联系着而产生生命力的；如果把它们孤立地拿出来，往往失去它们原来的光彩和意义。从这个意义上说，只有从课文的具体内容以及所包含的思想感情、深刻的含义、精辟的见解之中，才能让学生具体入微地理解词和句，从而学会运用。我并不反对教师指导学生弄个本子摘抄好词佳句，用来积累词汇，学习语法，但这也不必过于强调。我们要加强训练的倒是从课文的思想内容出发，使学生能够从正确地理解词和句的意思到词、句、段、篇之间的联系中有所领悟。

（三）词、句、段、篇的训练可以侧重于理解（读），也可以侧重于表达（写），但二者不可偏废。高年级首先要让学生理解所读的文章，然后从文章写作的角度去分析讲解，这个词用得怎么好，这个句子起着什么作用，这段和那段怎样连起来，等等，体会作者怎样表达。学生对文章内容还没有很好地理解，即使把如何表达讲得深透，他们得到的实益是不会多的。即或得到一些知识，也是生吞活剥，被动地接受的。因此，如何从词、句、段、篇中去学习理解和表达，应当十分注意怎样启发学生自己去领会，教师的主导作用在于积极引导而不在于详尽讲授。关于这一点，希望有心者多多创造经验。

三、要注意学习语文和认识事物的联系。

语文是表达思想的工具，从学习语文的目的看，必须重视学习语文和认识事物的联系。这方面的经验，比起上述两个方面来说，显然是少得多了。咱们学好语文这个工具，是为了认识自然，认识社会，从而改造自然，改造社会。就当前这个新的历史时期来说，要为社会主义现代化建设加速培育人才，这就要求学会观察自然，观察社会，会进行思考、分析，发展他们的智力。这种能力各门学科都要注意培养，有它的共同性，而语文科显得尤其重要。因为观察也罢，思考也罢，都必须运用语言这个工具，要掌握好语文这个工具。

最近一段时期，研究小学语文教学的同志都重视了这个问题，着手钻研这个问题。就高年级来看，有几点特别值得注意：

（一）关于观察能力的培养。一至五年级都应当予以重视。这套教材采取了看图识字、看图学词学句、看图学文等形式来体现，并利用各种场合提醒老师注意。一般来说，一至三年级观察能力的要求，只是能够辨别形状、辨清方位、了解活动顺序（时间、空间）以及一些表面现象的特点。看图学文等形式大体按这样的要求编排。到了高年级，则要求能够从外到内，从现象到本质地观察。看图学文就要求能够体会图中内在的意思或思想感情。教师通过看图学文，培养学生一定的观察能力，从而在理解课文内容时，能使学生脑海中浮现出一幅幅图画，逐渐养成习惯，在阅读其他课文时，一般也能这样。用这样的办法把学习语文与认识事物联系起来，既能言之有物，又能切合实际，从小养成不说空话、假话的习惯，对培养新一代的文风也能起一定的作用。

（二）关于思维能力的培养。这是对学好语文具有关键作用的一种能力，有人称之为中心，从语言与思维辩证统一的关系说，是不为过的。这套教材以辩证唯物主义作为指导思想，要求渗透到全部教材中去，因而从各个方面加以注意。从一至三年级来说，多重视形象思维，当然也必然培养逻辑思维能力。到了高年级应当多重视逻辑思维，当然也仍然不能忽视形象思维。同时也应贯彻辩证法精神，让学生具体地领会基本的辩证法。所谓发展思维，究其根本，无非是启发学生从各种现象之中，进行分析、比较、归纳、综合，逐步体会带规律性的东西。就语文来说，还要懂得一点儿学习语文的门径。由此看来，语文学科的发展思维，应当与语文学科的特点结合起来，而不是泛泛地进行思维能力的培养。这样做，可以把语文教学从死记硬背的注入式教学中解脱出来，发展学生的智力，加速提高语文水平。有了积极思维的习惯，具备了思维能力，就不仅能学好语文，而且能更好地认识自然和社会，具备分析事物的能力。

（三）应当重视理解能力和表达能力的训练。观察能力、思维能力、理解能力、表达能力，互相联系，相互促进，将学习语文与认识事物联系起来，形成一条小学语文教学的规律。小学语文的教学思想，应当紧紧扣住这条规律。本着这样的教学思想，指引学生，循序渐进，扎扎实实地打好语文学习的基础。

小学高年级语文课本安排了若干个重点训练项目，正是为了体现这个循序渐进的“序”。

在指引学生循序渐进的过程中，问题的核心便是重视自学能力的培养和训练。因为语文是一种工具，要熟练掌握工具，不能单靠教师讲授，更重要的是靠学生自己开动脑筋，自己去领会，自己去获得，自己学会理解和运用。语文教学成败的关键，与识字多少，词、句知识了解的多少固然有关，但最重要的是自学能力如何。高年级老师要在自己已有的经验的基础上，进一步有所创造，最根本之点也在于此。

小学语文前三年的字词句段训练*

一、关于识字训练。

小学语文教学的目的是要培养学生识字、看书、作文的能力。在培养识字能力的过程中，学生掌握一定数量的汉字。为什么在教学目的当中，着重提培养识字能力呢？这是因为，如果只提学生会识几千个常用汉字，那就是说，不管采取什么办法，只要单纯记忆，死记硬背，识得一些汉字就行了。小孩子记性好，是不愁完不成任务的。现在着重提出来要培养识字能力，那就必须要讲究识字的规律性，根据规律来识字。这样，才可以识得活，学得巧，掌握得牢，运用得正确，加快识字的速度，提高识字的质量。所以说，同样是识三千左右的字，由于识字过程不一样，效果就大不相同。

小学阶段识三千字左右，前三年识二千五百个，完成识字任务的六分之五，基本上过了识字关。这个二千五百字的指标，怎么达到呢？是

---

* 选自袁微子著：《小学语文教学漫谈》，山东教育出版社 1983 年版。

采用集中识字的办法，还是采取分散识字的办法？实际上，问题并不是这么单纯。就这套教材来说，采用了多种形式的识字方法，有看图识字、拼音识字、归类识字（包括字音归类、字形归类、字义归类），还有在词语和句子当中识字、随课文识字，加上查字典，一共是六种识字方法。前三年采取的这些识字方法，叫作多种形式识字法。为什么采取这样的办法呢？大体上是按照学生认识事物的规律，如由具体到抽象，由简单到复杂；按照学习语文的规律，如由字到词，由词到句、段、篇；按照汉字本身的规律，如由笔画到笔顺，由偏旁到独体字、合体字，以及按照字的音、形、义的不同特点安排的。这样做，有利于培养学生的识字能力，提高识字效率。

但是，如果仅仅改进识字方法，这只是识字教学改革的一个方面。识字教学的改革，还必须注意另一方面，就是各个年级提出有关识字基本功的不同要求，有目的、有计划地培养识字能力。

各个年级有哪些不同的基本功要求呢？前两年，也就是一、二年级，从学习汉语拼音到识独体字、合体字，这是从字音到字形的基本功；从笔画、笔顺到偏旁部首、间架结构，这是有关字形的四项基本功；从字到词、由词到句，这是有关字义的基本功。所有这些基本功，都要在一年级就开始严格要求，扎实练好。到了二年级，除了继续训练上面所讲的几个方面的识字基本功以外，开始学习查字典。第一学期，学习按音序查字典；第二学期，学习按部首查字典。查字典，是培养识字能力的一项重要措施。在二年级，由于有了一年级的基础，识了七百左右的汉字，已经具备了初步的识字能力，所以就可以加大识字量，第三、四册教材共安排了近一千个汉字，这是整个五年当中识字的高峰。

二年级的识字，由于它的阶段性，要把重点放在三个方面：第一个方面，要从字的规律和对比当中来识字，要强调字和字之间的联系；第二个方面，要从词和句当中来识字，要强调字和词、句的联系；第三个方面，要从大量阅读当中来识字，要强调识字和阅读的联系。大家可能注意到了，二年级的识字有它的特点，强调字和字的联系，字和词、句的联系，识字和阅读的联系。如果按照识字教学的阶段性来看，只要看一看老师是用什么方法来教识字的，就可以知道他教的是几年级的识字。到第三年，要培养学生独立识字的能力，要重点地指导学生查字典，预习生字，第三年的识字量比第二年的识字量要少一些，而要求却提高了。以上所讲的是三个年级识字的阶段性，希望老师们加以重视。

这一套教材，为了加快培养学生的阅读能力，在前三年安排了两类不同要求的生字，第一类生字要求掌握音形义，第二类生字只要求学生借助汉语拼音读出字音，根据上下文大体了解意思就行了。这两类不同要求的生字，到三年级大部分合拢了。从一年级起，老师如果能从每个阶段性的特点来抓识字教学，那就有可能看到识字教学效率的加快，就可以放弃那种让学生课外每一个字抄写几十遍的办法。

二、关于词和句的训练。

词和句的训练是小学语文基本功的重要项目，整个五年都要注意。在低年级，尤其要打好基础。因此，一、二年级除了以识字为重点之外，还要抓词和句的训练。

词的训练包括词的理解和词的运用。就词的理解来说，有的词，只要学生能够读得出来，就能够懂得，而不必费劲去讲。譬如说，“操场”的“操”、“游戏”的“戏”，只要学生能读出字音，意思也就明白了，是不必去讲的。有些词，要放到句子里面去才能够理解正确。譬如说“津津有味”，课文写那个老黄鹂把小虫塞到小黄鹂的嘴里，小黄鹂吃得津津有味，问妈妈：“这是什么呀？真好吃！”解释“津津有味”这个词语的时候，把它放到句子里边去，就更容易懂，而不要单独地把“津津有味”的“津津”提出来讲，这样讲越讲学生越糊涂。有些词，要运用直观表现的方法帮助学生理解。譬如说《狼和小羊》中的“逼近”，有的老师就处理得很好，她用幻灯片打出狼张着嘴龇着牙一步一步逼近小羊的样子，孩子们看了，对“逼近”这个词就能够理解得很清楚，很准确。有些词，可以运用同义词代替的办法来解释。譬如说“仅有”，可以用“只有”来解释。这些都是讲词的理解。怎么样让学生来理解词，要根据词的特点采取各种不同的教学方法。而在低年级主要的办法是直观表现，或是在具体语言环境中让学生体会。就词的运用来说，一般都采取组词或者选词造句的办法。在一、二年级，只要词用得准确就行，不要把精力放到词义的细致区别上去。到三年级，就需要注意词的选择和比较，在课本的基础训练里边就有不少这样的练习，希望老师们加以注意。所以从词的运用来讲，一、二年级的重点与三年级不一样，三年级着重注意词的选择比较，而一、二年级学过的词只要能够用得上就行。

句的训练，不在抽象地讲什么句式，着重点要放在两个方面：一方面，怎样理解句子的意思；另一方面，怎样写出通顺的句子。在一、二、三年级，都不要去强调句式。句子怎样理解呢？要注意以下几点：

（一）要抓住句子里边的重点词，要了解句子里边每个词之间的关系。比如说，第四册《平平在家里》的第一句话："平平上二年级了，还没戴上红领巾，心里怎么不着急呢!"这句话里面的重点词语是什么呢？是"二年级""红领巾""着急"。"戴上红领巾"是什么意思呢？就是加入少先队。这句话是什么意思呢？就是说平平已经到了加入少先队的年龄了，可是还没有入队。"平平上二年级，还没戴上红领巾"是原因，"心里怎么不着急呢"是结果。由于平平上二年级还没戴上红领巾这个原因，就造成着急的结果。教师在备课的时候，就要注意到这个句子之间的关系，前面半句是原因，后面半句是结果，但这是备课的内容，不要把备课的东西全教给学生，不要去给学生讲上半句是原因，下半句是结果。可以这样问："平平上几年级啦？为什么还没有戴上红领巾？戴上红领巾是什么意思？"也可以问："平平为什么着急？"学生就会具体地知道了原因和结果，但是不必讲原因和结果这个术语。低年级的教学，要特别注意不要教术语，而要用学生懂得的话来教他们。低年级的老师，就要善于运用儿童口头常说的话，不少老师有这个本领，这是教学艺术。

（二）要注意句子和句子之间的关系。还是拿《平平在家里》这篇课文作例子。刚刚念的是第一句，接下去的是"他把心事告诉了妈妈。妈妈叫他向少先队员学习"。这两句话与前面的一句话，又是原因和结果的关系。因为平平心里着急，告诉了妈妈，所以妈妈叫他向少先队员学习。教师备课的时候应该注意到这一点，但是不要把这个原因和结果告诉学生。可以问学生："平平把什么心事告诉了妈妈？你是怎么知道的？妈妈是怎么回答的？"教师的问题提得越通俗，学生越容易懂，但是教师提的问题很明显是在训练学生理解句子的能力，这就是句的训练。这是在培养学生理解句子意思的能力，而不是单纯理解句子的意思。

（三）进行句的训练，不要在整篇课文里面一句话一句话地训练下去，而要选择若干重点的句子进行。这些句子和理解课文的内容有密切关系。这样来教学生，有重点地进行，学生留下的印象更深。一篇课文有几个重点的句子，几篇课文加起来，句的训练内容就丰富了，学生对句的理解就深了，学生就能够自己试着理解句子了。

到了三年级，还要适当注意句子的含义，比如说，三年级《陶佳学英语》一课中有一句话“她的学习精神和学习方法，值得大家学习”。这个句子里面“学习精神”的含义是什么，“学习方法”的含义是什么，就要让学生注意理解。学生通过课文的学习，知道了学习精神主要指的是学得很认真，一早起来就读，抽空就读，学习不怕苦。课文里面讲她经常听广播，自己在那里默写，而且注意在实践当中学习，这都讲的是学习方法。到了三年级，就要适当地注意句子的含义。比如说，《我的老师》里边讲，苏老师红肿着眼睛进来了。为什么红肿着眼睛？这句子里面有个含义，因为上面说到周总理逝世的第二天，红肿着眼睛是因为前一天听到周总理逝世的消息，很难受，把眼睛都哭红肿了。这样学生就学会联系上下文来理解句子的含义。这种训练在一、二年级就有了。比如说，第一册《我们爱老师》中，“我们是祖国的花朵，老师是辛勤的园丁”这句话的含义，教师可以通过简单、平实的语言讲解，帮助学生理解这句话的意思，但不用让学生说句子的含义是什么。这是低年级讲到句子含义的一种处理方法。到了三年级，要明确地提出来这些句子的含义是什么，包含着什么意思，指的是什么。这样做，是为高年级进一步培养学生的读、写能力打下基础。

在词和句的训练当中，要注意的是：

1. 不要无限制地组词。要学生组词不能超过儿童理解的基础，超过儿童理解的范围。有些难懂的词，尽管学生抄字典组出来了，但是不理解，容易产生歧义，容易出现用词不当的现象。从表面看，学生组词能力很强，以后却会产生滥用词语的情况。

2. 不要讲语法术语。基础训练里面有些词的归类练习，只是让学生具体地练，而不是按词性来归类，这是一种逻辑训练，而不是语法训练。希望在教这些地方的时候，只要让学生在具体内容上理解了就行，不要简单地用语法来归纳，把语法术语教给学生。如果在基础训练里有扩句练习，是要让学生知道补充上这部分，意思就丰富了，就更准确了，不要讲语法术语。

3. 要根据课文的特点和教学要求，抓住重点的词和句来进行训练。不要一词一句讲下去，这样学生印象不深，得到的好处不大。

三、关于段的训练。

三年级，在词和句训练的基础上，要加强段的训练。段是介乎句和篇之间的，是文章的组织单位。分段和概括段落大意，是占着相当重要的地位的，不能忽视。由于过去的教学习惯，我们对于段还没有引起足够的重视。从现象来看，有两个原因，使某些人认为分段很容易。一个原因是老三段，只要把中间那一段挖出来，开头一段，结尾一段。这叫作抓住中间分两头。这样分段成了走过场。另一个原因，是把分段、概括段落大意作为应付考试的一个内容，老师担心考课文的段落大意，就包办代替，让学生背，来应付考试。这样就失去了段的训练对培养学生自学能力的作用。分段，是小学语文教学当中的一项重要逻辑训练内容，是发展思维的重要手段，是理解课文内容的重要方法，是写作训练的重要步骤。这一套教材，在一、二年级都安排了一些具体的逻辑训练。其中就包括段的最初步的训练。比如说，让学生有次序地回答下列问题，或者说，按自然段来叙述内容，等等，而这些训练都是为三年级加强段的训练做准备工作。到了三年级，就要把段的训练作为基本功训练的重点来抓。课本里面是有计划地作了安排的。

分段没有固定的标准，分段的目的是理解课文内容，只要达到理解课文内容的目的，多分一点儿也可以。怎么分要根据老师的教学要求和学生的实际理解水平来决定。一般地讲，如果学生的归纳能力比较低，段就要分得细；如果学生的归纳能力已经比较强了，就可以在大段里面分小段。所以在教学的时候，同样的课文，有的老师可以分为三段，有的老师可以分为四段，不必强求一律。

怎样分段呢？老师要注意的是，分是为了理解课文内容，是为了分辨主要内容和次要内容，是为了培养学生的读写能力。在分段的过程中，实际是在进行逻辑训练。因此，怎样分段要根据课文的特点和学生的程度来考虑，要由简单到复杂，要由老师指导到学生自己独立分段，循序渐进。一般地说，分段可以按时间的先后来分，可以按事情的发展顺序来分，可以按内容的不同来分，最主要的，是要按课文内容的叙述顺序来分。

怎样概括段落大意？可以采取多种方式。主要有三种：第一种，是用几句话具体地叙述主要内容，这是在初步训练的时候用的；第二种，是用一句话概括主要内容，这是常用的；第三种，是拟标题，每一段拟一个标题。这三种方式，要根据课文的长短和学生的理解程度来考虑选用。在三种方法之外，还可以有别的办法。比如，用提问题来概括段落大意。每一段的段落大意都是问句，这些办法都可以用。

为了训练分段和概括段落大意的能力，三年级可以把重点放在让学生练习分段上，教师提示段落大意或提纲。用这个办法，让学生了解段和段之间的联系，进行逻辑训练。例如《海底世界》有一个问题："说说大海深处有风浪吗，有光吗，有声音吗，还有什么东西。"这个问题，实际上就是分段的提示。"有风浪吗"一段；"有光吗"一段；"有声音吗"一段；"还有什么吗"一段。要用各种不同的方式，启发学生动脑筋，进行逻辑训练。概括起来说，段的训练可以理清文章的脉络，分清文章的条理，突出内容的重点，训练学生的思维，为高年级打下良好的基础。

第四编

小学语文课本的编写体系*

一、小学语文教材编写的指导思想

编写任何教材，不管是自觉的，还是不自觉的，总有它的指导思想。一谈到指导思想，就要涉及对小学语文这门学科的基本看法，涉及对小学语文教材的基本看法，还要涉及如何进行小学语文教学的基本看法。这些基本看法，必然要涉及这套教材在继承过去的教材的基础上有什么样的发展，或者说有些什么特点。现在想提出三点来谈。

第一点，在思想教育和语文教学这个关系上，这套教材是怎样对待的。语文这门学科的重要特点是思想教育和语文教学的辩证统一。语文教学提到的语文指的是什么？目前大家比较一致的看法，认为这个语文指的是语言文字；学生学习语文指的是对语言文字的理解和运用。这个看法从1956年的教学大纲开始一直贯彻至今。对于思想教育，目前大家比较一致的意见，认为不要过于狭隘地理解为仅仅是政治教育，它的

* 选自袁微子著：《小学语文教学漫谈》，山东教育出版社1983年版。

范围还要宽一点儿，包含德、智、体几个方面，以及美育。又如，大家提到的思想方法，这种训练，是不是也可以放到思想教育里面去？一句话、一段文字、一篇文章，从表面看是一个字一个字连起来的，是用词、句、段连起来的，无非是语言文字的联系。可是从里面看，无论是一句话也好，一段话也好，一篇文章也好，总是有一定的思想内容的。语言文字和它的思想内容是一个问题的两个方面，忽视任何一个方面都是不妥当的。单讲语言文字，忽视了思想内容，就是从语言文字中抽离了灵魂。我们还要进一步想一想，学习语言文字是干什么的？这就涉及语文教学的目的。学习语文的目的是要培养识字、看书、作文的能力。语言文字是个工具，能够看书作文是目的。从这个意义上来说，语言文字是个工具。与此同时，学习语文还要受到思想教育，有许多青少年，由于在语文课中学了一些思想性很强的课文，使他们初步形成了一种理想，以后成为坚强的革命者。这是多年来语文教学碰到的事实。但是学习语文并不是专为进行思想教育，它的任务是要能识字、看书、作文，会听、说、读、写。不管思想教育也罢，语文教学也罢，它们都有一个共同的目的。这个共同的目的就是有利于认识自然、认识社会，从而改造自然、改造社会，实现共产主义的伟大理想。这就是说，思想教育和语文教学要在认识世界、改造世界的共同目的中统一起来。

单是这样还不够，还要进一步想一想，既然共同的目的是认识世界、改造世界，那么认识世界、改造世界的指导思想又是什么呢？很清楚，是马克思主义，是辩证唯物主义。这个指导思想要体现在整个小学语文教学当中。

第二点，在传授知识和培养能力的关系上，这套教材是怎样对待的。在知识和能力的关系上，历来有两种看法。一种看法是把知识和能力对立起来，认为知识是知识，能力是能力，两者没有什么共同之处。这种看法，就是认为语文教学的任务是教师把语文知识教给学生就行了。先生讲，学生听；先生讲的是知识，学生听的是知识；先生传授的是知识，学生接受的是知识。至于能力，由学生自己去练。这种看法流行过很多年，反映在语文课本里，就是只讲语文知识。还有一种看法，是把知识和能力的关系紧密地联系起来，认为知识是能力的基础，而且知识当中有能力，能力当中有知识，知识和能力是相互促进、相互渗透的。比如说，书法家写字，写得很漂亮，我们说这个书法家写字能力很强；他写字时，懂得怎样起笔、落笔，这是知识。这个知识融合在能力中，能力体现了知识，知识和能力融合在一起，是互相促进、互相渗透的。本着这后一种看法，现在的教学中正在逐渐地创造经验。有的同志说，我们现在只要注意能力好了，知识不必去管它。这种说法不对，因为没有知识是培养不出能力来的。你要学会写字，就要懂得怎样执笔、起笔、落笔，要懂得这些知识。不懂得这些知识怎样写字呢？但是有时候也是首先有了具体的技能，而后再提炼成为知识的。比如婴儿说话，家长并没有先教孩子汉语拼音、讲话知识。婴儿叫“爸爸妈妈”的时候，他的“妈妈”的概念和我们这个“生我者父母”的概念是不一样的。婴儿是先会做，而后再逐渐升华成知识的。我们平时讲“实践出真知”，有了实践才进一步得到正确、完整、系统的知识。所以我们不能固定地认为，只有知识才是能力的基础，而是应当辩证地看，有了初步的能力可以回过来促进知识的发展，获得更深刻的知识。知识与技能、知识和能力，是紧密联系、相互促进、相互渗透的。

单是这样还不够，还要再往深处想一想。语文是个工具，工具要会应用，而工具的应用是不能靠传授得到的，必须自己去学会，去掌握。知识可以有两个途径来获得：一个途径由教师传授，学生接受，教师把知识告诉学生，学生记住它，背熟它，默写得出来，这样来获得知识。这个途径，不能全部加以否定。我们反对死记硬背，但是并不反对记，不反对背。要背熟一些课文，要记住若干生字，一点儿错也没有。记忆是很重要的，这是获得知识的一条重要途径。另外还有一个途径，是学生在老师的指引下，自己去理解，自己去懂得，就是自觉地获得。这一条路过去我们比较忽视，今后需要大力提倡。在自觉地获得知识的基础上去背、去记，就把这两条路统一起来了。这种自觉地获得知识，在语文教学中是很重要的。不管是知识也好，能力也好，都应当强调在教师的指引下，由学生自觉、主动去获得。归根结底，学生获得知识，就语文科来讲，是为了能够看书、作文，因而比较起来更应当重视能力的训练，所以在语文教学的目的当中，就把培养能力着重地提出来。

单是这样还不够，咱们还要再往深处想一想。自觉地得到的知识和主动地培养的能力，在小学语文教学中，主要指的是哪些，要把它具体化。要自觉获得的知识是哪些，要主动地培养的能力是哪些，要具体化。这个问题，在编这一套小学语文教材时，是作过一番考虑的。拿这一套教材来说，这个问题主要指的是两方面：一方面是认识事物，另一方面是学习语文。从认识事物来讲，主要指的是两种能力，观察能力和思维能力。怎样观察和怎样思维都是知识，要告诉学生，要指导学生。学生学会了观察，学会了思维，就培养了能力。观察，是一种有目的的知觉，是在感知事物的过程当中，对事物进行的一种解释。比如说，我摸到这个茶杯，很烫手，这是在感知事物的过程当中对这种感觉进行的解释。思维，包括形象思维和逻辑思维，逻辑思维又包括形式逻辑和辩证逻辑。思维除了这些之外，还可以把概念扩大些，包括想象力、记忆力等。观察能力和思维能力，我们常常把它们综合起来叫作智力。智力主要指的是观察能力和思维能力。这是一般的能力，不仅小学语文要培养，数学、物理、化学、生物等学科都要培养，都要发展，是有普遍性的。对语文来讲还有它的特殊性。学习语文着重培养两种能力：一种是要学会对语言文字的理解，能读懂这些语言文字，会听，会读，就是我们通常所说的理解能力；另一种是要学会对语言文字的表达，会说，会写，就是我们通常所说的表达能力。从学习语文来讲，要着重培养语言文字的理解能力和表达能力，这是语文学科要培养的特殊能力。一般能力指的是观察能力和思维能力，特殊能力指的是理解能力和表达能力。这两种能力，都是从知识技能这个关系上，联系到语文学科这个特点体现出来的，这当中既有知识的问题，也有能力的问题。这两种能力是互相联系、紧密结合的。这是知识和能力的关系问题。

第三点，在儿童认识事物和学习语文的问题上，这套教材是怎样对待的。教孩子学习语文，不能教一点儿学一点儿，要让孩子能够举一反三，触类旁通。应该怎样来教孩子做到举一反三呢？那就要在认识事物和学习语文的过程当中找出规律性的东西。这样，就要使认识事物的规律和学习语文的规律相结合。

认识事物的规律是什么？列宁曾经说过："要真正地认识事物，就必须把握、研究它们一切方面，一切联系和'中介'。我们绝不可能完全地做到这一点，但是，全面性的要求，可以使我们防止错误和防止僵化。”列宁的这一段话告诉我们，真正地认识事物，要从事物的联系上去认识，不要孤零零地去认识，要从事物的一切方面，一切联系中来把握它、研究它，才能够真正地认识。因此，讲认识事物的规律，就要讲究事物的联系、比较、发展、变化，要从事物的联系、比较、发展、变化当中来认识，这一点十分重要。这个指导思想要用来指导我们的教学，不仅仅是指导编教材。教师要让孩子去认识事物，要让孩子从事物的联系、比较、发展、变化当中来认识事物的规律。比如，讲一个词，这个词该怎样解释，不要孤零零地把这个词写在黑板上，讲解词意，把词意抄在黑板上，让孩子抄下来，背下来，默出来。这样做有时候也可能有点儿用处，但是这不是列宁指出的办法。列宁的办法是要从联系当中来认识。我们要把这个词放在句子里边去，联系上下文，要从联系当中让孩子们体会词的意思。小学语文课本第一册里面有看图识字、看图学词学句，通过图和字、词、句的种种联系来识字、学词、学句。

学习语文有什么规律？要研究字、词、句、篇的内在联系，听、说、读、写的内在联系。跟认识事物一样，也是要强调联系。而字、词、句、篇和听、说、读、写，讲的是内在联系，不仅是表面现象的联系。就是说，字词句篇中间是用什么样的一种“中介”把他们联系起来的？所谓连字成词，连词成句，不仅是语文的形式，而且是思想内容的联系，这就是内在联系。听、说、读、写这中间的联系，不仅是语言文字的表面组织形式，而且是思想内容、思想感情之间的内在联系。强调内在联系，就是说不仅要讲它的表面形式，还要讲它的内在实质，它的思想内容和思想感情。这就是学习语文的规律。因此，指导儿童去认识事物，指导儿童学习语文，必须强调联系，必须从事物的联系，语文的字、词、句、篇和听、说、读、写的联系当中，让孩子来认识，来学习。

认识事物的规律和学习语文的规律，要紧密地结合起来，不能够单是去认识事物，也不能单是学习语文。有些老师注意到了这个问题，把两条规律结合起来，对学生进行指导，学生慢慢学会应用，就能够使语文得到比较快的进步，可以防止错误和僵化。

二、小学语文教材的编排是怎样设计的？

这套教材的编排是按照三条原则来设计的。这三条原则概括起来就是：第一条，要针对语文教学的目的、要求，反映出思想教育和语文教学的辩证关系。第二条，要符合学习语文的规律，注意听、说、读、写和字、词、句、篇的内在联系。第三条，要适应儿童的年龄特征和他们的接受能力，循序渐进，有计划、有顺序、有阶段地前进。这三条原则，第一条原则指的是思想教育和语文教学的辩证统一。具体指的是四种能力的联系，即观察能力、思维能力、理解能力和表达能力的联系。第二条指的是字、词、句、篇和听、说、读、写的内在联系。第三条指的是小学各阶段之间的联系。三条都是讲究联系——四种能力的联系、两个内在的联系、各阶段之间的联系。要在联系上面下功夫。教材编写要着重体现这三个方面的联系，处理好这三个方面的联系。下面按照这三条原则具体地谈一谈几种教材的安排。

（一）识字教材的安排。

小学阶段要识多少字，这些字应该怎样分布，用什么方法来识，这个问题要首先解决。识多少字，是三千左右。这是经过一番调查研究定下来的。怎样分布，小学低年级以识字为重点，所以一、二年级要多识一些字。前三年要基本上完成识字任务。经过教师们的研究，以及根据多年来的经验，认为小学低年级以识字为重点的这个做法是正确的。用什么方法？有的主张分散识字，有的主张集中识字，讨论得很热烈。这套教材既吸收了分散识字的经验，也吸收了集中识字的经验，并不偏袒哪一边。吸取各家之所长，叫作多种形式识字。但是，关于识字教材的编排，这个多种形式识字并不停留在这一步，还要提出进一步的要求。识字教学要求改进方法，提高质量，要根据学生认识事物的规律、学习语文的规律和汉字本身的规律，教给学生识字方法，培养学生识字能力。这就是通常所说的“三条规律，两个结合”。所谓“三条规律”，就是认识事物的规律、学习语文的规律、汉字本身的规律。所谓“两个结合”，就是汉字的音、形、义紧密结合，以及学和用的结合。识字教材的编排，要从三个方面来着力。第一方面要对识字量进行选择安排；第二方面，要讲究识字方法，要采取多种形式的识字方法。这个多种形式识字法，是不是单是方法呢？不。多种形式识字法还包含一种主要精神，要教给学生识字方法，培养学生识字能力，教给方法、培养能力，让学生能够自觉地、主动地去识字。第三方面要把识字和读写紧密联系起来。在小学低年级以识字为重点，但不是唯一的。要在搞好识字教学的同时，进行朗读训练和说话训练，进行词和句的训练及普通话的训练，培养孩子们的朗读能力，提高孩子们的说话能力。

（二）阅读教材的编排。

阅读教材的编排，应当有利于培养学生的自学能力。为了有利于培养学生的自学能力，这套教材设计了两种类型的课文。第一种类型叫作三类课文。大家都很熟悉，就是讲读课文、阅读课文和独立阅读课文。三类课文的设计，目的是培养学生的自学能力。设计这三类课文的时候，我们注意了三点：1. 自学能力是逐步形成的，要重视自学能力的培养；2. 知识和能力是相互促进的，而知识是基础，因此，要抓住从知识到技能、到能力的培养过程；3. 阅读要养成习惯，这个阅读习惯的形成，要在三类课文的学习中逐步地培养起来。第二种类型是看图学文。设计看图学文的目的是培养学生的观察能力、理解能力和思维能力。设计看图学文时也注意了三点：1. 看图学文是从看图学词学句发展起来的；2. 观察能力、思维能力的训练和理解能力的训练相结合，结合的核心是思维能力；3. 阅读习惯的培养，要学生通过看图学文的学习，在脑海里会浮现出一幅幅图画来。这种习惯的培养我们过去是不够重视的，看图学文就是培养孩子要讲究具体的内容、真实的内容。这就是马克思主义教导我们的思想和客观要一致，而思想和客观的一致是一个过程，要抓住这个过程。这个过程体现在小学语文课本里，就是看图学文。

另外，在阅读教材编排方面，我们强调多读。这个“多读”是1963年的大纲提出来的。在1963年的大纲中提出“多读”是很不容易的。我们现在还没有能够做到这一点。这是由于种种旧习惯的束缚，在多读方面不能迈大步。我们现在的课本只能编排三十到四十篇课文。但是多读这一条路，是必须走的。我们要逐步地改变老教法，逐步地学习新教法，不要把孩子束缚在老师讲的那个范围里面，要让孩子去自觉地读。现在有的老师已经在这方面创造了一点儿经验，我们很希望这个经验能够推广。

（三）写作教材的编排。

写作应该怎样进行指导？有两种做法：一种做法是从形式到内容。讲究文章怎样开头，怎样结尾，有多少种开头方法，多少种结尾方法，用这个形式安排内容。这种做法我们就叫作“套作”。还有一种指导方法是从内容出发，从内容到形式。先有内容，考虑内容该怎样表达，再讲究形式。这套教材采取哪一种做法呢？倾向于后一种做法。恩格斯说：“……在理论自然科学中，也不可能虚构一些联系放到事实中去。而是要从事实中发现这些联系，并且在发现了之后，要尽可能地用经验去证明。”恩格斯这段话有点儿深奥，不大好懂。“不可能虚构一些联系”指的是什么？指的是“要从事实中发现这些联系”。应用到小学教学中来，在作文指导里面，就是不能预先想一套怎样开头、怎样结尾的办法，就是要先考虑作文的内容。从这些内容当中来看，这个内容和那个内容之间是什么关系，把它联系起来，这就是平时所说的分段落、分层次。发现联系以后，“要尽可能地用经验去证明”，应用到作文指导里面是什么？就是你把文章写出来了，表达出来了，让人家去读一读，大家读过之后，他的印象和你写的时候所要达到的意图是不是完全吻合。就是说你写的东西人家是不是完全体会，完全懂了。这就是用经验来证明。根据恩格斯的这一教导，我们就设计了一种类型的课文，叫作“习作例文”。

在设计习作例文的时候，注意了这么几点：1. 要在习作例文的教学当中，去求得阅读和写作的共同点。所谓习作例文的教学既要指导阅读，又要指导写作。为什么提这个双重任务？希望通过习作例文的教学，能够找出阅读与写作的共同点来。2. 找联系。找哪些联系？现在的习作例文安排了五个项目：一是观察，二是有具体内容，三是有顺序，四是抓重点，五是抓特点。怎样观察呢？无非是把这个事物和那个事物联系起来。具体事物怎样联系，要讲顺序。这个顺序是怎样联系的？要讲重点。这个重点跟一般是怎么区别的？要抓特点。3. 从段的训练开始。习作例文三年级开始有，抓段的训练，先练习写好一段、两段。

作文指导同作文教材的编排，除了习作例文之外，还设计了另外一种文章，没有把它作为课文看，没有标出课次，那就是高年级的“读写例话”。读写例话附在一组课文的最后，是离不开那组课文的。设计读写例话的时候，注意到必须要体现三项内容：第一项，就是要有一篇重点课文与它联系。重点课文所讲的内容，在读写例话当中进行复习。第二项，就是恩格斯所提的要发现联系，这篇重点课文是在哪一个训练项目上把内容联系起来的。第三项，就是希望教师在教学当中引导学生联系自己读的经验和写的经验来进行验证。我们没有把读写例话作为课文看，只是把它作为一种文章，让学生自己去读，自己去理解，教师加以指导，所以它的性质，相当于独立阅读课文，教师用不着去给读写例话分段，归纳段落大意，讲中心思想这么一套。要让学生自己去读，自己去理解，学生自己理解之后，在教师的指导之下，把具体的经验上升到理论认识。设计读写例话，考虑到要有一个过程。思想和客观的统一是一个过程，这个过程就是从讲读课文到阅读课文，再到独立阅读课文，经过这样一些课文的学习，形成一种认识。有的同志提出来，读写例话安排在重点课文后面不是更好吗？可以趁热打铁。我们觉得还是要有一个过程更好。重点课文让学生自觉地获得一些知识，有了一些初步的技能以后，再到阅读课文里面去熟悉运用这个技能，再到独立阅读课文逐步地培养这种能力，慢慢地使学生有一个从知识到能力的过程，通过读写例话，自己去学习，在教师的指引下，进行一次读或写的小结。

听说有的教师把读写例话作为讲读课文来讲，有的教师又把它作为知识短文来讲。学生能讲出第一点是什么，第二点是什么，形式上是懂了，实际上对学生帮助不大。读写例话这种文章是让学生自己去读的，而不是靠教师讲的，是要教师指导学生如何去读。所以我们与其叫读写例话的教学，不如叫读写例话的学习指导。

（四）要重视读写结合。

这套教材编写的时候，注意了读写结合。读写如何结合，有不同的看法。有的同志认为，读写结合就是讲、读、练，先是教师讲，再是学生读，第三步是学生去练。还有一种看法，读写结合，读是基础，写是目的，读要落实到写上。在教学的时候，不管读哪一篇课文，读完了之后，总要出个写的练习，让学生练上一通，把读落实到练上。还有一种看法，读是为了写。有些经验丰富的教师，把课文的理解常常讲成课文的写作方法，而不是把注意力放在让学生去理解上。读是为了写的这种做法，是有它的历史原因的。我国有几百年的封建科举制度，让读书人凭借会写几篇文章、几首诗，就去应考、做官。“学而优则仕”，就是凭借会写文章。科举制度的考试办法指挥了几百年的读书人，因此过去的读书习惯，读就是为了写，读熟了四书五经，要能够写出四书五经的体会来。而这种体会又是几百年来反复说的，并无新思想。现在我们要开展社会主义现代化建设，就要阅读科学论文，读各门学科领域的书，要把书的内容读懂，消化，能够应用，必须依靠阅读能力的培养。所以阅读能力的培养对语文课来讲，是很重要的能力训练，千万不能忽视。事实上，阅读能力往往是高于写作能力的。你可以读懂鲁迅的一篇杂文，但是你不一定能够写出像鲁迅那样高水平的杂文来。如果读是为了写，那小学语文课本何必把读的要求不断提高呢？只要选择若干篇学生可以仿作的模范作文，让学生照样画葫芦，照样去写，不就行了吗？有时候学生照范文来套作，可以写出一篇东西来。二年级学生这样做了，家长满意，老师满意。但是这样的作文容易限制学生的思维，限制学生知识领域的扩大，限制学生写作能力的提高。因此我们要提倡读写结合。读写怎样结合，在这套教材里面，也从几个方面加以注意：首先，注意到从内容到形式。我们力求课文涵盖的知识面宽一些，要让孩子眼观全球，胸怀世界，有这样的气魄。从内容到形式，要形式多样，而不是被几种形式框住。其次，注意到观察能力、思维能力、理解能力、表达能力这四种能力的综合性。再次，要有计划、有重点地加强基本功的训练。

三、使用这套教材，在教学当中值得注意的几个问题。

（一）关于三类课文的教学。

这一套课本安排了三类课文：讲读课文、阅读课文和独立阅读课文。为什么要安排这三类课文？主要的目的是培养学生的自学能力。以前就有这三类课文的名称，只是那个时候没有作过系统的安排，这一次作了比较系统的安排。为什么要安排三类而不安排两类，比如精读课文和略读课文，不也挺好吗？主要是考虑到在教学过程当中，教师引导学生怎样从自觉地掌握知识到逐步训练成技能，再到培养成能力，有必要分为三个步骤。三类课文实际是体现了教学过程的三个步骤。

第一步，是以引导学生自觉地掌握知识为重点，在掌握知识的过程当中发展儿童的智力。什么叫知识？知识由许多概念构成，自觉地掌握知识，就是学生自觉地去获得很多正确的概念。概念是反映客观事物的特征，反映事物的联系的。这种事物的特征、事物的联系往往是用词或者句的形式来表现的。词，从形式来讲是用字组成的，从内容来讲体现了概念。我们指导学生理解课文内容，而课文内容是由词和句表现出来的，所以学习语文最重要的基本功训练是词和句的训练。概念是在发展思维的过程当中形成的。要讲究事物的联系，要分析事物的特征，必然就要发展思维，要进行分析、综合、思考。在这种分析、综合、思考的过程当中就逐步形成概念。在掌握概念的过程当中发展儿童的智力。我们观察事物，对客观事物常常是先有一个整体的形象，而后才分成若干部分来看。从这些部分的联系当中找出它们的要点，区别它们的相同点和不同点，指出事物之间的关系，进行综合。所谓概念的形成，就是这样的一些步骤。这就是第一类课文所要加强注意的地方，所以教第一类课文的时候，我们要着重指导学生理解课文的内容。怎样理解课文的内容？或者是采取从整体到部分的认识，或者从部分到整体的认识。找出课文里面的要点，区别这个要点和其他要点的相同之处和不同之处，指出课文这一段和那一段所表现的事物和它们之间的关系。区别事物的发展是怎样进行的。这一些都是第一类课文教学的重点。为了了解课文内容，就必须让学生对课文当中提到的一些概念形成正确的认识，因此在第一类课文教学中要重视词和句的训练。在整个小学阶段，讲读课文都要重视词和句的训练。当然，这种训练是随着年级的升高而逐步提高要求的，如果学生对事物的概念愈加认识得正确，那么他对词语的理解、对句子的理解也就更加清楚，对课文的内容也就了解得更加透彻。在教学的过程中还要十分重视一点，就是某种事物的概念、某种知识，要尽量让学生自觉地掌握，而不是靠教师灌输给他们。当然，由于学生对课文当中的一些概念还不了解，所以教师的讲解仍是很必要的。不能因为说让学生自觉地掌握知识，就放弃教师的讲解，那种认为小学高年级的学习只要让学生自己去读就懂得了，教师不必讲解的看法，是不妥当的。教师必要的讲解还是很重要的，但是教师的讲解要体现一个精神，这个精神就是不要让学生死记硬背，而是给学生以启发，以引导，让学生自己去很好地掌握。因为只有在学生自觉地掌握的过程中才能发展儿童的智力。

在编写第一类课文的时候，还注意了训练重点。这就是说，学生要掌握知识，掌握概念，从认识事物方面来看，是属于发展思维这个范畴的。从学习语文来看，理解词和句子、理解课文内容，是属于发展语言这个范围的。要把发展思维和发展语言统一起来。怎样统一起来呢？在重点训练项目上面统一起来。一篇讲读课文要教给学生的知识是很多的，所以在过去，一篇讲读课文，有的老师可以教上五六节课，讲得非常细。而现在这套教材不要求这样做，要求每一篇讲读课文都有它的训练重点，把重点抓住，联系其他非重点进行教学。这是一个特点。希望教师在教这套教材的时候，要思想上很明确，教这篇讲读课文的训练重点是什么，要抓住它。训练重点和一般训练相结合，把一个一个训练项目有步骤、有计划地坚持下去，来培养学生的读写能力。

第二步，搞好阅读课文的教学。它以复习、巩固在第一类课文中学到的新知识，并逐步地训练成为技能作为重点。学生自觉地掌握知识、概念，懂得一些词语，了解句子的内容和课文的内容，并不是学习语文的终点。学习语文的目的是要在掌握知识的基础上，培养学生看书作文的能力。我们看到有一些地区的学生毕业考试的题目，如初中入学考试的题目，往往是考学生知识的积累，不大重视考查学生的运用、理解的能力，这个现象正在逐步地改变。我们认为，知识的考查是必要的，但是不能把它作为最主要的考查。正由于语文的学习不能停留在知识的积累上，就必须进入到第二步，要复习巩固这些知识，同时要进一步运用这些知识，使它成为技能，这就是第二类课文所担负的任务。

第二类课文的特点是什么呢？在教这类课文的时候，对学生自学的要求就比第一类课文高一些。因为它是复习巩固，所以就要让学生自己来巩固、复习。教师要加强提问，因为要逐步地将知识训练成为技能，就要让学生自己来运用所获得的知识，自己来加深对课文的理解。所以要加强对学生自学的要求，而教师的讲解就要逐步地减少，同时加强引导。引导是有重点的，重点就在重点训练项目上，在于重点项目与一般项目的联系。学生获得了技能还必须培养成为能力，因此就安排了第三类课文。

第三步，是独立阅读课文的教学。这是把课外阅读放在课内来进行。为什么放到课内来？是为了便于检查，便于指导，便于了解学生自学能力究竟怎么样。所以第三类课文的重点是学生加强自学，教师及时检查。学生的自学是有计划、按步骤地进行下去的，而不是放任自流。这个有重点、有计划，指的是学生已经学得的知识和技能，要学会自觉地理解和运用。教学第三类课文时，应当让学生自学，教师事先加以布置，提出自学要求；学生自学以后，教师加以检查、评定，肯定自学的成绩，纠正自学中不恰当的地方，指导他们如何进一步自学。这就是第三类课文的教学特点。

（二）关于写作训练的问题。

写作训练该怎么进行，教师们非常注意，甚至比指导阅读还要重视。其实读是基础，必须把基础打扎实，千万不要把注意力偏重在写上，否则要吃亏的。吃亏的不是老师，是孩子。只有理解了的东西，才能够加以应用。要学会应用词句，就必须先理解词句。词句的理解是在读的过程中完成的。写无非是运用词和句来表达内容，而读的时候是必然要和写联系起来。因为这个读的知识到了学生的大脑里面，不是原封不动的，他们的大脑在消化，消化就产生了新的东西，一产生新的东西，就不仅是加深了理解，而且是培养了运用的能力。希望教师们在这个问题上要十分重视。小学高年级课本，是按重点训练项目安排的。可能有人会想，教了这几个训练项目，学生脑子里也就是那么几条。其实不是那样。学到的知识到了学生脑海里，要产生联系，要转化，要从旧的东西转化为新的东西。而这个新东西就不是简单的这么几条，而是成为一个整体。这个整体既有理解，又有运用。有位老前辈曾经讲过这么一句话，学生作文的时候，脑子里面应该没有若干篇文章存在，这样才能够作好文。这句话讲得多么深刻啊！我们现在恰恰不是这么做，现在指导学生作文的时候，就是拿出一篇文章，让学生照着套。作文时，让学生有几篇文章在脑海里，甚至让学生背诵十几篇文章去应付考试，碰到类似的题目，就那边挂个头，这边抓个尾，那边又抓个肚子，一套就是一篇作文，词句弄得很漂亮，还怕打不上满分？这是害了学生的做法。所以讲写作时，要强调从内容到形式，要培养观察能力。观察是认识事物的一种方法。写作内容来源于观察，如何化到文章里去，靠观察，靠思维。写作的来源在哪里？来源就是内容。内容在哪里？在自然和社会中。自然和社会的内容怎么得到？靠观察和思维。不通过观察、思维，哪来那么多内容放到作文里去呢？道理非常清楚。而观察、思维从哪里去获得？基本上靠读。读一篇篇文章，就是在分析、理解作者是怎样观察、思维的。要先理解，而后才能运用，同时又在运用过程中来加深理解。所以，读写结合是互相促进的。

再谈谈怎样利用习作例文来指导学生的写作。习作例文既要指导学生读，又要指导学生写，学生的读是从形式到内容，通过字、词、句的形式到理解内容。学生的写是从表达的内容到表达的形式。一个是从形式到内容，另一个是从内容到形式，而这两者又在某一个共同点上面结合起来，这就是习作例文安排的指导思想。三年级的习作例文是否可以用来仿作呢？应该把仿作跟套作分开来。套作就是仿照这篇课文的形式去作，一段一段地套。我们不反对仿作。在短期内，学生先作一点仿作是可以的。仿作就是按学过的课文注意选择具体内容。比如课文中写了弟弟，就学习课文是怎样选择具体内容，怎样写具体内容的，然后可以这样仿照来写妹妹，或者写妈妈，写对妹妹或妈妈印象最深的地方。这样的仿作是可以的，但是这种仿作时间不要长，到了高年级的时候，就要练习独立作文。所以习作例文这种形式，是不是到了高年级还要保留，有必要加以考虑。

（三）要重视基本功训练的设计，要分阶段地进行训练，循序渐进。

这套教材安排了若干个训练项目，由于一、二年级的基本功训练项目很多，因此，教材只安排了以识字为重点，其他的训练项目没有安排得很突出。这是由一、二年级基本功训练的特点所决定的。关于汉语拼音、笔画、笔顺、偏旁部首、间架结构、写字的基本方法、执笔方法，都要在一、二年级进行训练。二年级还要进行查字典的基本功的训练，让学生在二年级初步具备查字典的知识，还要让学生联系上下文理解词意、理解句子的意思。这些都是初步的基本功训练。识字训练是一、二年级基本功训练中最重点的。要注意教给学生识字方法，培养学生的识字能力，要在这方面下功夫。除了重点训练识字之外，一、二年级还要注意词和句的训练，同时重视朗读训练、说话训练，适当进行写话训练。到了三年级，要加强段的训练，以段的训练为重点，巩固发展词和句的训练，读写方法上要着重进行五项基本功训练。到了高年级，就要加强针对课文提出的几十个重点训练项目的训练。

基本功训练要注意阶段性，在一、二年级时，要让学生有字、词、句、段的初步概念，要有听、说、读、写的一些基本功的训练，培养学生的听、说、读、写的良好习惯。要重视字和词的联系、词和句的联系、句和句的联系。到了三年级时，要加强段的训练，注意段与段之间的联系。在教学当中让学生获得一些最初步的读写方法。到了高年级，就要突出各个类型的课文的教学特点，要一组一组地进行重点训练，使学生对重点的训练项目不仅能够理解，而且能初步地学会运用。这就是要注意教学的阶段性。

六年制小学语文基本教材的编写设计*

从 1984 年秋季开始，将陆续供应全日制六年制小学语文基本教材，预计到 1986 年春季可以全套供齐。目前，低年级的课本已经编好，将于 1984 年秋季先供全国选用。为了便于教师及教研工作者了解全貌，以利教学，现在着重介绍这套教材的编写设计。在编写过程中，某些具体细节可能参照实际情况，略有调整，但整个体系将不至于再作变动。

一、指导思想

首先，这套教材要适应 1990 年以前基本普及初等教育的需要。按照党的十二大精神，我们认识到，普及初等教育是培养现代化建设人才的一项奠基工程。小学教育要从当前我国实际出发，办学形式可以多样，学制可以五、六年并存，并可实行高低年级分段。这套教材应适应上述要求，按教育部制订的六年制小学教学计划，可以供城乡在内的全日制六年制小学采用，也适用于农村只开四门课的全日制小学。在设计

---

* 此文发表于《课程·教材·教法》1984 年第 3 期。第二作者何慧君。

时，要同时考虑有利于初小（四年）高小（二年）分段。

其次，这套教材要重视从小培养革命的理想，进行共产主义的思想品德教育。小学语文教材是对少年儿童一代进行社会主义精神文明建设的有力武器。在对新的一代的思想教育中，应以共产主义思想为核心，加强革命理想、道德、纪律的教育，重视培养全面发展的一代新人。

再次，这套教材应当密切联系实际，既要看到近期普及教育的需要，又要看到为了现代化建设而早出人才、多出人才的需要。作为基本教材，当力求相对稳定，反映教学要求的一定标准；教材内容要适应现代化建设的需要，特别要重视近年来我国农村经济的迅速发展，广大农民日益增长的对子女学习文化科学知识技能的迫切需要，要教育少年儿童热爱农村，热爱劳动。所选课文要有利于扩展知识，开拓眼界，不仅能使学生加快掌握祖国语言文字，而且能切切实实地为培养共产主义世界观打下初步基础。

最后，这套教材要有利于教师改进教学，提高教学质量，为培养小学语文教师提供条件。教材要使一般教师经过努力能够胜任教学，成为提高现有师资水平的有力手段。根据全国小学语文教师的普遍反映，这套教材将在五年制小学语文通用教材的基础上加以改进，使教师得以运用已经积累的教学经验，进一步提高教学质量。

二、编写原则

（一）精选基本内容，保证教材质量。作为全日制六年制小学语文基本教材，应当按照全国普及小学教育的要求，提出最基本的要求。本着这样的要求，精选基本内容，力求体现城乡统一的标准，保证为培养新一代政治文化素质打下最基本的语文基础。

（二）高小、初小分段，适应农村需要。前四年作为初小阶段，以一、二年级为低年级，三、四年级为中年级；后两年（五、六年级）为高小阶段。初小阶段着重训练语文的初步基本功，要求识得两千多个常用字，初步学会汉语拼音，培养初步的听说读写能力。高小阶段进一步进行语文基本功训练，学生已经有了初步的读写知识，可留出一定篇幅，供地方自编补充教材。大体说来，补充教材的分量约占高小教材的百分之八至十左右，补充教材的内容，由各地按实际需要自选。这部分补充教材，不列入毕业时考核范围。

（三）注意发展智力，培养能力，加强语文基本功训练。为了切实培养学生听说读写的能力，五年制小学语文通用教材曾作过较有计划的设计。经过几年试教，广大教师认为基本可行，并积累了一些经验。这套教材将以此为蓝本，适当改进，以期在原有基础上更有效地培养学生的智力和能力，打下更扎实的语文基本功的基础。

（四）针对儿童学习特点，力求形象生动。为了使学生学得进，学得好，练得扎实，文字力求鲜明生动，由易到难，由简单到复杂，并配合形象的插图。一、二年级尽可能安排双套色及部分彩色，中高年级适当增加插图。

（五）教材分量留有余地，保持一定的灵活性。这套教材中的大部分课文，尤其是讲读课文，应列入城乡统一考查范围，以期达到一定的标准。其中部分课文，视不同地区的不同情况，各地区的教育行政部门可以灵活处理。有关作业题及基础训练，也根据这个精神设计，在教学参考书中加以说明。

三、具体改进措施

（一）适当加强汉语拼音的作用。入学后学习汉语拼音最基本的内容，经过几年的试教，教师已经习惯。这套教材基本不作改动，但在原来基础上，加强拼读训练，减少书写训练，可以加强利用汉语拼音训练阅读的作用。

（二）注意识字与阅读的紧密联系。识字教学仍然作为低年级语文训练的重点，但尽量避免以识字量多少作为低年级语文教学的唯一要求。要在原来的基础上适当提前阅读，加强阅读，将识字与阅读联系得更紧密一些。在初步教给识字方法，有了识字能力以后，在阅读中加强识字的自觉性，学会独立识字，同时提高识字与阅读能力。

（三）加强自学能力的训练。五年制小学语文教材已经安排有三类课文（讲读课文、阅读课文、独立阅读课文），教学实践证明，对培养自学能力是有利的，当继续保留。但独立阅读课文不再列课次，不列入考核范围，只是教师仍须指导，以利于发挥教学的创造性。这三类课文要按基本功训练的重点要求作适当调整，在教学时可以有计划、有步骤地提高自学要求。

（四）注意两种学制过渡的方便。据了解，有不少学校将改为六年制，编写这套教材要考虑过渡时尽量减少不必要的重复。为此，在编排这套教材时，一、二年级的课文尽量减少变动，不管哪种学制，都要求低年级把最初步的基础打好。六年制的三、四年级与五年制的三年级都将作为中年级，为了改变由低年级到中年级坡度过陡的现象，六年制的三、四年级将有较大变动，既照顾低年级，起到复习巩固的作用，又联系高年级，起到准备提高的作用。这套教材五、六年级的部分，基本上跟五年制的高年级部分相一致，既保持了程度上的同等要求，又避免了两种学制过渡时的参差不齐现象。

（五）加强听、说、读、写之间的联系。这几年的小学语文教学，教师比较普遍地认识到，听、说、读、写之间加强联系，比先突击识字再狠抓阅读，再讲求作文的做法更有利于学生语文能力的培养。这套教材在这方面将有所加强，在低年级不仅重视识字，而且注意读和说；中年级加重了读和写的训练，同时又继续重视识字和说话训练；到了高年级，在识字和说话的原有基础上，提高读和写的要求。

（六）逐步把整个小学阶段的语文教学用基本功训练紧密串联起来。教学实践证明，改进小学语文教学，必须端正教学思想，摆好教和学的关系，用基本功训练把教与学统一起来。为了进一步完善这样的训练，在低年级，花两年时间在语文的听、说、读、写以及字、词、句、段、篇等有关基本功上，普遍地进行最初步的必要的训练。到了中年级，安排几项最主要的读写基本功，各有重点，相互联系，与课文密切配合，并各进行一次反复。到了高年级，在几项主要基本功训练项目的基础上，以思维训练为核心，将学习语文与认识事物规律联系起来，安排读写各有侧重的若干训练项目，从理解内容到领会思想，有计划地提高语言文字的理解能力和表达能力。

（七）重视课后作业题及基础训练的改进。课后作业题仍保持原来的形式，但当力求富有启发性，以利于发展智力，启发学生学习的创造性，到了中高年级，还要重视有利于学生的课前预习。基础训练本来已经有过一个全套的安排系统，这套教材在不改变原来系统的基础上，加强训练的综合性、趣味性、灵活性，以启发学习的自觉性，适应学生多方面的发展。

（八）有计划地加强写字训练。从 1984 年秋起，六个年级的写字教材，从铅笔字、钢笔字到毛笔字，将全部编齐出版。每周将单独设立写字课，加强写字训练。到了高年级，为适应社会需要，重视毛笔字的训练，以期今后的小学毕业生，书写能力具有一定基础，而且基本上掌握写毛笔字的一般技巧。

（九）加强课内外的联系，既减轻课外作业负担，又有利于全面发展。课内使用的教材，分量略有减少，但质量有所提高，教授必要的知识，训练最基本的技能，这些知识和技能将在课外进一步实践提高。为此，与这套课本配合，将同时出版一套语文课外读物，配合各册教材，扩大知识面，加大阅读量，使学生在语文课上学到的各项基本功，能够举一反三，在课外阅读及其他有关活动中得到运用，促使学生的全面发展。

（十）力求有关方面的配合，加强现代化教具的制作。电化教学手段的运用，是改进小学语文教学的重要一环。这套基本教材力求相对稳定，以便幻灯、电视录像、小电影等逐步配套。汉语拼音及各种课文的磁带，将尽快录制供应。

（十一）关于教学参考书的编写。考虑到几年来有不少省市的教研单位，对小学语文教学已经取得比较系统的经验，因而教学参考书的编写，将约请部分省市教研部门承担，由编写教材的单位审定出版，统一供应。这样，可以在教学参考书中吸收行之有效的比较成熟的经验，普遍推广于教学实际，以利于提高教学质量。

五年制小学语文课本改编的重点*

教育部于1981年3月颁布的《全日制五年制小学教学计划（修订草案）》，将从1982年秋季起在全国试行。按照这个教学计划，小学语文课时作了调整，教材需要改编。小学语文通用教材自1978年在全国范围陆续试用以来，教师们认为符合教学大纲精神，编排体系也是基本可行的。他们希望教材能相对地稳定下来，便于改进教学方法，积累教学经验，提高教学质量。为此，这套小学语文课本将以试用本为基础进行改编，并从1982年秋季开始供应。我们将就以下几个方面作为改编重点。

一、着眼于塑造一代新人，更好地处理思想教育与语文教学的关系

对小学生来说，最重要的是在建设社会主义精神文明的过程中做好培养工作，重新塑造一代新人。这是一代人的事，从现在的小学生做起，就至少要10～15年。

---

* 此文发表于《课程·教材·教法》1982年第2期。第二作者莘乃珍，第三作者陈国雄。

为了实现这个任务，教育部于1981年颁布的五年制小学的新教学计划，增设了思想品德、历史、地理等科目。小学各门学科都要承担这个共同任务。语文学科占的时间较多，达上课总时数的40%，教学内容又具有较强的思想性，在建设精神文明中起着重要作用。因而小学语文教材的改编，一定要和塑造一代新人这个总目标更紧密地联系起来，配合其他各科，为完成这个具有战略意义的任务提供教学的依凭。

（一）选材内容要在原来的基础上作必要的调整，力求知识面再宽一些，思想性更强一些。要针对儿童的年龄特征，具体形象而又深入浅出地进行思想教育。参照《小学生守则》，增强学生热爱祖国、热爱人民、热爱中国共产党的思想感情，重视进行革命传统教育，为共产主义理想、精神、品德的形成打下初步基础。所有这些思想教育内容，都要联系小学生的思想实际，避免空洞说教。

（二）思想教育内容的编排，要在原来的基础上，力求更能体现语文学科的特点。要按照语文基本功的训练重点及训练步骤，就课文的思想内容进行必要的调整，着重注意：1. 由具体形象、浅显易懂的故事、童话、寓言、诗歌到内容比较丰富、思想比较深刻的文章，逐步加深；2. 由常见的自然现象和社会现象的认识，逐步扩展知识范围，并介绍科技发明及革命斗争故事，启发学生改造自然、改造社会，注意正面教育，潜移默化；3. 结合语文教学，课文力求生动具体，富有启发性，加强思想方法的训练，逐步培养儿童分析问题、解决问题的能力。

二、重视发展智力，培养自学能力，更好地处理知识和能力的关系

（一）调整识字教材，更好地体现教授识字方法，培养识字能力。

据统计，各类书报刊物的常用汉字约为 2 400 个，连同非常用字，不过 3 000 个左右。因此，这次改编，全部识字量仍旧定为 3 000 个左右。一、二年级以识字为重点，识字量仍控制在 1 700～2 100 个。低年级仍继续采用两类生字的办法，即一类字是必须在本课教学中要求掌握的，二类字是暂不要求掌握的，以保持一定的灵活性。

教师们反映，通用教材采用的多种形式识字法是可行的，因此准备继续采用。识字教材的调整，主要之处是：1. 加强识字与识词的结合，从识词中识字。识字要重视字音、字形，但归根结底，识字是为了识词，只有理解掌握了词，才发挥了识字的作用。因此，改编后的识字教材将尽量考虑字词结合，从识词来教学识字，辨别字音、字形。从前的小学语文教材，用的是文言文，单音词多，未曾成为问题；改为国语课本后，一般从课文阅读中识字，教师们注意了字不离词的教学方法；自从语文课本单编识字教材以后，教学时重视了识字量，相对地放松了识词，教学试验中的经验教训，促使我们考虑这个问题，并研究改进办法。这次修订识字教材，坚持先从单音节词识字，再到多音节词，强调整体识词，又从词中分出字来分辨字音、字形。2. 识字方式力求符合儿童的认识发展过程。识字开始，应当把抽象的文字和具体形象的图画结合起来，便于识记。这是多年的传统经验，值得汲取。改编后的第一册，学习汉语拼音这个识字的有力工具以后，安排看图拼音识字、看图

学词学句，所有要识的字、词，都尽量配以图画。识了若干个字，便在基础训练中进行各种方式的归类，以利复习巩固。到了二年级，学生已经识了几百字，而且初步懂得汉字音、形、义等方面的归类，学到了一些识字方法，就在教材中采用了归类识字的方式，并安排怎样查字典识字的范例，培养学生独立识字的能力。三年级以后，可以多让学生自己查字典识字，教师加以必要的指导。这样编排，更为符合从具体到抽象、从感性到理性的认识规律。3. 加强识字与写字的联系，练好扎实的基本功。识字的时候要同时练习书写，这是多年的好经验。为了强调这种联系，从识字开始，便在教材中将字的笔画、笔顺编进去，接着安排偏旁、部首，以利于指导写字。为了训练写字技术，教育部颁布的教学计划规定了写字课，我们编写了写字教材，与课本同时供应，相互配合，这有利于练习写字的基本功。

（二）加强看图学文，重视观察能力的培养。

试用本从第二册起安排有看图学文，它是看图识字、看图学词学句的发展，把学习语文和看图认识具体事物结合起来。看图的重点在培养认识事物的观察能力，学文是为了培养理解语言文字的能力。通过看图和学文的联系，可以有效地发展学生的思维能力。这种课文形式，经过试教，教师和学生都比较欢迎。教师们认为，它能激发学生的求知欲，引导学生去观察自然、观察社会，在训练观察方法的过程中学文，促进学生语文能力的提高；而提高了语文能力又能促使观察能力的提高。教师们希望增加这种课文形式。这次改编，将从第一册开始便安排看图学文，把它放在看图学词学句和讲读课文之间，放缓了坡度，密切了联系，同时可以从词句所反映的事物的观察转到一段文字所反映的事物的观察，逐步培养观察能力。这种看图学文，将随年级的递升，逐步加深内容，贯穿整个小学阶段。由于当前彩图印刷等客观条件的限制，这种形式只能酌量有所增加，所选图画，将按观察的难易作适当调整。

（三）调整三类课文的安排，以利于培养学生自学能力。

试用本有关讲读课文、阅读课文、独立阅读课文这三类课文的安排，是综合历年来语文教学的经验，为了培养学生的自学能力而设计的。从讲读课文到独立阅读课文，体现了从教师的教达到用不着教的循序渐进的过程。讲读课文是整套课本的主干，课数不多，每册不过十几篇，但每课都要有较好的质量，经得起推敲，作为语文基本功训练的主要依凭。不少课文应当是可以熟读成诵的。从讲读课文中学生获得读写知识，受到基本功训练；到第二类阅读课文的学习中，复习巩固得到的知识，逐步转化为技能；再到第三类独立阅读课文，侧重于学生自学，训练学生运用已获得的知识、技能，培养独立阅读的能力。不少老师已经逐渐熟悉这样的教学，学生的语文水平也确有所提高。试用本编写时，由于选材的工作量大，难易搭配颇费周章，经过试教，有必要再作调整。这回调整的重点是：三类课文要按照讲读课文、阅读课文和独立阅读课文的顺序排列，使之更有利于自学能力的培养。讲读课文要保持一定的质量，便于教师精讲。为了便于教师积累已有的经验，大部分课文继续保留。

三类课文的编排，重点放在高年级。高年级的三类课文后面编有“读写例话”，这样的编排，经过试教，教师认为基本可行，并收到一定成效。读写例话是供学生自学的文章，它体现了语文基本功的某一项训练重点。这些基本功，有的侧重于读，有的侧重于写，相互促进，逐步提高。读写例话把本组读和写的知识、技能加以概括，使学生从感性认识上升到理性认识，然后让学生联系自己的读写实践，懂得怎样读或怎样写。再联系已经学过的基本功，进行下一个基本功的训练，一个接一个，一环扣一环，不断巩固，循序渐进。这些重点训练项目，该怎样编排得更妥帖些，更符合螺旋式上升的学习过程，更符合读写能力的需要，将更审慎地加以研究。

（四）加强读写结合，重视作文能力的培养。

加强听、说、读、写之间的内在联系，特别是加强读写结合，是小学语文教学研究的重要课题。试用本在这方面作出一些安排，其中一个重要形式是从三年级到五年级都安排了“习作例文”。三年级开始作文，教师苦于作文教学难以循序进行，习作例文有助于解决这个问题。它体现了读写结合，担负着指导阅读和指导写作的双重任务。阅读是语言文字的理解，写作是语言文字的表达，理解是从形式到内容，表达是从内容到形式，二者之间关系密切，不能有所偏颇。在学习习作例文时，首先要指导学生理解内容，然后再指导学生领会这样的内容是怎样表达的。通过这样的训练，使学生了解作文应当着眼于所要表达的内容，而不是着眼于形式。习作例文这种课文形式是在编写试用本时，听取教师们的建议而设计的。经过试教，教师们认为每次作文均有重点，不必各行其是，对学生作文训练有章可循。教师们在教学中还体会到，读和写之间有它的共同点，这共同点便是语文的基本功。这种基本功既适用于读，也适用于写。习作例文的训练重点，例文的选择，都应当有利于突出基本功。教师们的教学实践说明，这种以习作例文作为样子来练习作文，对初学习作是能起作用的。但是，随着读写能力的提高，高年级学生的思维更拓展了，作文的范围更广阔了，作文的要求提高了。从高年级的试教来看，习作例文已逐渐成为束缚学生思路的桎梏。为了发展学生的读写能力，应当由“读写例话”来担当这个任务。到了高年级，似乎没有再安排习作例文的必要。为了更好地培养作文能力，循序渐进，这次改编，将习作例文只安排到高年级的第一学期，作为中高年级作文训练的过渡。

（五）改进课后作业题，提高基础训练质量，以利于减轻学生作业负担。

学生课外作业负担过重，影响下一代身心健康发展，业已引起社会上的普遍关注。1981 年的新教学计划着重提出减轻作业负担。这次改编教材，也要注意这个问题。就教材来说，一方面当力求提高质量，使教师易教，学生易学；另一方面，课文中的作业题，基础训练的练习题，要尽量减去那些容易使学生机械记忆、死记硬背的出题方式，多注意启发思考，重视理解的记忆，突出教学重点，加强自学能力的培养。课后作业题的设计，要从三方面注意改进：1. 作为复习巩固之用，但不是机械的重复，而是在理解基础上的复习巩固。2. 有的题目还要适宜于指导学生预习。指导学生预习，可以参照某个作业题进行，以利于加强教学的针对性，突出教学重点。3. 要提示教学重点，启发学生的思维，有利于培养自学能力。题目要保持有一定的量，求得基本功的熟练，但不宜烦琐。

“基础训练”在试用本编写时已有个初步的系统，教师的试教也认为基本可行。这次改编，将加强综合性、启发性和阶段性。综合性就是把学生在课文中学到的知识、技能进行综合训练。综合训练应以词句训练为重点，兼顾其他方面的训练。通过训练，要培养学生观察、思维、理解、表达能力。启发性就是安排的内容要生动活泼，丰富多彩，并配有插图，能激发学生的学习兴趣，启发学生的思考。阶段性就是不仅要注意各阶段的训练重点，而且从一年级到五年级要形成自己的训练系统，具有相对的独立性，便于学生系统地理解、掌握和运用知识。基础训练的总量要适当减轻，以培养学生认真做作业的习惯。

以上五个方面，都要符合循序渐进的原则。考虑到部分地区正在试行六年制，这次改编，将小学阶段分为低、中、高三个训练步骤，每个步骤都定有若干个基本功训练的重点项目。第一步是一、二年级，这一步以识字为重点，在识字的同时，要进行词和句的训练、朗读训练、说话训练，打下读写基本功训练的初步基础。第二步是三年级，这一步是低年级向高年级的过渡，既要巩固低年级识字和初步读写基本功训练的成果，又要为高年级进一步进行读写训练打基础。这一步的训练重点是段的训练。这是由词和句训练过渡到篇章训练的一个重要步骤，重点训练项目要体现出过渡阶段的特点。为了使段的训练能够顺利地过渡到篇的训练，在试用本的基础上，将更合理地安排若干个重点项目作为过渡的纽带。第三步是四、五年级，这一步是以读写训练为重点，根据学习语文的规律和认识事物的规律，安排若干个读写重点项目，扎扎实实地进行训练。所有这些重点训练项目，都将在调查研究的基础上，力求更加完善。

三、为了使用好改编后的教材，需要在教学方法上作必要的改进

从几年的试教情况看，今后在教学上，需要从下列几点作重点改进。

（一）要重视培养学生的自学能力。

学习语文的最终目的，是让学生掌握语文这个工具去认识世界、改造世界。从这个总的目标出发，教学的着眼点应当从语文学科的特点出发，重视培养学生语文的自学能力。在培养自学能力的同时，发展学生的智力。因此，语文教学就不是单纯地传授一些语文知识。教识字，不能片面地追求识字量，而要着力教给识字方法，培养识字能力。教阅读，不能让学生机械地来背诵段落大意、中心思想等，而应该教给他们读书的方法，培养阅读能力。教作文，不能单纯地讲究形式，怎样开头，怎样结尾，中间怎么写，而应该切实地加强读写结合，由说到写，循序渐进地培养作文能力。在教学中，要注意发挥学生的主动性、积极性，培养他们的探索精神，发展智力，培养能力。学生有了这种本领，将会有利于他们日后的发展。

（二）教学要实事求是，讲求实效。

教学要从实际出发，讲求效果。这个实际就是教材的实际，学生的实际。教师要钻研教材，了解学生。要针对班上学生语文的实际水平和存在的问题进行教学。教学方法可以多种多样，但不管哪一种教法都要讲求实际效果。一堂课下来，看看学生是否真正得到益处。教师要从培养祖国的社会主义现代化建设人才着想，脚踏实地钻研教材，有针对性

地进行教学，积累教学经验，提高教学质量。

（三）指导课前预习，要尽量做到作业能够在课堂上基本完成。

减轻学生课外作业负担的根本措施，在于改变教学思想，致力于培养学生的自学能力，发挥学习的主动性和积极性。一、二年级应当抓好识字、朗读和说话训练，降低其他要求。从三年级开始，要有意识地抓好学生的预习。预习不仅可以调动学生的学习积极性，培养自学能力，还可以使教师心中有数，能够针对学生的问题有重点地进行教学。不打无准备的仗，不上无准备的课，这在高年级尤其应当如此。学生的预习抓好了，教师就可以参考学生在预习中提出的问题进行教学，学生听课也会比较专心，许多疑难问题在课堂上就可以得到解决，也没有必要再布置那么繁重的课外作业。课后作业题有些可以当堂做完，即使放到课外，负担也不致很重。

为了有利于教师改进教学方法，将相应地重新改编教学参考书，供教师参考使用。

不同年级“看图学文”的编排特点*

在看图学词学句的基础上，低年级课本里安排了“看图学文”。每篇低年级的看图学文都是由具体形象的图画和说明图意的一段或几段文字组成的，目的是观察形象的图画，理解课文语句，培养学生初步的观察能力和阅读能力，并发展他们的思维。

低年级的看图学文有单幅图的，也有多幅图的。多幅图的都是生动有趣的童话故事，是按照故事的发展顺序写的。单幅图的图意比较集中，是用具体的语句叙述画面所表达的内容。前一种通过多幅画面的观察，了解事物的活动过程；后一种通过单幅画面的观察，了解事物的相互关系。就培养观察能力来说，这是指导学生从联系和发展中认识事物的初步训练。

看图学文的教学要求和讲读课文大致相同，教学方法却有它的特点。低年级看图学文的教学特点是一边看图，一边讲解词句，理解课文内容。要对照图画指导朗读，帮助学生了解每句话和每段话的意思。由

* 选自袁微子著：《小学语文课文类型研究》，四川人民出版社 1982 年版。

于图文密切配合，不仅对语言文字理解得真切具体，而且对图意也了解得明确细致。这样的教学就能在一边观察图画一边朗读课文的过程中，活跃儿童的思维，启发儿童的想象。就培养阅读能力来说，这是指导学生确切地理解课文内容的初步训练。

低年级看图学文中的识字教学

在低年级，看图学文中的识字教学仍然是重点之一。在重视字音、字形的同时，要加强词义教学。在识字方法上，要从教材和学生的实际出发，按照不同情况分别处理，还要利用学生已有的识字基础，进一步培养自学生字的能力。

处理每一课看图学文的生字，应根据课文的不同特点，针对生字的多少难易，采取不同的教学方法。

有些课文生字数量较多，有的词语如果不先搞清它的含义，看图和学文都会有困难，就应该在看图学文之前集中处理一些生字词。

譬如，《秋天的田野》那一课有十三个生字，又有许多农业机械的名词术语，如“联合收割机”“脱粒滚筒”“输送器”，如果不在讲读以前，利用图片和书上的图弄清楚生字词的意思的话，学生就看不懂图，读不懂文。《春耕》那一课有十个生字，也有“耕耘机”“点播机”“耙地”“开垦”等词语，如果不在看图学文以前，利用图画弄清生字词的意思的话，学生无论是看图还是学文都会有一定的困难。

有些课文生字虽然比较多，但是有难有易，可以把生字分几类，有的在学文前学，有的在学文中学，有的在学文以后再学。如《温暖》

《我们也要当红军》两课中“握手”“街道”“同志”“首长”“答应”等词，都是学生口头中常用的词，可以先读准字音，字义不需讲解，到学完课文以后再分析指导字形。像“恳切”“亲切”“感激”“寒冷”等词，则应该结合讲读课文，引导学生观察图画，并联系上下文了解字义和词义，体会它们在课文中表达的意思。一些虚词，如“却”，单独不容易讲清意思，多读就可以体会它的用法。

有的课文内容简单，故事性强，生字数量不算多，就可以在看图学文的过程中学习字词。对生字只要借助汉语拼音读出字音，就可以进入看图学文。到讲完课文以后再来巩固字义，分析字形。这种教法的好处是既节省生字教学时间，又不打断学生看图和学文的思路及兴趣。《骄傲的孔雀》就可以这样处理。

启发思维是看图学文教学的关键

低年级看图学文所采用的图一般都生动活泼，形象具体，容易引起学生的兴趣。形象的图画，可以帮助学生理解文章；内容具体的文章，又可以帮助学生看懂形象逼真的图画。教学中要十分注意图和文的关系。图是客观事物的形象描绘，文是对客观事物的文字记载。看图，是通过观察图画了解客观事物，可以培养观察事物的能力。学文，是通过语言文字了解客观事物，可以培养阅读能力。无论观察或阅读，都是为了了解客观事物。因此，图与文相联系，可以使学生加深对客观事物的具体了解。

小学生看到美丽的图画，就迫不及待地要弄清图画的具体内容是什么。教师应该因势利导，从看图入手引导学生学习课文。看图时要求学生能分辨画了些什么，是什么样的，各自在什么位置。要有意识地把图上没有明显表达出来的内容留下来，让学生通过学文来了解。学文的时候，要求学生借助汉语拼音，对照图，了解课文讲了一件什么事，而不必要求学生把图上没有明显画出来的内容说出来，更不要把文放在一边，让学生从头到尾详细地讲述图意。如果把讲图意这个教学步骤插进去，会占用很多时间，压抑了学生学文的积极性。一开始让学生详细地叙述了图意，到学文时就会感到淡而无味，甚至会使学生觉得课文还不如自己讲得更具体，更详细，学生对学文就不感兴趣了。

单幅图的看图学文，在学文的时候，要在读全文的基础上，选择有关的段落作为重点，和图上的某一部分相互对照着学习。

譬如，《颗粒归公》这篇看图学文的图画画的是泥人张的一个泥塑，一个小弟弟双手捧着从地里拾来的麦穗，高高地举着，几只鹅正伸长脖子，望着他手里的麦穗，嘎嘎地叫。这幅图重点描绘了课文的第三段内容。讲这一段时，“嘎嘎嘎地叫”“盯着”“往上扑”“左躲右闪”等词语，都可以利用图来讲解。让学生看着图上小弟弟高高地举着篮子着急的样子，也能加深理解“这是队里的，不给你吃”这句话的意思。

多幅图的看图学文，要了解每幅图上画了什么，还要注意这幅图和另一幅图的比较，有哪些地方是一样的，又有哪些地方不同。

现在以《小白兔和小灰兔》这篇多幅图的看图学文来着重谈一谈。

《小白兔和小灰兔》给学生讲了一个有意思的故事：老山羊把自己种的白菜送给两只小兔。小灰兔要了白菜，小白兔却要了菜籽。后来，小灰兔很快就把白菜吃光了，小白兔种下菜籽收了许多白菜。故事告诉学生要热爱劳动，不能等吃现成的东西。这篇看图学文有四幅图，四段文字。教学时大致可以这样安排。

第一步，初步观察这几幅图画的主要内容，大致了解课文的主要意思，对图画和文字有一个整体认识。可以采取让学生一边听教师范读课文一边看图画的方法。多幅图的看图学文，每一幅图画都有相应的一段文字说明。教师朗读课文时速度稍慢一些，每读完一段要适当停顿，使学生能回味一下，能对照图画想一想相应的课文内容，使图画和语言对上号。让语言帮助他们观察，从而了解这几幅图画说的是什么。教师这样做，学生是很高兴的，他们仿佛觉得是在一边看图画一边听故事，比较容易地把几幅图画联系起来，从整体了解了这几幅图画的意思，同时也大体知道了课文的内容。

第二步，结合词句训练，进一步引导学生观察图画，具体了解每幅图的主要意思。在指导学生观察图画的时候，要和理解课文里的词句结合起来。理解了课文中的一些主要词句，可以帮助学生更准确、更深入地观察；观察得越准确，越深入，对课文就能理解得越正确，越具体。词句训练是低年级的基本功。低年级看图学文的教学，要着重把词句训练和观察图画的训练结合起来。

《小白兔和小灰兔》的第一幅图上画着一只老山羊和两只小兔，老山羊送给小灰兔一车白菜，也给了小白兔一包菜籽。课文在介绍这幅图画时说：

> 老山羊把自己种的白菜送给他们。小灰兔拿了白菜，说：“谢谢您！”小白兔不要白菜，说：“我想自己种，您送我一些菜籽吧。”

老山羊送给小白兔一包菜籽。

“自己”一词在这段课文里出现了两次，前一次说明了图画上那一大车白菜是老山羊“自己种”的，后一次说明了小白兔要菜籽的原因是要“自己种”。要帮助学生具体地理解“自己”在这段课文里的意思，同时要注意启发学生观察图画，认识画面上各事物之间有什么关系。

教师可以这样提问学生：“图画上这一车白菜是哪儿来的呀？你怎么知道的呢?”这个问题促使学生一边看图画，一边读课文。学生注意到课文上的这句话：“老山羊把自己种的白菜送给他们。”这时学生看看这幅图，明白了图画上这一大车白菜是老山羊自己劳动的果实。这样观察图画，阅读课文，进行思维，学生自己找到了问题的答案。他们理解了“老山羊把自己种的白菜送给他们”这句话的意思，特别体会到这句话里“自己”一词的含义。

教师再帮助学生用这样的方法去想一想：“小白兔为什么不要白菜，要菜籽?”学生比较自觉地到课文的词句中去找答案，再对照看看图画，他们懂得了小白兔不愿等现成的东西，它爱劳动。学生说：“小白兔心里想老山羊老了，我可不能拿他的白菜，白菜要留给他自己去吃。我要像老山羊一样自己回去种，等白菜长大了，我可以送给老山羊，还可以送给小灰兔吃。”学生理解了小白兔为什么向老山羊要菜籽，体会到“自己”在这段话里的意思。

这样通过看图更深入具体地理解课文中重要词句的意思，学了课文再看图，学生感到画面上的几种事物就不是彼此孤立的，而是紧密结合在一起的。这样，学生对每幅图画和相应的文字内容，理解又深入了一步。

第三步，注意从几幅图画的联系之中帮助学生认识事情的经过。多幅图的看图学文，就像连环图画。观察图画，要注意引导学生看看画面上的内容各有什么不同，从而体会事物是怎样变化的。

从《小白兔和小灰兔》的第一幅图画看，小白兔要了一包菜籽，小灰兔要了一车白菜。到了第二幅图画上，小白兔把菜籽种下去了。到第三幅图画上，小灰兔快把白菜吃光了。最后一幅图画上，小白兔收了许多白菜，挑了一担给老山羊送去，小灰兔一车白菜全吃光了，拉了空车又去要。看这四幅图，要注意这些变化。

有的教师抓了三个对比，帮助学生通过观察图画理解事物的变化。

第一个对比，是在观察第一幅图画、学习第一段课文的时候，教师让学生看看老山羊给了小灰兔什么，小白兔向老山羊要了什么。引导学生初步体会小白兔为什么不要白菜要菜籽。究竟自己种有哪些好处呢？教师还必须引导学生进一步去体会。教师问："小灰兔看到小白兔不要白菜只要了一包菜籽，为什么挠挠腮，睁大了眼睛呢？"学生说："小灰兔很奇怪，心想小白兔为什么喜欢菜籽呢？"问题提出来了，但并没就问题讨论，而是引导学生进行第二个对比。

第二个对比，是在学习第二、三段课文，观察第二、三幅图画的时候。教师先让学生看看小白兔拿到菜籽以后是怎样做的，注意课文是怎样说的。学生读了描写小白兔种菜的那段话。他们说："小白兔回到家里，把土翻松了，种上菜籽。""她常常给白菜浇水，上肥，拔草，捉虫。白菜很快地就长大了。"教师抓住"常常"这个词，让学生体会"常常"在这句话里的意思，学生说："常常就是经常，几乎是每天。"

教师又引导学生体会："这说明小白兔怎么样？"学生说："小白兔很勤劳。""小白兔很爱劳动。""小白兔不怕累，不怕苦，认真地种白菜。"教师问："结果呢？"学生说："小白兔种下的菜籽长成了很多大白菜。"教师又让学生把第二幅图画和第三幅图画对比起来看看，小灰兔拿到白菜以后怎么样。通过比较学生看出："小灰兔很懒。"教师又让学生把第一幅图画和第三幅图画对比看看："老山羊给了他多少白菜，现在还有多少，为什么？"学生很快体会到："小灰兔好吃懒做，有了白菜就不干活了，天天吃，天天吃，一大车白菜很快就吃光了。"

图画可以直接地反映出事物的变化，启发学生观察画面上事物的变化，就能帮助他们了解事物是怎么发展变化的。

教师又注意抓了第三个对比，这是在观察第四幅图画，学习最后一段课文的时候。教师让学生看看图画，提问："小白兔挑着一担白菜去干什么？小灰兔拉着空车去干什么？"学生看看课文回答说："小白兔把自己种的白菜去送给老山羊，小灰兔把老山羊给的白菜吃光了，又去向老山羊要。"这是事情的结果，怎样引导学生从这个结果进一步认识"自己种"的好处呢？教师说："你们想，小灰兔看到小白兔挑着一担白菜，他想什么呢？"学生说："小灰兔很奇怪，小白兔哪儿来的这么多的白菜？""小灰兔想小白兔不是没要白菜要了菜籽吗？哪儿来的这么多的白菜呢？"教师就此引导学生展开了讨论。教师说："小灰兔就问小白兔，你的白菜哪儿来的？小白兔是怎么回答的呢？"学生看着课文念道："小白兔说：'自己种的。只有自己种，才有吃不完的菜。'"这句话是课文中很关键的一句话，要引导学生理解这句话的主要意思。教师说："你们把这几幅图连起来看一看，想一想，为什么只有自己种，才有吃不完的菜呢?”学生把小白兔和小灰兔的表现一步步进行对比。那三个对比，帮助学生理解了这句话，学生说：“自己种，自己劳动，才能有吃不完的菜。”“如果不劳动，光是大口大口地吃，再多的菜也要吃光的。只有自己劳动，把菜籽种下去长出许多白菜，才有吃不完的白菜。”劳动的抽象的道理，通过这个故事具体反映出来了。由于在看图学文时注意把几幅图联系起来对比着观察，使学生比较顺利地逐步认识到事物是怎样变化的，从而一步一步由浅入深，具体地感受到了劳动的重要，也就理解了图画和课文共同表达的主要意思。

第四步，在看图学文的过程中重视朗读训练。学生朗读课文时，脑子中应浮现出画面的内容，语气中应该读出思想感情。有些画面难以表现出来的意思，要通过朗读课文让学生来体会。就在学习最后一段课文的时候，教师让学生体会小灰兔见到小白兔挑着一担白菜时的心情，教师说：“小灰兔很奇怪，所以他的眼睛怎么样呢?”学生说：“眼睛睁得大大的。”教师启发学生读时也应惊奇地睁大眼睛问。学生很自然地把小灰兔惊讶的神态读了出来。小白兔回答说，这白菜“是自己种的，只有自己种，才有吃不完的菜”。怎么启发学生体会小白兔当时的思想感情呢?教师又让学生观察图画上小白兔的神态，有的学生说：“小白兔拍着胸脯，很神气。”教师说：“是挺神气，但是并不骄傲。她拍胸脯说这是我自己种的。小白兔看着这些白菜，心里感到怎么样?”学生说：“她很高兴。”“很自豪。”教师说：“对，自己劳动很光荣，值得自豪，但并不是骄傲。谁来试试，把这种语气读出来。”学生一边看图，一边想象小白兔的样子，脑子里浮现出一幅生动的画面，他们觉得自己就是那只小白兔，真正尝到自己劳动的快乐，学生有感情地朗读反映他们已经体会到文章的思想感情。

在看图学文时要注意训练学生一边读课文，一边观察图画，脑海中浮现出画面的形象。抽象的文字变成形象的画面，学生也就具体地了解到课文的内容，具体地领会到文章的思想感情。

看图学文和看图说话

看图学文和看图说话的要求是不一样的。看图说话是通过指导学生观察图画，认识事物之间的关系，自己选择恰当的语言叙述画面的内容以及对图画意思的理解。它是为了培养学生的观察能力、思维能力和表达能力。看图说话和看图学文都要观察图画，无论理解还是表达都必须对客观事物进行观察。观察是理解和表达的前提。培养理解语言文字的能力和培养运用语言文字的能力都要与培养观察能力结合起来。训练观察能力是看图说话和看图学文的共同任务。但看图说话是从观察能力到表达能力的训练，看图学文是从观察能力到理解能力的训练。训练要求不同，是最主要的区别。

我们在指导学习看图学文的时候，很容易把看图学文教成了看图说话。要避免这种现象的产生，应当注意以下几点。

第一，指导学生观察图画时，要明确这是为了看懂图画的意思，而不是把图画上的内容系统地说出来。

教师在指导学生看图时要提出理解图画意思的具体要求，然后通过回答问题看看学生对图画的意思理解了没有。比如，学习《小白兔和小灰兔》观察第三幅图画时，教师可以这样要求学生："老山羊给了小灰兔多少白菜，现在还剩多少，为什么?”然后用这个问题检查学生观察图画时是不是理解了这幅图画的意思。如果不能从图画的主要意思提出观察的任务，只是让学生看看这幅图，把图画的内容用自己的话说说看，这就成了看图说话了。看图学文与看图说话之间的区别，首先是训练要求不一样。指导思想明确了，两种形式就区分开了。

第二，指导看图的时候，教师要有意识地用课文里的词句引导学生理解图画，而不要用很多别的话来详细叙述。

有时教师可以直接要求学生用课文的词句回答问题，促使学生图文对照，学习观察的方法。譬如学习《小白兔和小灰兔》，观察第一幅图画时，教师问学生：“图画上这一车白菜是哪儿来的，课文是怎么说的?”要求学生用课文里的词句回答。有时教师可以让学生找出介绍图画意思的相应的词句读一读，然后来了解画面的主要内容。譬如看第二幅图时，让学生想想“小白兔要了菜籽以后是怎样做的”，再让学生“看看课文是怎么说的，找出来读一读”。学生读了第二段话，教师再抓住“常常”一词，帮助学生把这段话的主要意思概括出来，学生也就把画面的主要内容抓住了。有时提出了问题，学生回答得不错，还可以让他们再找到课文中相应的内容读读，印证一下，加深体会。有时学生回答不准，也可以让学生读读课文。总之要设法缩短学生的观察和课文作者的观察之间的距离，尽量用课文里的词句观察图画，这样不仅有利于理解课文中的词和句，而且有助于学生领会作者观察事物的方法。

看图说话的训练重在观察之后如何表达，要求学生运用自己掌握的语言，尽量说具体，说得有条理。表达的方式，用哪些语言表达，都由学生自己去选择，鼓励学生在这方面开动脑筋。

第三，看图学文不要求看着图画叙述课文的内容。

当快要学完进行总结的时候，有些教师为了帮助学生理解课文的主要内容，让学生看图叙述课文的主要内容，这也近乎看图说话。教师可以将口述图画内容改成朗读课文，想象画面。譬如学完《小白兔和小灰兔》，教师可以让几个学生分别朗读课文的一段，一段一段接下去读，学生可以听朗读看图画，体会每幅图画的意思、几幅画的内容。也可以让学生看课文，想象这几幅图画。这样达到看图学文发展形象思维能力的训练目的，也使学生熟悉这种理解课文内容的方法。

看图学文这种形式，如果在教学中处理得好，能够有效地发展儿童的思维和语言。教学方法的主导思想在于处理好形象的图画和抽象的文字之间的关系，随时注意图文结合。低年级看图学文教学要着重在两个环节上下功夫：一是用图文结合的办法指导学生理解词、句的意思，使学生在读词、句的时候，脑海里浮现出具体形象的图画。二是用图文结合的办法指导学生了解事物之间的关系，从事物活动的顺序或事物之间发生什么问题来理解图画和课文内容，使学生初步学习用这样的方法来观察事物，阅读文章。

怎样进一步培养观察能力

中年级的看图学文，该怎样在低年级基础上进一步培养学生的观察能力、理解能力和思维能力呢？中年级语文学习的重点是段的训练，看图学文的学习也要体现这个重点。到了中年级后期，语文学习的重点逐步向篇的训练过渡，这时的看图学文也要体现这个重点。由于这样的重点，理解课文要在初步了解全篇大意的基础上，把注意力放在段落特别是重点段的内容理解上，对词和句的训练仍要十分重视，要加强朗读和默读训练。观察能力的训练要在分辨事物的方位及现象的变化的基础上，要求更仔细地观察，抓住事物的特点，并且初步学习展开联想，发挥想象，发展学生的思维。

这里以一篇看图学文《荷花》为例，来说说怎样进一步培养观察能力。

在看图的时候，像低年级一样，要看清图中有哪些事物，它们是在怎样的位置上。请看以下一段课堂教学实录。

师：今天，我们上第 25 课看图学文《荷花》，请同学们看图，图上画的是什么？

生：图上画的是白荷花。

师：由下往上看，图上画了些什么？（指图）

生：图上画了荷叶。

生：图上画了一朵盛开的荷花。

师：仔细看看，根据荷花开的不同程度，可以分成几种类型？（指点不同类型）

生：可以分成四种，第一种是花骨朵儿，第二种是就要开的，第三种是已经开出两三片的，第四种是已经看到小莲蓬的。

师：看得很仔细。有未开的花骨朵儿，有刚开的，还有全开的。全开的已经看到了什么？

生：看到了花蕊。

师：荷花的花蕊长大了，就变成了什么？

（指图）

生：变成了莲蓬。

生：莲蓬里结出来的果实就是好吃的莲子。

师：是啊，所以一般荷花也叫莲花。（指图）再看看，还画着什么？

生：还画着在天空飞舞的蜻蜓。

师：（指图）水中呢？

生：水里还有快活地游来游去的小鱼。

在这段指导学生观察图中事物的位置时，教师并没有让学生用整段话来叙述图意。这样可以避免学生过早地试着背诵课文中的语句，这个做法是正确的。教师指出“从下往上看”是告诉一个观察点。这个方法在某些必须明确观察点的图画时还可以加强一些。让学生仔细看，把荷花分为几种类型，这样的指点，一方面是指导学生观察事物的方法，归纳现象思维方法；另一方面为学习课文打下思想基础。这样做也是正确的。至于课文中那些提到的事物，教师都给指出它们的位置，这样便可以构成一幅完整的画面。

其次，在初步了解整个图画的形象以后，对中年级学生来说，要指导他们学习抓住事物的重点。教师根据《荷花》的特点是这样引导的。

师：这篇文章一共分五段。你们看哪几段是写荷花静的姿态，哪几段写荷花动的样子。

生：第一、二、三段写的是荷花静的样子。

生：第四、五段写的是荷花动的样子，也是作者的想象。

师：这样看来，课文可以分成几个部分？为什么？

生：课文可以分成两部分，第一部分写荷花静的样子，第二部分写荷花动的样子。

生：也可以说第一部分描写荷花的美丽，第二部分写作者看荷花引起的想象。

师：归纳得很好，现在我们来看看作者是怎样描述荷花的。请默读第二段，想一想，作者是按照怎样的顺序，分几个层次描写荷花开放的不同姿态。

生：（默读课文）

师：好。谁能说一说？

生：作者先写碧绿的荷叶，再写开放的荷花。

师：荷花又按开的不同程度，分成几种类型写？

生：分成三种，第一种才开的，第二种全开的，第三种是还没有开的花骨朵儿。

师：荷叶是什么样儿的？（指图）

生：（读课文）

师：荷花是什么样儿的？（指图）

生：（读课文）

这篇课文的叙述，是先写静态中的荷花，再写动态中的荷花。教师指导学生仔细观察图画，在初步了解画面上的形象以后，就紧接着指导学生展开联想。这位教师是这样指引的。

师：（出示小黑板）请大家比较一下，哪一句写得好，为什么？

1. 荷叶很多很大。

荷叶挤挤挨挨的，像一个个碧绿的大圆盘。

2. 有的荷花全开了。

有的花瓣儿全都展开了，露出嫩黄色的小莲蓬。

3. 有的荷花还没有开。

有的还是花骨朵儿，看起来饱胀得马上要破裂似的。

生：下面一句写得好。上一句先写很大，很多不具体，什么样子没写出来。用了“挤挤挨挨”，我们就看到了很多荷叶密密层层地靠在一起，连成一片。

生：把荷叶比喻成“碧绿的大圆盘”，把颜色和样子都写出来了。

师：我们平时说话，写文章，往往只会用前一种句式，不形象，不具体。你看书上写得多好，作者用了哪些词语呢？

生：荷叶多，他用“挤挤挨挨”。

师：但是句子里没有一个“多”字。

生：荷叶大，比作“碧绿的大圆盘”。

生：“展开”用得好。我们好像看到了荷花开放的样子。“露出小莲蓬”说明荷花开得大。

生：“饱胀”“破裂”用得好，花骨朵儿急得不得了，再也关不住，要冲出来似的。

生：它们在比赛，一朵比一朵开得美。

师：是啊，课文写得多好，我们再读读。

从这位教师的课堂教学来看，在指导学生观察的时候，是分为三步来引导学生的思维的。第一步，指导学生观察图画上有哪些事物，它们的方位怎样，这是低年级学生已经学习了的，现在加以复习巩固；第二步，指导学生抓观察重点，这是低年级后期和中年级前期都正在学习的，也要加以复习巩固；第三步，指导学生从画面形象展开联想，这是中年级要进行的观察训练，中年级后期尤其要加强训练。这样指引的思路，反映了教师的思路，也正是体现了课文作者的思路。中年级后期的看图学文，这样的做法是可行的。

怎样进一步培养理解能力

如何进一步培养学生的理解能力，要在观察的基础上发展学生的思维。理解能力的强弱，一方面体现在词、句、段、篇的理解，另一方面体现在文字所表现的内容的理解，这二者是不可分割的。而二者的内在联系，便是学生的思维。因此，必须十分重视对学生加强思维训练。

我们试看一位教师是怎样启发学生思维的。

师：你从哪里看出作者深深被荷花吸引住了，看入了迷，看出了神？

生：（读）看看这一朵，很美，看看那一朵，也很美。如果把眼前的这一池荷花看作一大幅活的画，那画家的本领可真了不起。

师：一池的荷花怎么会变成一大幅画，怎么会“活”起来？

生：因为荷花实在太美了，他看入迷了。

生：因为他看着看着，一阵风吹过，荷花摇动起来，好像一群仙女跳起舞来了，看上去好像荷花活起来一样。

师：是啊，作者自己也好像跑到图画中去，变成“画中人”。

生：如果不是看入了迷，自己就不会变成荷花。

师：荷花的多、荷花的美，引起了作者的联想。作者对荷花的想象也不是凭空的，作者看到什么？是怎样想的？请××再读读第四段。

生：（读第四段）

师：谁能说说这段课文分几层意思写了荷花动的样子。

生：分五层意思写：第一层，在阳光下，荷花站立着；第二层，风吹来，荷花摇来摇去像迎风舞蹈；第三层，风停了，荷花又不动了；第四层，蜻蜓在天空飞；第五层，小鱼在水里游。

教师抓住了课文第三段的一句话：“如果把眼前的这一池荷花看作一大幅活的画，那画家的本领可真了不起。”这句话是联系静态的荷花和动态的荷花的。教师抓住这个起着“过渡”作用的句子，让学生自己自觉地提出这句话来，又抓句子中“活”这个词让学生理解、体会，这是很生动的词和句的训练，既注意了文字的理解，又抓住了内容的理解，在体会文字与内容的内在联系中，发展了思维，引出了“看入了迷”“看出了神”的思想感情来。

紧接着，教师抓住学生活跃着的思维，进一步分析第四段，让学生讲一讲有几层意思叙述荷花动的样子。这样做，是在指导学生运用自己的思考力，进行逻辑思维的训练。

有了这样的思想基础，教师进一步发展学生的思维，把重点放在启发学生的想象上。请看这位教师是怎样指引的。

师：荷花这些动态，又引起作者怎样的想象呢？（指图上的荷花）

生：作者觉得自己变成了一朵荷花。

师：（指花瓣）花瓣——

生：变成了雪白的衣裳。

师：风吹来——

生：荷花迎风摆动，像在舞蹈。

师：什么叫舞蹈？

生：舞蹈就是跳舞。

师：荷花怎么会跳舞呢？

生：风吹来，满池的荷花摇晃起来，好像跳舞一样好看。

生：风吹来，荷花动起来，花瓣儿像两只小手，时而向上，时而向下，像跳舞一样。

师：说得好，蜻蜓和小鱼变得怎样了？（指图）

生：蜻蜓和小鱼好像会说话了。

师：你能想象蜻蜓说了些什么话吗？

生：蜻蜓飞来说：荷花姐姐，你好！我一早飞出来，就闻到了你的清香，我顺着清香找到了你。你多么美丽啊。

师：小鱼怎么说呢？（指图）

生：小鱼游出水面，对荷花姐姐说：荷花姐姐，你早啊！昨天晚上我做了一个梦，梦见咱们荷花池里正在开音乐会呢。

生：小鱼说：昨天晚上我做了一个梦，梦见一群幼儿园的小朋友来看望你，他们都说你那雪白的衣裳真漂亮。他们也说我漂亮，我听了高兴极了。

师：想象得真美，我们看看图，读了课文以后，好像自己也——

生：好像自己也变成了一朵荷花，站在池子里跟大家一起迎风舞蹈。

师：对了。让我们带着这样的感情，一起再来读读第四段。

这样的想象，是建筑在对实物进行观察的基础上的。如果脑子中没有事物的形象，并且对这些形象没有比较深入的了解的话，是无从展开想象的。一切想象都必须以实物为依据。脱离实物的想象是不存在的，即便是神话、幻想都如此。从这里我们可以得到启发，要发展思维必须十分重视观察，细致地、具体地观察，要把观察的基本功打扎实，才会更有利于发展思维。看图学文这种课文类型正起着重要作用。

在训练观察能力的同时，必须针对语文课的特点，紧紧扣住语言文字。要在指导学生观察的时候，多多学习运用课文中的词和句。这段课堂实录，充分说明了教师是抓住了词句训练来训练观察能力的。由此可见，理解能力的加强、提高，必须要同时加强观察能力的训练。在训练观察能力的同时，加强思维训练，并学习运用刚学过的词和句，一边体会，一边加深理解。观察能力、思维能力和理解能力便这样相互作用，相互促进。

从这个例子来分析，教师的教学，如果能够从看图入手，再进入学文，又进一步深入观察，再从有感情的朗读来体会文字，这对中年级来说，这样的教学方法是符合儿童实际的。

加强观察能力的训练，同时发展思维

高年级的看图学文有什么特点？它在培养学生语文能力上着重起什么作用？该怎样进行教学？这是我们要具体了解的问题。

有的教师认为，具体、形象的图画无非用来帮助学生理解课文。如果停留于这一点，那么，到了高年级，看图学文就成为可有可无的了。事实上，看图学文里的图画并非插图，它与课文有着同等重要的地位。高年级的看图学文，也不是一般的美术欣赏，而是进一步培养学生的观察能力。观察是理解和表达的前提，到了高年级，为了提高学生的读写能力，需要加强观察能力的训练，同时发展学生的思维。

这里以一篇看图学文《伏尔加河上的纤夫》为例。

这是 19 世纪俄国画家列宾的一幅名画，课文是这幅油画的简单介绍。列宾多年观察伏尔加河上纤夫们的生活，更深刻地认识到俄国社会的黑暗，课文作者把这个认识简略地表达出来。图画与课文相互对照，对图画的观察可以促进对课文的理解，有助于培养学生的理解能力；对课文的理解又加深对图画的观察，有助于培养学生的观察和思维能力。

《伏尔加河上的纤夫》是世界闻名的美术作品，含意深刻，饱含了画家深沉的思想感情。课文作者体会得比较真切，介绍得比较具体。教师可以根据课文指导学生观察图画，帮助他们体会这幅画的含意，体会画家的思想感情。因此，读课文的时候，不仅要让学生能够了解它的内容，而且应该从中体会课文的叙述重点，要了解课文有哪些语句是着重用来叙述画面，并恰如其分地表达真情实感的。

画家列宾于19世纪60年代在涅瓦河上游历，纤夫的苦难生活使他受到触动，他画了一些速写，记录了纤夫的悲惨生活片段。1870年，他到伏尔加河去旅行，认真体验了纤夫的生活，画了大量写生。经过十几年苦苦思索，反复设计，到1873年完成了这幅闻名世界的作品。画面以美丽的伏尔加河为背景，衬托着十一个衣衫褴褛的纤夫，沉重的货船、无情的纤绳，捆绑着来自俄国社会底层的穷苦人。远处依稀可见的一艘轮船在行驶，近处苦难的纤夫在呻吟，在挣扎，在反抗。画面上的每一笔都是精心描绘的，都是为了揭露俄国沙皇统治的罪恶，抒发画家的思想感情。

在看图与学文的过程中，教师要启发学生展开想象，使学生的脑海中能够浮现出沙皇俄国时代劳动人民悲惨生活的情景来，并认识到沙皇统治下俄国社会的黑暗。这是一项重要的思维训练。这个思维训练是在观察图画和学习课文的过程中展开的。要以思维训练为核心安排学生观察图画、学习课文，引导学生自己发现画面上各事物之间的内在联系，指导学生自己体会词句段之间的联系。

教师的指引，反映了教师的思路

明确训练要求，该怎样达到这个要求，有的教师自己已经有所体会了，希望学生学起来顺畅些，往往采用直接向学生讲授的方法，告诉他们图画上画的什么，课文里讲的什么。可是学生没有自己动脑筋，没有经过自己的探索，即使从教师的讲解中得到一些印象，仍然没有真正理解。他们只是听的时候似乎明白了，一离开教师的讲解又糊涂起来。教学效果并不理想。已经是高年级学生了，教师可以给他们安排怎样观察、怎样理解的路子，启发他们自己去学习。教师的指引，既不是由教师取而代之，也不是听凭学生去盲目地乱碰。

教师的指引反映了教师的思路，反映了教师是怎样理解图画和文字的。从教师自己的理解到怎样指引学生理解，还必须根据具体的图画和课文，必须扣准学生的实际水平。只有这样的思路才是切合教学需要的。教师要假设自己是一个高年级学生，看这幅图画的时候，可以大致了解画面上的内容，但要看懂图画里面的含意，体会画家的思想感情，会感到有一定困难。这便是教师在指引时要认真考虑的地方，要把这个难点的克服安排到自己的思路中去，有计划地指引学生。

比较准确地测定起点

高年级的看图学文是在低中年级基础上进行训练的，训练的起点应当高于低中年级。如果仍旧按低中年级起点开始，教学过程会延长，教学速度要减慢，教学力量会分散，教学重点会模糊，学生的学习兴趣会减弱，积极性会降低，从而影响教学效果。

怎样比较准确地测定这个起点？主要措施之一是加强预习的指导。教师要根据训练的要求，提出预习的问题，布置学生预习。我们要看到，经过低中年级的训练，学生观察图画和理解课文的能力已经有了不同程度的提高。当然，不同的班级，不同的学生，他们的具体程度会因基础的不同出现差异。基础差，起点就可以低一点，基础好，起点可以高一点。但也不能等到起点高了才开始提出高年级的训练要求，我们可以在训练中逐步提高起点。指导学生预习，实际便是让学生运用自己已经具备的知识和技能去实践。他们在自学的时候，也会自己把起点提高一步的。

比如说，有位教师在教《伏尔加河上的纤夫》时，布置学生预习的问题是：要求学生看看图画，读读课文，把图画和课文对照起来，说说这篇课文是分为几段来介绍图画的。这样布置预习的目的是希望学生抓住图文之间的密切联系，提示课文是对图画的介绍。学生一边读课文一边看图画，就便于摸到课文作者的思路。给课文分段，可以把观察图画和阅读课文的训练步骤初步落实下来。

教师布置的预习应该是问题明确、突出，又是学生力所能及的，这样，学生便乐于进行指定的预习。教师要检查预习的情况，根据学生理解课文的程度，确定课堂教学的起点。譬如，这位教师在检查学生预习情况时，提问一个学习成绩比较一般的学生，他能够正确地说出课文里的三段都着重介绍了什么内容。教师发现全班的意见都比较集中，基本正确，已经大体了解了图画和课文的内容，他便确定了自己的教学起点是引导学生去体会图画和课文的思想感情。这说明学生在预习中已经发挥了他们分段的技能，通过分段理解了文章的内容，又初步看懂了图画。学生经过自己预习中的努力，提高了学习的起点，教师可以让学生站在这样一个起跑线上，向新的目标进发。实践证明，学生的情绪是振奋的，积极性很高，整个教学过程有了一个良好的开端。

认识事物要注意抓住特点

在《伏尔加河上的纤夫》这幅画中，列宾精心描绘了十一个纤夫的形象。每个纤夫都有自己的特点，课文抓住了人物的特点，用恰当的文字作了介绍。认识事物要注意抓住特点，这是培养观察能力的重要方法。小学生在观察的时候，也能感觉到事物有它的特点，但是具体的特点在哪里，却不容易作出准确的判断。图画上事物的特点是很具体的，怎样把这个具体特点用文字表达出来，对小学生来说，又是比较抽象的。学生既然自己难以准确判断事物的特点，他们就要通过理解别人的判断来帮助自己形成正确的认识。这样，把观察图画和理解文字结合起来，就提高了思维能力。譬如，这幅画上画了一个年轻力壮的小伙子。课文在介绍他时说："他使着蛮劲向前拉，往上凝视的目光充满了诅咒和抗议。"为什么用了"蛮劲"来显示出他的诅咒和反抗精神？学生在观察图画时，确实感到这个小伙子有点儿特别，但是他的特点是什么，学生又说不准。课文说他有股"蛮劲"，什么是蛮劲，学生理解起来有困难。于是让他们去查字典。字典里对"蛮"字的解释是"粗野，凶恶，不通情理"，也解释为"横蛮，愣"。拿这个小伙子来说，他身上到底是一股什么样的劲，学生还是判断不准。有的说是横蛮的劲，有的认为是愣劲。理解不了"蛮劲"，就难以理解这个小伙子身上蕴藏着的反抗精神，就难以看懂这幅图画。事物的特点是事物本质的透露，这个词很能帮助理解这个小伙子的思想感情。

有位教师是这样引导学生理解"蛮劲"的含义的。她先让学生看看画上的小伙子，他的神情怎样，再读读课文是怎样介绍他的特点的。学生说：“这个小伙子的目光和别人不一样，他的目光里好像是充满了诅咒和抗议。”这个学生已经在把课文中抽象的词“诅咒”“抗议”和图画中的具体的“目光”联系起来。教师接着让学生说说“诅咒”这个词是什么意思，字典上是怎样解释的。学生在预习时查过字典，大体能说出这个词的意思。教师再问：“再看看他的目光，他在心里诅咒什么？抗议什么？”学生在以前已经初步懂得外表和内心，初步掌握由表及里地观察人物特点的能力，有的说：“他恨透了这个社会，觉得它太不公平了，心里又气又恨，骂它，咒它，盼它快完蛋。”有的说：“他看到这个社会这么不公平，一肚子的火。他恨透了这个万恶的社会。他心里一个劲在诅咒这个黑暗的地方，恨不得一拳把它砸烂。”这样，“诅咒”这个词就具体化了，也逐渐体会到人物的内心。有了这个基础，可以进一步再从人物的内心去联系人物的行动。教师接着问：“把他心里的想法和拉纤的姿势联系起来看，他身上憋着一股什么样的劲？”学生一下子看出来了，纷纷要求发言，有的说：“他有一股子反抗的劲，憋得足足的，身上的肌肉一块块鼓起来，好像也充满了这股劲。”有的说：“他恨透了这个社会，一心要摆脱这种苦难的生活。他身上憋足了劲，要砸烂这个万恶的社会，走向新的生活。”教师问他：“你怎么看出来的？”学生回答说：“他身体结实有劲，拼命拉着纤向前拽。那样子像发怒了的牛一样向你冲过来。看他这劲憋得足足的，好像他能拉断这纤绳似的。”学生们的回答具体说明他们已经进一步理解了“蛮劲”这个词语的含义，同时也加深理解了这一人物的思想感情。最后教师指定学生有感情地朗读课文中描写这个青年纤夫的那段话，大家一边听朗读一边欣赏图画，让学生随着课文的语句再观察，再思考。这种从图画到文字，又从文字到图画，再进一步联系文字，并结合着进行观察、思考的方式，逐步提高了学生的观察能力和理解能力。

经过这样的启发诱导，学生可以去自学了。譬如课文在介绍一个少年纤夫时说："他拉了一下把他的肩膀勒得发疼的纤绳，好像要摆脱这种与他的年龄很不相称的重荷。""重荷"这个词学生是第一次见到，他们查字典知道是"沉重的负担"，但是不能满足于此，还要让学生体会这个词在这里的具体意思及作用，要通过词语来理解文章，体会文章里的思想感情。对学生来说，查了字典并不等于真正理解词义，它只是理解词义的初步，只是作为一个辅助手段，促使他们在工具书的帮助下再进一步读懂文章。学生对"重荷"的理解就不应该停留于"沉重的负荷，负担"，还应该理解："对于这个少年来说，为什么拉纤会成为沉重的负担，这样的重荷压在一个孩子身上为什么很不相称，反映了什么问题?"由于有了理解"蛮劲"的经验，学生便从少年瘦小的身子与沉重货船的对比，从右手用力拉了一下纤绳的姿势去观察，终于认识到："这样瘦弱的小孩也来拉纤，身上像压着一座大山一样，简直透不过气来！他的年纪也许和我们差不多，他的身体可比我们差多了。他不能念书，却被这纤绳给捆住了。这么重的活儿他怎么受得了，这样下去，用不了多久非把他压趴下不可。"从学生的谈话中可以看出，"重荷"不再是一个抽象的词，而是赋予许多具体的感性的东西，成为压在学生心头的一座大山，他们真正理解了图画，也和课文一样，体会到列宾的思想感情。综上所述，观察图画要注意抓住特点，理解课文要注意理解重点词句。词句是对事物特点的说明。抽象的词和句能反映事物的本质，高年级学生要加强由具体到抽象的思维训练。这一训练可以在看图学文中具体进行。

展开联想，发挥想象

看图学文中的思维训练，是培养学生自学能力的重要措施。高年级的看图学文，要侧重在从观察展开联想、发挥想象的训练。观察是人对客观事物具体的感知。联想和想象则是由观察事物的表象经过逻辑思维从而扩充对事物的认识。没有联想和想象，人的认识将停滞在表象上，很难有所发展。一切客观事物在人脑中最初的反映不过是一个静止的影像。譬如看《伏尔加河上的纤夫》这幅画，只是看看画些什么，而不去联想当时的情景，去想象那是一个什么样的社会，就理解不了这幅画的含意，不知道这里面包含着的思想感情，看过之后很难受到感染。

客观事物是按一定规律结合在一起的。画家通过自己的观察发现了这种联系，经过自己的思索把这种联系用具体的形象表现出来。课文则是从一个侧面反映了画家的思路。教师引导学生顺着这条思路进行思维，展开联想，发挥想象。这样的联想和想象，把学生带到图画的情景之中。学生仿佛亲临其境了，便产生了和课文作者所叙述的那种共同的认识与一致的感情。

看《伏尔加河上的纤夫》的构图，背景是美丽辽阔的伏尔加河，和近处苦难的纤夫形成了鲜明的对照；远处行驶的轮船和近处沉重的帆船又是强烈的对比。教师要抓住背景与主体之间的联系，轮船与货船的联系，启发学生的联想和想象。这种启发，往往是按着由整体到部分，再由部分到整体的观察步骤来进行的。

有的教师是这样做的。在开始教学课文时先朗读全文，听读看图，让学生对图画和课文内容有了初步完整的认识。接着提问学生课文分几步（几段）介绍了图画，每步介绍的是什么，开始从整体向局部过渡。而后学习第一段，重点观察画面背景有什么特点。这时教师找来一幅画面比较清晰，放大了的图画，让每个学生注意到那一艘既远而且小，很容易忽视过去的轮船。然后学习课文第二段，把这段作为重点，仔细观察十一个纤夫的特点。教学时让学生谈谈自己看过这些纤夫后的感觉，初步体会图画的含意。在这基础上再向学生简单介绍列宾创作的经过，指出这幅图画倾注了画家许多心血，引起学生对它的重视，促使学生进一步观察，用心体会。最后抓住画面背景与主体的对比，整体地看图画，深入认识事物的联系，进一步体会画家的思路。到了这一步，教师说："现在我们再来看看这幅图画，把伏尔加河和纤夫对比着看，你想到了什么?"学生埋下头去仔细观察画面，同时联系课文，默默地思考。过了些时候，他们纷纷举起了手。有的说："伏尔加河辽阔美丽，有钱人到这里一定要欣赏这里的风景，可是这些纤夫却没这心思，他们为了活命，为了一块面包，拉着沉重的货船，来来去去当牛做马，这美丽的风景和这苦难的生活太不相称了。"有的说："风景倒是挺美，可是纤夫的命运太悲惨了。老纤夫那么老了，可是没法养老，还得拼老命；病人生病早该休息了，可是不干活连一块面包也得不到，还得挣扎着干；小孩子该上学，可哪儿像我们，那么小也得卖苦力；农民一定是在乡下活不下去了，进城找活路又没有，也只好来拉纤。这个社会太坏了。"还有的说："远处有一艘轮船冒着烟正往前开，为什么不用轮船运货却让人拉呢?”这一下大家更热烈地议论开了，这个说：“资本家，亏本的事情不干。他们准盘算过轮船运货得花好些钱。让人拉呢，每个人给一块面包就得了，这当然便宜多了。资本家反正只管自己赚钱，不管纤夫死活。”那个说：“放着轮船不用，让人拉，资本家还像赶牲口似的在船上轰他们快拉，纤夫累死他们也不管，人的命还不如机器值钱呢!”学生们热烈地讨论着，不难看出，他们从画面背景与主体的对比之中，发现了事物的内在联系，他们仿佛顺着画家的思路，被这幅油画带到了19世纪70年代的俄国，学生的想象把静止的图画变成了活动形象，有了切实的感受，引起更深入的想象，作出了自己的分析与判断。这一系列的思维活动都环绕着探寻课文所叙述的画家的思路，进行得比较顺利。

处理好学生理解的过程

看图学文，既有图又有文，怎样处理好学生理解的过程，是教师必须认真考虑的事。过去，我们也注意到让学生掌握学习的过程。那时我们采用的方法常常是教师归纳为几个学习步骤，总结成几条，成为固定的程式。学生熟悉了这样的过程，课课老一套，往往很腻烦。其实，学习的过程就是学生在教师指导下从不理解到理解，从理解得比较肤浅到比较深入的过程。启发学生的思维就是使学生具体懂得应该怎样动脑筋。正像引导学生理解什么是“蛮劲”，学生经历了这个过程，每一步是怎样做的，怎样想的，心里都明白，但他们并不感到腻烦，因为他们要解决的是新问题。有了这个基础，再理解“重荷”就比较主动了。学生的思维是难以一下子和作者的思路合拍的，要靠教师的启发引导。当学生开始观察图画，看到那只轮船的时候，他们不过感到好奇：“咦，为什么远处还画那样小的一艘轮船?”这印象在学生脑子里闪了一下，很快又消失了。教师要抓住它，但不能立刻解决为什么要画轮船的问题。解决问题要有一个过程，要学生的认识经历一个由浅入深的变化过程。教师要促进这个变化，促使学生思维的自我运动。可以在观察画面的背景时，让每个学生都看清这艘轮船，注意它的特点，是在冒烟，在行驶。而后让学生再观察，再和帆船对比。新的联系唤起了旧的印象，旧的印象在新的联系中得到进一步发展。这个学习过程要学生自己动脑筋，自己去具体感受。如果学生没有真切的感受，无论教师讲得多么明白，便于记忆，学生可以背下来，但是不会运用。

正因为如此，教师启发学生开动脑筋，必须从学生的理解出发。如果教学过程脱离了学生实际，学生接受不了，就谈不到什么理解。

这里举几个例子，说明学生是怎样从自己的具体感受来加深对看图的理解的。

一个学生说：“我爸爸妈妈都是研究美术的，家里大小画册真不少。过去，我只看看画的什么，一张画看不上半分钟就翻过去了。学了这一课，我知道了该怎么欣赏图画，要根据画上的东西去联想，注意到每一个细节。这样细细领会，就觉得一幅小小的画就是一本很好的书。”

一个学生说：“过去看画，光看看画了什么。现在知道了，一幅图画也要表达一定的思想感情，跟文章一样。原来图画是没有字的文章。比如从纤夫的眼神深入进去联想他的内心，抓住细节想想当时的情景，这一看真有味儿。”

一个学生说：“过去看画，光看画上主要的，次要的根本不看，而且看画光是一样一样地看，数得出画上画了什么，就是联系不上，把一张画拆散了，看不出什么。现在懂得了要把画上的东西联系起来，对比着看，这一来就明白了。”

一个学生说：“过去看画展，常常是看上几眼再看看画题就完了，真是一窍不通。现在我知道了，要看看画上有哪些内容，也像读课文似的分清主次，主要的多看看，把主要的和次要的联系起来看看。看画和读书是一样的。”

一个学生说：“看一幅画不单是看看人物和景物，还要了解这幅画的思想感情，它要表现的意思。这篇课文就教给了我们一些方法。学习了这一课，我才懂得了‘欣赏’的含义。字典上说，欣赏是用喜爱的心情来领会其中的意味。学习这一课，我有这种感觉。本来我只喜欢一些好看的风景画和小动物什么的，对《伏尔加河上的纤夫》这幅画我并不喜欢，觉得它不美，没什么好看的。现在，我看明白了，这些穷苦的纤夫给我留下了深刻的印象。我和画家一样，非常同情他们，替他们感到不公平。这幅画使我懂得了很多事情，我很喜欢这幅画。”

要重视知识的运用

学生学了看图学文，初步理解了图画与课文的含义，体会到里面的思想感情，学到了一些欣赏图画和理解课文的方法。这只是理解了知识，还要重视知识的运用。

看图学文这种类型的课文在高年级课本中篇数不多，该怎样安排运用知识的训练呢？我们不要把看图学文孤立出来，要把它和其他课文联系起来。在高年级，看图学文的训练往往是与某个重点训练项目相一致的。譬如《伏尔加河上的纤夫》是要训练学生体会思想感情。这是高年级语文基本功训练的一个重要内容。看图学文不过是这项训练的一个措施，以后在其他课文中还要继续学习，逐步熟练地学会运用。

至于这篇《伏尔加河上的纤夫》，学生在学习后获得一些知识，仍然需要及时地加以运用。教师可以采取布置作业的办法让学生运用刚学到的知识。教师要出好作业题，题目与训练要求要相吻合。有的教师在学习《伏尔加河上的纤夫》以后，向学生布置了这样的一个作业："学习这一课，初步懂得了一点儿欣赏图画和理解课文的主要方法，把你体会最深的写下来。"学生用了一堂自习课便基本完成了。当然，这样的作业不是全班学生个个都能完成得很理想的。有的学生可能写得不错，有的学生可能写得很简单，这个现象是正常的。

这里摘录学生的几份作业片段，看看学生的发展。

学生甲："我看到画上有一个极小的黑点，原来是一艘开动的轮船，我想干吗要画轮船，为什么那么小啊？老师让我们把它和帆船联系起来看，我知道了，这么画说明当时有机器了，可是老板不用轮船拉货，用帆船让纤夫拉着走，老板反正不肯多花钱，用纤夫比用轮船赚钱，这说明纤夫不如机器而只是牛马，可见社会不公平。从这里我又得到一点儿启示，我们写作文应该像画画一样，写的每句话要有意义，要起到衬托主题的作用，不写废话。"

学生乙："这画把伏尔加河画得那样美，可是把纤夫画得那么悲惨，给人一种强烈的对比。让人更觉得沙皇太野蛮了，穷人真可怜。如果写文章也注意对比，那写出来的文章更会吸引人。

“这十一个纤夫，画得非常细致、生动，给人一种画活了的感觉，我们写文章也要这样，抓住要写的人物的特点，把思想灌进去，细致刻画人物的神态，也能把人写活了。”

学生丙：“这画画得很逼真，因此帮助我们了解了俄国当时的社会，画家出于对那些受苦受难的劳动人民的同情和对当时社会的不满画了这幅画。那十一个纤夫，画家抓住了他们的特征，具体细致地刻画了他们的外貌，各有特点。

“写文章也得这样，要有一定的思想感情，但这得是真情实感，在这个基础上再抓住人或事情的主要特点，形象地描写，表达出自己的思想感情。这样的文章一定既感人，又给人留下深刻的印象。”

学生的这种比较好的体会，可以让他们念给全班听。这将大大鼓励学生，大家都跃跃欲试。这时候，教师因势利导，布置第二个作业：“找一幅你最喜欢的图画，认真欣赏，理解画意，体会画家的思想感情。分小队布置画展，彼此介绍。在下一周作文课上为你的图画写一篇介绍。”学生十分活跃，有的跑到美术馆参观，有的四处搜集图画，他们在课余谈论着图画。作文课到了，学生把欣赏图画的知识加以运用的时刻到了。由于学生有了主动性，他们的作文也不用什么指导，完成得比较顺利。

看图学文这种课文类型，经过初步试验，它对读写能力的培养提高所起的重要作用，已显示出来。为什么能够产生这么好的作用？初步分析，可以得出这么几点：第一，有效地培养了学生的观察能力。观察能力的强弱，是认识事物的能力高低的重要基础。会观察，就善于分析；长于分析，就会提高对事物的认识。而认识能力乃是语文水平高低的标志之一。第二，学会运用恰当的语言进行观察。我们往往以为观察靠人的感觉器官，这是对的；但当人们触及事物的表象以后，要发展到形成概念，就必须进行思维，而思维的工具便是语言。看图学文的课文既有图又有文，而文便是用以理解图——观察事物的最恰当的手段。学生能熟练运用，不仅提高了认识，也同时发展了语言。第三，看图学文并不是在课本中孤立存在的，它和其他课文发生密切联系。在低年级，它和看图学词学句紧密联系，是看图学词学句的延伸和提高，这为初步的看图学文打下基础。中年级以上，它和讲读课文等发生紧密联系，学生从看图学文中学到的观察方法，读书方法，思维方法，都可以在讲读课文的学习中得到运用，得到复习巩固，并有所提高。这样，到了高年级的看图学文，表面看去，仿佛是看图学文学习中的提高，而实质却是整个语文基本功训练在看图学文中的运用，是综合训练的某一个侧面。第四，学生经过看图学文的训练，有助于他们欣赏美术作品，看电影，看风景，看社会上种种活动，接触的面加宽了，训练的机会增多了，这些都对读写能力的提高起着重要作用。

“习作例文”的编排特点*

读写结合，内容决定形式

顾名思义，习作例文便是供学生习作时参考的文章举例。小学生在低年级经历了看图说话、看图写话以及别的说话训练和写话训练以后，到了中年级，就要开始作文了。怎样指引学生迈进作文的大门？除了阅读课文教学和作文训练之外，教材中专门安排了一种课文——习作例文。教师可以利用这类课文，对学生进行一系列的作文基本功训练。

在教学习作例文时，首先要明确的是，迈开作文的第一步，要像看图说话、看图写话那样，走内容决定形式的路。无论什么文章，必须先考虑内容，而后再研究怎样表达的方式。文章的好坏，首先取决于内容，其次才是它的表现形式。是内容决定形式，而不是形式决定内容。当然，形式对内容有重大影响，因此，不能只求内容不顾形式。内容千变万化，因而形式也不能拘于一格。这个道理很容易懂，但在教学实践

---

* 选自袁微子著：《小学语文课文类型研究》，四川人民出版社 1982 年版。

中往往被忽视。有一种说法，认为任何一种本领，总是从模仿开始，熟悉了模仿，才会有创造。譬如写字，先模仿人家写的字，写得非常像，而后才能创造出自己的风格来。于是认为作文也一样，应当先搞模仿，人家的文章，最好是接近小学生水平的一种文章，让学生读读，揣摩人家开头怎么写，中间怎样写，结尾怎么写，就仿照样子，也来仿作。模仿了一种形式，再模仿第二种，第三种，模仿了几十种，就懂得什么叫作文，就再融会贯通，创造自己的写法。这样的做法好像和模仿写字没什么两样。可是仔细一分辨，却又并不完全一样。最大的不同，写字主要是从模仿人家的形式开始，这与书写的那个字的内容并没什么直接联系。而作文除了文章形式之外，还有个最重要的内容问题。世界上的事物内容，没有一个完全相同的，表达方式也绝没有两篇文章完全相同的，怎么可以和临帖一样，先讲形式呢？

但是，是不是因此便否定了模仿呢？不，从模仿到创造确是符合科学性的意见的，作文也不例外，只是作文的模仿应当具有它自己的特点。

习作例文便是试图从这个认识出发，作了初步设计。习作例文的教学也希望能注意这种模仿的特点。

习作例文的“例”指的是什么

“例”，便是用来让学生模仿的。该怎样通过运用语言文字的特殊性指导学生由模仿到创造呢？从中年级迈开作文第一步来说，我们觉得至少可以包括三项内容。

第一，用这类文章为例，训练学生对读写结合有初步的具体的理解。由于文章是内容和形式的统一体，而内容是主导方面的，因此，学一篇文章必须先理解它的内容，也就是说，还须先在阅读上下功夫；而后再研究它的形式，是怎样表达出来的，也就是说，再在作文方法上下功夫。怎样的内容安排怎样的形式最恰当，则是进一步下功夫的地方。这个“最恰当”的研究，必须把读和写结合起来才能办到。下功夫便要下在怎样理解和怎样表达的共同点，即联系得最紧密的地方。

第二，用这类文章为例，训练学生怎样用文字表达内容的基本要求。作者写一篇文章，想把自己的所见、所闻、所思告诉别人，怎样告诉呢？必须掌握几项基本要求？哪几项基本要求？从现行通用教材来分析，大体有五项。

1. 作者自己必须对事物现象有正确的了解，这就要训练自己的观察力。譬如说，有位作者看到一种鸟叫翠鸟，十分可爱，想把它介绍给别人，他就必须自己仔细观察翠鸟，看它的外形怎样，怎样飞，怎样捉鱼，以及它的生活习性，等等。粗枝大叶，浮光掠影，这样肤浅的观察是没法写出像样的文章的。认真观察，是作文训练的一项基本要求。

2. 初学写作，应当要求写得具体。事物是什么样的，老老实实地照原样把它叙述出来。画家达•芬奇的老师让他练习画鸡蛋，画的是一个个具体的鸡蛋；作家莫泊桑的老师让他站在街头，写一个个行人的样子，写的是一个个具体的人。空洞无物，堆砌辞藻，这样的空头文章是要不得的。言之有物，是作文训练的一项基本要求。

3. 要发表自己的意见，先讲什么，再讲什么，得有个次序。听人说话，人家一会儿说到东，一会儿说到西，你听了半天，不知他说些什么，你就会感到，这个人说话颠三倒四，不懂得怎样说话。写文章也是一样，尽管有具体内容，如果次序不顺当，人家也是没法懂的。前后颠倒，语无伦次，是算不得一篇文章的。言之有序，是作文训练的一项基本要求。

4. 光有内容，有次序，可是说起话来平铺直叙，说了半天，很难明白他究竟想告诉读者一些什么主要内容，这就达不到预期的效果。写文章也是如此，倘若想写一次球赛，把从早上起来一直到下午观看球赛为止的全过程都写上了，看起来内容具体，次序顺当，可是人家就是不想看，原因是没有突出别人最想知道的重点。平铺直叙，细大不捐，是不算一篇受欢迎的文章的。重点突出，是作文训练的一项基本要求。

5. 每样事物都有它与众不同之处，这个不同之处便是特点。不抓住特点，便无从认识那件事物。譬如写人，不能写这个人有眼有耳有鼻有四肢，这些都是人的共性，还必须要把特点抓住。这个人眉毛很浓，眼睛炯炯有神，便是他的特点；那个人鼻子很高，头发是黄的，是另一个特点。写文章无论写人记事状物，如果没有特点，给人的印象很浅，自然谈不上是篇好文章。叙述事物，抓住特点，这是作文训练的一项基本要求。

以上五项基本要求，是作文训练开始便须重视的。

第三，用这类文章为例，讲究遣词造句，联句成段，联段成篇等基本功，也是迈开作文训练的第一步所必须注意的。词和句的训练，在低年级已经训练过，中年级的习作例文仍然要注意；段的训练是中年级的训练重点，要认真进行。至于如何联段成篇，到中年级后期可以适当指导一点儿，为进入高年级打点儿基础，但不要作为重点。

习作例文就是拿以上三项内容，举出若干篇文章，以它们为例，让学生仿照这些文章的写法，进行有关的作文基本功训练。

模仿，便是指的这些。

习作例文教学中值得注意的问题

习作例文这种形式，在通用教材采用以前，不少教师都已在普遍地应用，所以当这种形式编进课本的时候，他们是很欢迎的。但是，课本编者并没有照搬教师们自己应用的主要办法——选择若干小学生可以仿作的文章让学生作文时参考，而是在汲取教师经验的基础上加以发展。这些加以发展的地方，便是教师们一时感到不很顺手、不太习惯的地方，而这恰巧是值得注意的问题。

这些值得注意的问题，有许多教师已经加以重视并在教学中进行试验，贯彻进去了。据了解，已经取得一定的成效。因此，这些值得注意之点已经不单是编辑意图，而已成为教师们的教学成果。现在把这些成果例举一些如下。

第一，习作例文要作为阅读课文来处理。

如果把习作例文作为小学生可以按照其形式进行仿作的文章，那它的程度应当只是略高于一般小学生水平，这才便于模仿。它的要求应当只是一般小学生容易模仿的，就只能相当于独立阅读课文，不，它还不能称为“课文”，只是小学生的习作。

为什么要把这种习作例文作为第二类课文——阅读课文来处理？一个理由是，这类例文的程度高于一般小学生的水平。只有程度深一些，要求高一些，学生才会动脑筋去钻研，才能学到本事。这道理毋庸多说。但是，由于它是指导习作为主的例文，因而又应当选取接近儿童生活实际和思想实际，使他们既望得见又拿得到。

另一个理由是，学生学习作文，必须以阅读为基础，读写结合。作文要材料，要内容，材料和内容可以从对自然和对社会的观察中得到，但从习作训练来说，并不仅限于此，还有相当一部分是从课文和别的读物中来。作文有了材料，要从中选择，进行组织，讲究表达方法，推敲遣词造句。凡此种种，除了阅读，别无他法。而这种阅读，又必须经教师指点，从中自己体会，自己获得。

教师指导学生阅读这类文章，和指导学习讲读课文不一样。指导讲读课文，主要是培养阅读能力，而指导这类文章，既要培养阅读能力，又要从中诱发，选择要领，拿来指导作文。由此，在教学时便要讲究从读和写的训练中找出共同性的东西。

这个共同性的东西是什么？便是训练重点。就中年级而言，便是本文开头提到的那五项：仔细观察，言之有物，言之有序，突出重点，抓住特点。项目只有五项，但因为文章内容千变万化，因而理解这五点也随着不同的内容而有种种不同的体会。这样的基本功，要在中年级训练得相当扎实，相当熟练，成为习惯。

教学时要注意不能把读写分离开来，而读写紧密结合，相互交融而又各有重点，正是习作例文教学的重难点。这便显示了教师指导的重要性，由此决定了应当把习作例文作为阅读课文来处理。

第二，习作例文的教学重点应是先读后写。

既然要强调读写结合，为什么又要先读后写，这不是矛盾吗？不，看我们怎样理解读写结合这个概念。从小学生学习语文来说，由于他们是刚接触语文，从识字到打下初步读写的基础，这样的特点便使语文教学带有很强的综合性，而不能像中学、大学那样，项目越分越细，因此从整个小学语文教学来说，要强调读写结合。这是个总概念，范围较宽的概念。现在从习作例文来说，这是一种课文类型，这种类型的课文是以一些课文为例，主要用来指导作文。而要指导作文，又必须从阅读中去体会，这便有了读写结合的必要。虽然是同一个小概念，但它的内涵是专指习作例文而言。

习作例文的读写结合，读应当有助于写，而写应当从读中取得体会，从读中取得某一个重点的体会（即一项重点训练），将这种知识用于写，进行对照、比较，从中自觉地获得写作的要领，而后再进行具体实践，逐步培养作文的技能、能力，这便是习作例文教学的一条线索。顺着这条线索看，读应当在前面，写应当放在后面，但是，读的训练中要诱发指导写的因素，而在写的训练中又需要再次体会读的收获。这样，读中有写，写中有读，不过在前边是以读的训练为重点，在后面是以写的训练为重点。

为此，进行读的训练便不能像讲读课文教学那样办了。例如生字的处理，便不必像讲读课那样细致，词和句的训练应当把重点放在与指导写作重点训练有关的语句上。至于段的训练，本是中年级的训练重点，但也应适应写作训练的重点要求而灵活处理。至于朗读、默读，都应为训练重点而作出不同的安排。总之，要重点突出，把力量用在点子上。

第三，习作例文的教学要突出重点。

这个重点便是指的那五个训练项目。从教师的教学实际看，大家对某篇习作例文应当抓什么重点，还是比较明确的，问题是在怎样抓重点，才算突出得很自然，很恰当。

从我们平时接触到的教学实际看，以下几种情况值得重视。

1. 把训练重点作为写作知识灌输给学生。指导读课文的时候，便将训练重点提出来，加以解释，让学生记住。教师担心学生记不牢，联系课文让学生分辨。这是从理论到实际，从概念到具体事物的做法，这样做的结果，学生懂得了一点写作知识，却不会运用，到具体实践的时候，只会依葫芦画瓢。

2. 把训练重点从形式上来指导。在指导阅读的时候，只是从课文内容的理解来指导。要指导“言之有物”，教师把写得比较具体的句、段来指点给学生，写得详细，这便叫具体。学生得到的印象只是要写得详细，而不真正理解为什么要这样写。到具体实践的时候，学生就把什么鸡毛蒜皮全往上写，并没有达到教师所希望的。

3. 把训练重点作为一项教学内容，还加进了许多别的训练项目，把重点冲淡了。这种现象相当普遍。在指导阅读的时候，面面俱到，从写作上讲得很全面，学生感到什么都要学。到具体实践的时候，学生不知道教师指定这次作文要练什么本领，只能按课文的形式去套。

以上几种情况之产生，根源还是在教师的教学思想。他只是好心地想教给学生一些写作技巧，而没有更多地考虑，学生还是中年级，他们需要从课文的具体内容的理解逐步上升到理性认识，而理性认识又必须通过不断联系具体内容，才能逐步巩固，逐渐深入，逐渐化为自己懂得的东西，才会运用。

第四，习作例文的教学仍要重视词和句的训练。

学生在低年级已经识了两千个左右的字，积累的词语估计达四五千个，有了这样的底子，是不是读写将会不大成问题了呢？从字、词、句的表面上看，还须在中年级下大功夫。根本原因是词句的理解和运用必须随着认识事物能力的提高而熟练、提高。而认识事物的本领又常常从阅读文章的理解中，从练习写作的表达过程中得到锻炼、提高。习作例文的学习正是给学生提供了有利条件。

因此，在习作例文的教学中，不仅不能忽视词句训练，因为不通过词和句，就无从深入理解，也不能懂得确切表达；而且必须重视词句训练，因为思维的深入和周密，表达的准确和生动，都首先在词句中体现出来。

这里举几个学生自己谈的体会。

> 我们读书的时候，要体会作者的思想感情，就得了解具体内容，给文章分段，写段意。文章的具体内容是从一些重要的语句来的，这些语句不是什么华丽的词，而是非常平常的语句，但是用得恰当。
>
> 写文章要有自己的感情，不能把一些词硬往里塞。这样不但不能打动人，而且会使人觉得你写的是假的，是胡编的。比如写《爬香山》这篇文章有好几处是假的，我在文章里写道："我看着高高的鬼见愁，心想，这个山，鬼见了都发愁，今天我就要试试，鬼，他是鬼，鬼见了发愁的山我就不能上去吗？我还是一个堂堂正正的人呢！想到这，我便向山峰爬去。"然而实际上，当时我根本没有想到这些，因为当时大家一拥而上，根本没有时间想。这就是我胡

编的一个例子。

由于教师的正确指导，刚上中年级的学生已经懂得词和句必须先从内容出发考虑，而不是靠平时搜集好词佳句，无病呻吟地往文章里塞。在指导习作例文的学习时，教师要抓住课文中的重点词和重点句，让学生深入理解，同时又让学生体会：为什么这样的表达最为恰当。这样不断地训练，才能把已掌握的词、句，锤炼得更加扎实，理解得透彻，表达得妥帖。

第五，习作例文的教学要尽可能联系观察活动。

写作的源泉来自生活。从小学生的作文训练说，也应当引导他们仔细观察自然和社会，丰富他们的作文来源，使他们感到有话可写，有话想写。

学生从观察活动到学习表达的过程中，懂得了该怎样观察，怎样组织材料，他们学得了这些方法，触类旁通，可以用这个方法再去观察，提高了观察能力，又为下次的作文提供了更有利的条件。如此循环往复，逐步培养了观察能力，提高了表达能力。

由此可见，作文固然贵在多练，但切不可无目的，无准备，只求练的次数。每学期的作文要有一定的次数，比如说，十次左右，但每次都得有计划，有准备。每次习作例文教学以后的习作，尤为重要。

第六，习作的训练要由说到写，由段到篇，逐步提高要求。

小学生初学作文，必须遵循由说到写的原则，这是多少年来的经验证明了的。一套比较符合教学规律的教材也总是要从看图说话，看图写话再到作文来安排的；而且从一年级开始，便要继续幼儿教育中的语言训练，哪怕是强调识字，以识字为重点，也仍然必须十分重视说话训练。

到了中年级，说话的要求应该有所提高，不应再像低年级那样，只要说话有内容，会用一些常用的词，一句话一句话说得清楚，大体会说普通话，就认为满足了；也不应当只要求话说得多，能够一口气就说上一件事，并且把它写下来，写上两三百字，便以此为满足了。

扎实的说话训练，不仅要让学生能够逐渐说上一两段连贯起来的话，更重要的是要讲究说话的质量。习作例文的教学，提供了说话训练的有利条件。

有些教师重视了这一点，可是在习作例文教学过程中联系写作时，往往只注意了学生话说得多。说一件事，这个学生说上一通，那个学生说上一通，教学时间费去不少，而收效不大。教师指导学生说话，在课堂上必须抓说话的质量。要让学生针对某一点，练习怎样说才最能表达自己的意思。到了中年级，应当提出这样的要求。这样的要求，学生话说得不多，但大家都在动脑筋，要尽量把话说好。这样的要求，学生发言的次数多，人数多，而说的话又都是动了脑筋，思考过的，符合实际的。

这个说话的过程，实际上正是分析所见所闻、组织思路的过程。有了这样的基础，再让学生自己去整理一下，写出来，就顺畅多了。自然，学生在写的过程中，仍然是要继续思考，考虑怎样组织语言，安排顺序。经过自己独立思考，他们写出来的文字大抵不会千篇一律。

中年级前期，对写作的要求只是略高于低年级。只要求能够写上一段话，一句一句连得起来，用词比较准确，没有什么错别字，字迹整齐，纸面干净。要求虽然不算高，但一字一句都要严格。

到了中年级后期，在阅读要求上已经进入到能够分段，概括段意，在作文上也应当会分段，写上几段话，每段要有一个主要内容，其他要求和前期一样。但即使这样，仍然没有涉及布局谋篇，布局谋篇是高年级的事。单是习作例文，恐怕挑不动这个担子。

要求要逐步提高，循序渐进。停滞不前，抑制了学生的积极性，阻碍了学生智力、能力的发展，是不对的；但急躁冒进，打算在中年级便写出有中心思想有一定观点的文章，恐怕还一时不易达到。勉强去做，容易使学生弄虚作假，走上说空话、说假话、说大话的“斜路”。当然，某些成绩特别好的班级，学生也可能有例外。

关于试用通用教材小学一至三年级语文课本的几个问题*

通过本次调研活动，我对教材和教学产生了一些新的感悟。这里主要就试用通用教材小学一至三年级语文课本谈六个问题。

一、识字教学问题

小学阶段，识字是个很重要的问题。不识字就没有办法看书、作文，因此把识字的重点放在小学低年级。课本的安排是：五年学三千个字，前三年学二千五百个，完成六分之五的识字任务，前两年学一千七百个。这样的安排，就意味着小学阶段的识字任务，要在前三年基本完成。在做法上采取多种形式，用适当集中识字的办法。在教法上注意三条规律两个结合。三条规律就是认识事物的规律、学习语文的规律和汉

* 选自袁微子著：《袁微子谈小学语文教学》，衢县教育局教研室、衢州师范学校资料室编印。

字本身的规律，两个结合是汉字的音、形、义相结合、学和用相结合。

关于识字，有几个问题需要明确。

第一，为什么前三年集中识二千五百个字？是不是可以把识字任务往四、五年级多放一点儿，五年都平均识一点儿？首先，在前三年集中识二千五百个字，就是为了要提前解决识字任务。提前解决识字任务，就可以腾出比较多的时间来加强读写能力的培养。因为读写能力的培养是要下大功夫的，需要付出艰苦的劳动和比较多的时间。小学阶段不仅仅是一个识字问题，识字不过是为培养读写能力掌握工具，所以要提前解决识字任务。其次，集中在前三年学二千五百个字，那就认识了一定数量的字，在认识一定数量字的过程当中，去培养学生识字的能力，教给学生识字的方法，使他们在识字的问题上，能够独立地学会怎样识字。最后，在前三年当中，前两年特别重要，识字的基本功就要在前两年打下基础。第一年主要是认识汉字最基本的零件、部件，譬如说，从汉语拼音一直到笔画、笔顺、间架结构、偏旁部首等，使学生牢固认识和掌握，还有汉字的音形义相结合的特点。有的同志说这是汉字不及拼音文字的地方。这是问题的一面，问题的另一面：汉字音形义相结合，有它的优点，这个优点要充分加以发挥，这样就可以用心来教好汉字，教给学生识字方法，培养学生识字能力。这就是前三年为什么要先集中学二千五百个字的道理。明白这个道理，教师就可以有意识下功夫在第一年，把识字最基本的一些零件部件、汉语拼音的音节、汉字音形义的特点让学生领会，到第二年就让学生学会查字典，到第三年，学生就有预习生字的能力了。这是大体上这么分的，所以把前三年作为重点，集中识字二千五百个，道理就在这里。

第二，为什么采取多种形式呢？这是吸收了中国多年来学习汉字的成功经验，根据识字的特点，设计了多种形式，凡是有利于帮助识字的办法，这套教材都尽量地采用。譬如看图识字，这个办法并不是新发明的，而是曾在历史上使用的传统识字方法。鲁迅有篇文章就谈到看图识字问题。我们现在采取的看图识字的办法经过了改进，更为科学化。通过看图识字，让学生有个初步的、具体的印象。另外，还采取了同音字、形近字、近义词、反义词等识字方法，也吸收了集中识字的办法，这些都是根据汉字的音形义的特点编排的，因此教学的时候，一定要利用汉字的这些特点，特别是要利用形声字的特点，也吸收基本字带字的经验来教好这些字。

第三，适当集中识一批字，它有两种意义。一种意义是，前三年集中识一批字，识二千五百个，这就是说在五年当中，前三年适当集中。另一种意义是，有一批字是采取了集中识字的办法来进行的，而这个集中识字是小集中，不是大集中，是适当集中，这是第二种意义。为什么采取适当集中识字的办法呢？这就是为了便于概括识字的规律，使学生在识字当中，从字和字的比较中逐步地领会汉字的规律，有利于掌握生字。其次，这样适当集中识字，有利于编写内容比较丰富、知识面比较广、文字比较生动活泼的课文。咱们现在批评过去识字的那种“三五”观点，那个观点在教材编写中是有它的苦衷的。因为学生要一个字一个字地认，因此每一篇文章也只能安排三五个字，而三个五个生字编起课文来就枯燥、乏味。现在采取适当集中识字的办法，就可以识一批字，课文就显得生动了，内容就可以丰富了。但在编课文当中又发现了另外一个问题，就是适当集中识字之后在编写课文方面，生字还是很多，怎么办？我们在拟小学语文教学大纲、编写教材的时候，就想出了另一个办法，就是安排两类不同要求的生字。用意就是为了安排课文，使课文里的生字出现得比较平均，这是一个方面。第二个方面是借助第二类（暂时不要求掌握的）生字来培养学生的识字能力，打破过去那种都要求“四会”的旧框框。通常不要求掌握的第二类生字叫作“两会字”，还有两会怎么办，让学生通过自学多接触课文，自己学会。学生自己没有完全学会时，老师适当加以指点。等这些生字在后面课文出现时，老师教起来比教那种第一次接触的生字要方便得多，所以教第二类生字，有一个培养学生识字能力的作用。老师们在教学的时候，特别是低年级老师，在碰到第二类生字时不要要求学生掌握。希望老师注意暂时不要求掌握的生字，是想让学生逐步掌握识字的规律，自己来学习生字，培养他们自学汉字的能力。对第二类生字，要有意识地放一放，让学生依靠自己学，到再现的时候，老师指点一下，考查一下，看学生识字的自学能力培养得怎么样，这就是培养识字自学能力的办法。这是关于适当集中识字的一个意见。

第四，要充分重视字不离词。不要单纯教识字，不要单纯就字识字，要充分地重视字不离词。这次我们听识字课，更加体会到字不离词的重要性。从理论上讲，汉字是音形义的结合体，字音、字形是字的问题，字义是词的问题。如果离开了字义，识字只讲字音、字形，那就变成符号的学习了。因为它没有任何意义，只一个声音，只一个形状，它就是一个符号，不赋予任何意义。但是中国的汉字，老师一讲，譬如说“人”，“工人”的“人”，“一个人”的“人”，很自然地赋予了字义。所以从理论上来讲，要识字，必须音形义相结合，结合到义就等于结合到词，字不能离词，如果说字离开词，那是不科学的说法，那就是把汉字当作拼音文字来学了。我们的汉字不是拼音文字，汉字的特点就在于音形义的结合上，所以要充分发挥汉字的这个特点。咱们常常喜欢讲“三、百、千”如何如何，实际上“三、百、千”也是离不开字义的。“人之初，性本善”，本来就是义，文离不开义。咱们要注意到这个特点，字不离词是识汉字的一条很重要的规律。掌握了这条规律，就可以大大地提高识字效果。有的同志提到词不离句，咱们没有这么提，叫加强、加深词和句的联系，这是第四点。

第五，要发挥查字典的作用。查字典，主要的是培养学生识字的能力，让学生会使用字典这个工具，培养学生自己识字。学生在查字典的过程中，就产生另一个作用：一边查字典，一边就掌握了更多的字和词，丰富了词汇量。这次我们在吉林市听韩玉兰老师的课，就有了更深刻的体会。学生学会了查字典，就学习了很多词语，一般来讲二年级的学生我们想象不到他会掌握那么多词语，譬如说“愤怒”的“怒”，学生组词“怒不可遏”，我们听了感到很奇怪，他怎么会用这个词语？像“怒不可遏”这种词语一般到高年级学生才能掌握，可现在二年级孩子就能说出来，还能明白这个词的意思，这说明了什么？学生是通过查字典慢慢领会的。所以查字典能够培养学生的识字能力，能丰富学生的词汇量，使学生掌握课本里面一时还没有学到的词语。

第六，识字要先学汉语拼音。汉语拼音这个工具要利用得恰当。汉语拼音是帮助识字、帮助学习普通话的有效工具。小学语文课本里很重视汉语拼音，希望学生能够牢固地掌握它，用来帮助识字和学习普通话。在方言地区学习普通话尤其显得重要。但是我们要注意，目前小学语文还是要把汉字掌握牢固，还没有推行拼音文字。我们编课本时就注意到这一点，不要求给汉字注音。因为给汉字注音，就超出了拼音帮助识字和学习普通话的功能定位。这套课本没有把汉语拼音作为拼音文字来考虑。如果要把它作为拼音文字来考虑，那么这套课本就要有另一种编法，而不是现在以学习汉字为目的。但是对于学习普通话，推广普通话，为将来走汉语拼音化这条道路，应当作准备，因此在小学阶段，一定要让学生把汉语拼音学得熟练，学得巩固，不是说低年级拼音帮助识字，等到字识得差不多了，就把拐棍扔掉了，不是这个意思。在整个小学阶段，拼音都要学得熟练，学得巩固。到了三年级以后，要靠查字典巩固汉语拼音。关于汉语拼音的问题，就讲这么多，供老师们参考。

第七，关于识字问题，希望老师们要重视识字能力的培养。识字不仅仅要求数量上的增加，还要在识字的过程中随时注意培养学生的识字能力。教给学生识字的方法，让学生自己来分辨汉字的音形义，让学生自己来掌握汉字的特点。这次在长春市听了李丽英老师的课，她在这方面是很有钻研的，很注意培养学生的自学能力。譬如说，当出现六、七个生字的时候，老师不是用教学生怎样识的办法来进行的，而是用一个问题来问学生：“你们看，这些字该怎么记呀?”就是让学生自己动脑筋，自己来说这个字怎么记。有的学生说这个字我原先是这么读的，这回老师说了该怎么读，我容易读错，这一点我要注意。有的学生说这个字哪一个笔画最容易搞错，容易写落掉，我要注意。学生自己来说，和老师教给他相比，看起来好像同样解决问题，实际上教学思想不一样。这就是培养学生识字的自学能力的一个范例。

第八，在课文中识字，就是随课文识字，要采取多种方法，不是单一的方法。过去有一个提法，叫先识字，扫除阅读的障碍，这个提法在某一些课文当中是可以用的，但是在某一些课文当中不一定就这样用。为什么每一篇课文都必须先识字呢？可以采取多种方法，根据具体的课文，根据生字的多少，根据字形的特点，根据理解的难易，可以把生字区别对待。在不同的阶段、不同的教学步骤当中来进行识字。这一方面，咱们这里的老师也有这样的好经验。譬如说，我们在师大附小听的课也有这样的特点。我们希望这个特点能够更好地加以推广，不要单独划分一个阶段是识字阶段。有的课文可以单独划分成一个阶段来识字，有的课文可以把生字分开，有几个放在前面学，有几个放在中间学，有几个放在后面学，这要根据课文的不同特点，根据汉字的字形特点，根据理解的难易，根据学生具体情况来区别对待。关于识字问题，我就提出这么几点意见，供老师们参考。

二、关于三类课文的教学问题

现在这套小学语文课本把课文分成三类，我们还沿用过去的叫法，分为讲读课文、阅读课文、独立阅读课文这三类课文。这三类课文的编法过去都有过，但是这次编法有些变化，比过去有些发展。这就是努力做到像大纲所说的那样，在编排目的上有利于培养学生自学能力。为了这个目的，在编排方法上就有计划地规定了三类课文在各个年级所占的比重。低年级第一类课文（讲读课文）占的比重特别大，二、三类课文占的比重小；到了高年级三类课文的比重大约各占三分之一。现在我们来探讨一下这三类课文之间的联系和它们的区别。目前，有好多省市都在大力研究这三类课文的教学，从我们接触到的情况看，大概有这么三个问题需要明确。

第一个问题就是共同性的问题。自学能力主要指什么？是指以培养阅读能力为主，还是以培养识字能力为主，还是指以培养写作能力为主？还是三者都有？这个问题要明确。对这个问题，大家看法并不一致，有的认为小学低年级是以识字为重点，以识字为主，所以不管安排哪一类课文都是为了巩固识字，课文就变成了识字的手段。有的认为阅读是为写作服务的，因为作文是语文能力的综合体现，所以安排三类课文的实质还是为了写作，是为写作服务，这就是说安排三类课文是以写作为主。也有的认为读和写各有规律，读有读的规律，写有写的规律，应当互相结合，而不是谁为谁服务。这几种看法，究竟哪一种比较合适，现在大家正在进行试验。新编的小学语文教材中安排的三类课文，是以培养阅读能力为主。在培养阅读能力的过程中，联系识字，联系写作，要强调阅读和识字相结合，强调读和写相结合。但是要以阅读为主。其次，在培养阅读能力的过程中，哪一类课文着重培养学生的自学能力，对这个问题也有不同认识。有的认为，第一类课文又没有必要强调自学，第一类就是讲读课文。第一类课文主要靠教师讲解，到第二类、第三类课文的教学当中再强调自学就可以了。有的认为阅读能力是要逐步地培养起来的，如果在第一类课文的教学当中不注意引导学生自学，怎么能够顺利地进行第二类课文的教学呢？有的老师说得很好，就是在老师的讲解当中，如果采用的是注入式教学方法，学生一味地死记硬背，是不能培养学生的自学能力的。昨天座谈会上，有的同志反映死记硬背还不是个别现象，不仅仅是词语句式，连问题的答案也要硬背，连段落大意也要硬背出来，这种死记硬背怎能谈到自学能力的培养呢？相反，如果老师教学采取启发式，让学生多动脑筋，启发学生独立思考，那么这种讲解也就有了指导学生自学的作用。现在有很多老师，都在改进讲读教学，其中主要的一条，就是启发学生多动脑筋，独立思考，发挥学生的主动精神，这样做是符合大纲精神的。这就是说，第一类课文的教学当中也有培养自学能力的任务。阅读的自学能力究竟是指什么，有哪些具体要求，这个问题要搞清楚。这个问题在大纲里是提得很明确的，主要是三个方面：第一要掌握常用词汇，能够朗读、默读、背诵和复述；第二能够分段、概括中心意思；第三能够读懂适合少年儿童读的书、报，能够理解它的内容，具有初步的分析能力。这就是阅读方面的要求。而阅读方面的要求，就是培养学生在阅读方面自学能力的要求。这三方面的要求是三类课文教学的共同要求，也是小学阶段阅读能力方面的最高要求，也是自学能力的主要标志。除了阅读这方面的要求外，还有识字方面的要求、写作的要求，这些都跟阅读教学有关，在三类课文教学当中，也必然涉及，譬如说在低年级识字就很重要，对识字的自学能力的培养就跟阅读有关了。从三年级开始安排习作例文，这个习作例文既是第二类课文，又是习作例文。因为它负有指导阅读和写作的双重任务，读和写结合得很紧，以上讲的是共同性。

再讲三类课文的特殊性。这三类课文的教学，应当各有它们的特殊之处。大体说来，第一类课文和第三类课文由于过去有不少讲读教学的经验，也有不少课外阅读指导的经验，因此教师还比较容易掌握。比较难办的是第二类课文，也就是阅读课文，既不像讲读课文，又和独立阅读课文有区别，究竟该怎样掌握第二类课文的教学特点，有时候的确很难区分。特别是到了高年级，这个区别点是越来越难，因为到高年级，学生的自学能力更强了，区别点就更难了。按照我们现在所看到的，教学上通常的一些做法，有这么几种情况：有的是按教学时间的多少来区分的，就是讲读课文花的课时多，阅读课文花的课时少，独立阅读课文花的课时更少。因为讲读课文教学要求比较细，比较高，所以费的时间就多；而阅读课文要求比较粗，比较低，所以费的时间就少，所以可以拿教学时间的多少来区分。有的是按教师讲解的比重大小来区分的。第一类课文，讲读课文，课文比较深，需要教师讲解的地方就多，因此跟学生自己阅读比较起来，讲解的比重占得就比较大；而阅读课文，课文比较浅，需要教师讲解的地方比较少，所以讲解上的比重就小，以教师讲解的比重大小来区分。也有的是按学生理解课文程度的深浅来区分的。讲读课文花的教学时间多了，教师讲的也就多了，因而学生理解起来就深一些，就透一些，这就是讲读课文学生理解得好，理解得深。而阅读课文教师讲的东西少，花的时间又少，所以学生相对地理解就浅一些，粗一些。大体上有这么几种分法。从现象上来看，这样的区分都可以作为标志，不能说是错的。但是这只是问题的一个方面，问题的另一方面是要看教学的实质怎么样，究竟教些什么。这实质上是教学要求有粗细，有高低。那么这些要求，包含的是哪些方面呢？这个问题要研究。讲解的比重有大小，那么教师都讲些什么呢？学生理解有深浅，这个理解又指的是什么呢？比如说，老师在教学的时候，过多地讲解词语，搞词语注释，把词语注释抄在黑板上让学生背下来，读写出来，这方面花了很多时间，这样的要求对培养学生的自学能力，恐怕没有多大好处。又比如过分琐碎地来讲写作技巧，进行文学分析，讲人物形象，讲多少种开头、多少种结尾的方法，讲一些学生理解不了的文学术语，像这样一些不健康的状况，是需要改进的，绝不能拿这些来作为语文成绩好坏的标志。如果把这些改进了，也许第一类课文的教学时间就减少了，也许教师的讲解是另外一种讲解法了，情况就起变化了。区别三类课文，特别是区别一类课文，它主要的标志是什么呢？主要标志应当从编排的目的来考虑，应当是着眼于指导学生理解课文内容，并且具有初步的分析能力，从这个教学的过程当中对学生自学要求的高低来区分。譬如就第一类课文来说，为了让学生理解课文内容，并且具有初步的分析能力，就要进行种种基本功训练。这些基本功训练，譬如掌握字词、朗读、默读、复述、分段、归纳段落大意、概述中心意思等，都要从小学低年级开始逐步地进行，当然这些是在讲读课文的课堂教学中进行的，是在第一类课文的教学当中进行的。而在进行这些基本功训练当中，要注意启发学生的积极性，培养他们的自学能力，要在小学五年当中逐步地养成习惯，形成能力，这个要求是不低的。而讲读课文（第一类课文）就是训练这些基本功的主要凭借，年级越低，基本功的训练要求就越细，越具体。譬如说识一个字，教一个词，读一句话，要求都很细很具体，要求一字不苟，一笔不苟。低年级的老师在这方面是很辛苦的，只有这样才能够循序渐进，逐步提高，学生这样学到的知识和技能也要尽早地运用到第二类课文和第三类课文当中去。这是从培养自学能力、自学要求的高低来分。要训练基本功，第一类课文是具有很重要的地位的。如果按照这样的教学特点来区别三类课文的教学，那么可能会出现这样的一些情况，特别是在一、二类课文当中，会出现这样一些情况。什么情况呢？就在年级比较低的一、二年级甚至三年级，一、二类课文的教学特点容易区别。单从教学时间就可以看出来，第一类课文的教学由于需要进行基本训练的项目多，因此花的时间就比较长；第二类课文由于只是把学到的那些知识技能重点地进行练习，因而花的时间就比较短。但是到了比较高的年级，由于一些重要的基本功，学生已经打下了初步的基础，在学习第一类课文的时候，有些基本功用不着再花功夫去训练了，譬如说朗读，正确地读、流利地读，学生不会有很大问题，那就不必再来花功夫，所以训练的重点比较突出，教学的难点比较明显，教学的时间就比低年级要少，而学习第二类阅读课文的时候，需要进行种种的综合训练，基本功的综合训练年级越低要求越细，越高。譬如说朗读和默读，到了高年级的时候，很可能要运用默读的办法，默读一篇课文下来，同时要回答几方面的问题，这与低年级培养朗读、默读的要求不一样，综合训练的要求比较高，内容较复杂，课文比较深，所以对自学的要求也就比较高。所以第二类课文的教学花的时间就比低年级相对地要多。明年秋季要用第七、九册教材，恐怕就会出现这种情况。第七、九册课本中，讲读和阅读课文的比重差不多，这样看来，高年级两类课文教学，从现象上来看教学时间很可能差别不是很大。尽管从教学时间这个现象上来看差别不是很大，但是从教学重点来看，第一类课文和第二类课文不一样。第一类课文要注意的是基本功训练的加深，第二类课文要注意已经学到的基本功的熟练，它们要求的重点不一样。如果到高年级出现了这种情况，说明了什么问题呢？说明学生的自学能力已经有了提高，也就是说三类课文各占三分之一，大纲上规定的这个安排，能够适合教学需要，能够更好地发挥作用。这是讲的特殊性。

再讲阶段性。三类课文在各个年级的教学特点是不一样的，有一定的阶段性。随着年级的升高，三类课文的教学要求也就逐步提高。因此对自学要求也有所不同。我们就拿第二类这种比较难区别的课文来作例子。自学要求哪些方面不同呢？譬如说一年级学习第二类课文，要十分重视培养朗读能力。在读的训练当中巩固汉语拼音，使学生能够利用汉语拼音读出不认识的字，了解词义，通过朗读大体上能够对课文有个总的印象，能够用回答问题的办法说出课文的主要内容。

到了二年级还要继续重视朗读能力的培养，在朗读训练当中，还要引导学生进一步理解课文的内容，理解的程度比一年级要有所提高。到了二年级下学期，学生使用第四册课本，不再是汉语拼音全文注音了，就要求对注音的生字，学生能够自己拼读音节，要开始培养学生的默读能力，这个二年级的阶段性就看出来了。在理解课文内容的时候，引导学生抓住表达主要内容的句子。一、二年级在读第二类课文的时候，除了大体理解课文内容之外，要把重点放在词和句子的基本功训练上面，当然，基础训练和作文训练都要进行配合，特别一、二年级要重视说话能力的培养。到了三年级，这是由低年级到高年级的过渡年级，因此识字、阅读、写作的阶段性都是很突出的。就识字来说，这个年级，就要考虑到三年基本完成识字任务这个问题，对于两千来个生字有个熟练巩固的问题，三年级在这个方面任务是比较重的，因此对三年级学生就要求他们能熟练地查字典，预习生字，提高识字能力。就阅读来讲，三类课文的比重到这个年级为止，第一类课文逐步地减少，后两类课文逐步增加，到了高年级就各占三分之一。因而在三年级除了注意朗读之外，还要注意默读，还要注意培养分段、概括段落大意的能力，还要注意加强读和写的结合。就写作来讲，三年级要开始命题作文了，命题作文开始的时候只是加强段的训练，注意观察能力、分析能力的训练。到了三年级第二学期末的时候，开始要求学生作一些成篇的文章，开始拟提纲，出题目，为高年级讲篇章结构创造条件。这样，三年级的第二类课文绝大部分安排了习作例文，从读写两个方面的需要来考虑，三年级的这种安排，重点仍然是词和句的训练，而在这个基础上加强段的训练。所以在阶段性方面，一、二、三年级的表现是比较明显的。这是讲三类课文在教学上面怎样区分，要掌握它们的共同性、特殊性和阶段性。

三、看图学文是这套课本采取的一种新形式

为什么要采取看图学文的形式，在这里先讲一讲这个意图。大家都知道，语文就是运用语言文字来记录对客观世界的所见、所闻、所思，你看到什么，听到什么，想到什么，对客观世界的认识用语言文字记录下来，这就是语文。学语文就是了解人家是怎样认识客观世界的，从而提高自己的认识，扩展自己的知识，受到教育。因此，语文是认识世界的工具。图画也是认识世界的工具。图画是客观世界的一个摹写，把看到的现象和场景画出来，就是对客观世界的摹写。所以图和文都是客观世界的反映，不过图是属于形象的，而文是属于语言文字的，图画是具体的、形象的，文字是抽象的。怎样使抽象的文字形象化，就需要把图和文紧密地联系起来，这样便于孩子通过图和文的联系认识世界，这是一条认识世界的途径，对于学习语文来讲，这是个有效的办法。鲁迅在他的文章当中，谈连环画的重要性时，就谈到了这一点。这是这套课本

安排看图学文的一个根据。其次，从儿童学习语文来说，先是学习词，学习句，而后再学习文。因此，为了适应儿童学习语文的规律性，这套课本就从看图学词、看图学句到看图学文，由简单到复杂。看图学文这种形式打算一直使用到小学五年级。再次，看图是培养学生的观察能力，学文是培养学生的阅读能力。观察是为了帮助阅读，阅读又加深了观察。观察能力越高，阅读能力就越强；阅读能力越强，就更有助于观察能力的培养，两者是相辅相成的。最后，观察和阅读这两种能力是逐步提高的，因此看图学文的要求也要逐步提高。到了小学高年级看图学文的要求跟三年级又不一样了，又提高了。这是我们编这套课本时，设计看图学文的一个意图。

下面讲讲图文结合的问题。怎样看图？这套课本里有两种形式，一种是多幅图的，有两幅、三幅、四幅，有的还要更多；另一种是单幅图。多幅图主要是培养学生观察人物、事件的活动过程；单幅图主要是培养学生观察人物、事件之间的联系。一个是讲发展，一个是讲联系，这就是培养学生从事物的联系和发展中认识客观世界。这种设计是建立在辩证唯物主义观点上的。在认识客观世界的时候，看图首先要有个整体的认识，再到部分的认识，而后再回到整体，这是我们通常看图的一般方法。至于怎样看图呢，一般的规律是，先有一个初步的整体的印象，而后逐渐地进行观察，而后再到整体上面来加深观察。怎样学文呢？它和看图有共同点。学文时，也是先有一个初步的总的印象，而后逐段地加深了解，最后要从整体上加深理解。看图和学文，就在这个认识的过程中结合起来。

下面讲一讲怎样教看图学文。教看图学文时，首先要引导学生初步地看看图，大体了解图意，了解图画上面出现的是一些什么东西，这些东西之间有什么联系，大体上了解这幅图。不要把看图作为一个教学阶段，只要学生大体了解图意就可以了，然后很快转入学文。转入学文时，也是大体地了解课文的意思。学文时先要通读全文，这是符合认识的。看图是为了学文，因为这是语文课本，不是美术课本，所以看图是为了从图入手，进入学文。这个问题教学参考书里写得不具体，只是说引导学生初步地看看图，并不是说入手就成为一个教学阶段，从图入手到进入学文这一阶段，要掌握好比重，学了文，帮助学生来深入地理解图。而深入地理解图的目的，仍然是为了更好地理解文。在识字、朗读讲解课文的时候，都要注意到图文的结合。

学文的要求和讲读课文一样，但讲读课文中有一些要求、一些作业不必在看图学文里布置，目的是加强看图学文的作用，减少一些不必要的作业和基本功训练。

要把看图学文跟看图说话、看图写话区别开来。看图说话，说话是目的；看图学文，学文是目的。学文是为了理解，说话是为了表达，两者是不一样的。所以我们一般在看图学文的过程中，不要求学生复述，特别是不要求学生在学文之后来个全过程的复述。学完之后来个全过程的复述实际上等于原文复述，或者是创造性的复述。这种复述的要求比学文还要高，这是对学生提出了过高的要求，学生很难做到。看图学文要跟看图写话区别开来。看图说话，既然不一定进行复述，那么更不必要求学生按照这个图意用自己的话写出来。看图写话的这个要求，在看图学文里也不必要，因为看图学文的目的是培养学生的观察能力和阅读能力，而不是培养学生的写作能力。

生字词的处理可以采取多种形式，一般来讲可以在学文之前，学文之中，学文之后，采取多种形式。在学文之前，要处理的是一些难懂的生词，生词不讲无法学文，譬如讲《踢鬼的故事》，文中的“解剖”，这个词如果不讲，学生就不懂，理解课文有困难，所以要提前来讲。“坟地”学生没看到过，很多小孩不知道，“坟堆”也不明白，这些东西如果不讲，学生不了解。这些经验是学生生活当中没有的。教学这一篇课文就要首先讲解这些知识，通过词的解释，帮助学生理解这些知识，这是在学文之前要讲的。有的词是在学文过程中讲的，特别是有一些虚词，比如“恳切”讲来讲去，用词义来解释是解释不好的。怎么样讲“恳切”？把它放到课文里去，学生理解了课文的内容，“恳切”的意思学生很自然地就体会到了，用不着给它注解。也可让学生自己来讲一讲，什么样的情况叫“恳切”，学生理解了就可以。这就是在课文中间来理解。“而且”“却”这种词单独讲很难讲，要放在课文中去讲。有一些很容易懂的词，只是那个字学生还不认识，可以放到学完课文以后再来处理，那个时候只要辨别字形，巩固字义就可以了。所以看图学文当中生字词的处理可以采取多种形式。我们看过一些看图学文的教学，都发现一个情况，就是教师教学时，常常由于处理生字词打乱了学生的思维。譬如说，学生刚刚看了图，稍微有了一些了解，马上读全文，全文一读，学生对全文刚刚有了一些理解，心里还想理解透一点，老师说，我们现在学习生字，学生心里很着急，你讲些什么，我还没搞清楚，我还想再看看文呢。老师讲生字时间占了半个小时，或者还要多一点，把学生理解课文的思路打断了。教学过程有一条很重要的规律，就是要顺着学生的思路发展来引导学生学文。另外，这次听课我们还看到有的老师很有创造性，把书上的插图换成彩图，而且配合了课文，把必要的地方作了修改。我们认为，这种修改是很好的。譬如说，《我们也要当红军》一课，讲“雨过天晴”，用的是彩图，在天空和地面上增加了点儿内容，把雨后的那种情况表现得更突出一些，这对于学生理解课文很有好处，这样的做法是很对的。关于看图学文，提出这么一些意见，供老师们参考。

四、习作例文和作文训练的问题

新编课本当中为什么要安排习作例文呢？

第一，安排习作例文是符合老师们的希望的。这里也要把编排的意图讲一讲。在编课本过程中，很多老师对我们说作文实在难办，希望作文训练能够在教材当中有所反映，有所体现。我们尊重老师们的意见，安排了习作例文。这种习作例文使老师在进行作文教学的时候，有所凭借，能够扎扎实实地进行作文的基本功训练。这是一点。

第二，安排习作例文考虑到读和写的结合。作文要和读紧密联系起来，读能够帮助写，写能够帮助读，要把读和写紧密结合起来，从读当中来理解怎样写作，要拿一些例子进行指导，因此我们设计了习作例文。有的同志认为，写作只要熟读唐诗三百首就可以了，也有人认为，写作只要读书百遍就行了。这种说法不科学，熟读唐诗三百首怎么样过渡到写呢？读书百遍怎样过渡到写呢？中间有一个结合的过程、过渡的过程。咱们教小学语文，对于基本功训练，要讲究这个过程，要钻研这个过程，不能自然而然的，所谓自然通，是不能这么做的。所以教材安排了习作例文。

第三，在习作例文中适当地安排了教学重点，逐步地提高要求。安排的重点是怎样的呢？这个有不同的意见，有的同志认为，学生作文只要给他一些范围，让他照样套作，套那个格式就可以了，这个格式套套，那个格式套套，套他个百八十个格式，学生作文就不怕了。过去有所谓古文句法百篇，就是套格式的做法。这个做法对不对？我看有很大的毛病，就是培养拜物教，讲“起承转合”这一套，是用形式来套内容，是引导学生走到形式主义的路上去，这是不对的，是束缚学生的思路的。咱们现在要开展社会主义现代化建设，要帮助学生开拓思路，要让学生从小思路活跃起来，不应当用这种格式套住学生。我们不应当走这条路，应当培养学生认识客观世界，用语言文字来表达对客观世界的认识。这条路是符合认识论的，是先观察事物，有了内容，而后考虑语言文字的形式，不是从形式来考虑内容，而是从内容来考虑形式，我们要走这样一条路。因此，教材就本着这个要求，安排了教学重点。三年级一共有二十篇习作例文，第五册十篇，第六册十篇。这二十篇习作例文，重点是怎样安排的？第五册十篇有五个重点，第六册十篇有五个重点，一共是十个重点，这十个重点在教学参考书里都讲了，这里就不重复了。把这十个重点归结起来，大体上是这么几项：1. 注意培养学生的观察能力。怎样观察，在第五册里没有作为重点提出来，但是在讲解习作例文的时候，每一篇都有观察，只不过没有作为重点指出来就是了。老师们很喜欢的一课《雨》，雨前、雨中、雨后的描写实际就是体现观察能力。在看图学文里培养观察能力，在习作例文里又重视了观察，观察是作文中很重要的一个能力训练，在大纲里就提到作文训练，是培养字、词、句、篇的能力和观察事物、分析事物的能力，两个能力中观察能力是重点。2. 要求内容具体，言之有物。为了初步培养准确、鲜明、生动的文风，首先要求学生作文言之有物，要内容具体。3. 要能够按顺序写，言之有序。言之有序这是说话训练、写话训练、作文训练，都必须要做到的，实际上这是个逻辑思维训练。一句句话是怎么连起来的，要有条理地写，按顺序写。三年级作文要求，只有两句话，叫作段落分明，条理清楚。这个条理清楚，就值得研究一下。4. 掌握特点。只有抓住特点，才能够认识事物，这就是毛主席在《实践论》《矛盾论》中所提到的特殊性的问题。5. 要有重点。这几项，每一课习作例文要抓一个重点，当然这个重点不是孤立的，是跟其他有联系的，这就叫适当安排重点。再讲逐步提高要求，要求是逐步提高，要十分注意这个“逐步”，要注意阶段性。咱们有个旧习惯在作祟，不谈作文则已，一谈作文首先就是篇章结构，这是个旧习惯，现在要考虑一个逐步提高要求的问题，这个逐步提高要求，一至三年级是一段，四、五年级又是一段，是两个阶段的螺旋式上升。一至三年级，主要进行到段的训练，由字、词、句到段，到三年级期末的时候，再开始接触篇章结构，为进入高年级创造条件。四、五年级又是一段，是刚才所讲的三年级几个重点的反复、巩固、提高。这样有重点地加深，来逐步提高。到了五年级末，作文就达到大纲所提到的要求，这个叫作逐步提高要求。所以作文训练从一年级开始一直到五年级为止，每一个年级的阶段性都是比较明显的，老师教哪一个年级，要掌握这个年级的阶段性，在要求上不要拔高，质量上要严格训练。这样五年下来，就可以扎扎实实把作文的基本功打好。

再讲怎样教习作例文。中间碰到几个问题。第一，双重任务的问题。习作例文既要指导阅读，又要指导写作，这个双重任务，以哪个为主？有的老师问是不是可以交叉进行，穿插起来进行。对此，我们提点儿参考意见，指导阅读和指导写作要掌握读和写的共同性。首先，要理解习作例文，首先要指导阅读，而后再从中学习写作的方法，指导写作。指导阅读和指导写作，应当以指导阅读在前，指导写作在后。现在三年级的习作例文的课后提示，一般都分作两段，前一句话是讲阅读的问题，后一句话是讲写作的问题。到了另一册提示就更详细一些了，但是还是先提出指导阅读的要求，再提出指导写作的要求。这两者由于有它的共同性，所以不必割裂开来进行，但是必须要有重点。前者以指导阅读为主，后者以指导写作为主。每一篇课文，在前面说过的，都有一个教学要求的重点。这一个重点就是读和写的共同性质所在，应当主要是理解课文。有的老师讲习作例文，读的时候一边读一边马上就讲，问学生这篇课文是怎样写的，先写什么，再写什么，实际在指导写作。学生对课文还没有理解，就来指导写作，学生在思路上缺一环，所以先要理解课文。这个理解的要求，相当于第二类课文，不是像讲读课文那个要求。应当加强学生的自学，让学生自主学习理解课文的重点，而不是像讲读课文那样，很多重点都要让学生理解。譬如说朗读，有感情地朗读训练就不要在阅读课文里进行，应当在讲读课文里进行。这样来讲，放松了这方面的要求，加强了理解课文方面的要求。所以只要大体上理解了课文的内容，重点突出，一课一个重点，不求多，任务单纯。这是讲的双重任务。

再讲三年级，按照大纲要求，只要求段落分明，条理清楚。为了达到这个要求，三年级习作例文中的读和写的要求也不例外。读，要求在词和句的训练基础上加强段的训练，因为它讲的是段落分明，所以要求在词和句的基础上加强段的训练。因此就有一个在第一类课文里面注意分段和概括段落大意的工作。这里想插几句话，就是分段这个工作，是一个很艰巨的工作，对学生来讲是培养概括能力、归纳能力的过程。这种概括能力和归纳能力是一种抽象思维、逻辑思维的过程，对学生来讲是比较难的，不要把分段看作是轻而易举的事情。概括段落大意也是一项抽象的工作，把很多具体的内容，抽象成一个主要的意思，也是比较难的。学生开始概括段落大意的时候，可能讲不出几句话来，只能有两句话或三句话，这是因为他们的概括能力还不是很强。老师对于学生这样的概括能力，不要轻易否定，要扶植他，培养他，帮助他，不要指责学生："你讲得太啰唆，这不行，你再讲讲看。"那个学生被你那么一说，他的积极性都打消了，他没有办法，只得找课文里面的句子念一句给老师听。老师一听，跟他自己想的还不一样，还不行，让学生再来，一定要学生讲的跟老师所讲的那句话完全相符，老师才说"对了"。表扬了一个学生，挫伤了十几个、几十个学生的积极性，这不是培养学生的办法。概括段落大意常常是从几句话，逐步过渡到一句话的，要保护学生的这种思维积极性。有的老师习惯于三段分法，一个开头段，一个结尾段，一个中间段，中间段里面有时候就分层次。要注意到段里面分层次，这又是一个艰苦的工作，所以在概括段落大意的时候，不要有这个开头、中间、结尾三段分法的公式。要从课文的实际出发，该分几段就分几段，要从具体的内容出发进行概括。可以三段，可以四段，老师原先备课时是三段，学生理解是四段，你就跟着学生说：对！就是四段。因为教学要符合学生的思维发展，不是老师的思维发展，这个总结没有固定的公式。就是教学参考书里所讲的，分儿段也不是一个法律，要根据学生的特殊情况进行特殊处理。所以分段和概括段落大意，要注意到怎样从具体到抽象，培养学生的概括能力和归纳能力，要从这个着眼点来考虑。只要学生的概括能力和归纳能力有所提高，老师就应当加以表扬，这是发展思维的重要办法。所以要在词和句的训练基础上，注意段的训练。这套课本在字词句篇中又插进一个段，对于段的训练，希望老师们注意。这是讲的第二点，怎么样开展习作例文中关于段的训练。

第三，三年级的写作要求，只是片段的练习，而不是整篇的文章；只是看图写话的继续，为命题作文创造条件。所以三年级的习作，主要放在段的练习，放在片段的练习。这篇习作例文，它的重点是要求讲一个事物，或者一个小动物，或者一个人的活动，是重点、片段的练习。只要求讲活动的，其他的不必管。学生作文的时候要开门见山，不要要求学生先讲一讲，这篇东西该怎么样开个头，该怎么样结个尾，因为是片段的练习，就好像我们画图画，有个素描的基本功一样，所以学生的习作很可能写一段话，或者两段话，也可以没有中心。老师不要问学生：你这篇文章的中心是什么？文章的中心要到高年级才开始训练，谁要你把这个要求给三年级的孩子呢？大纲里没有这一条。大纲里提得很明确，到四年级才开始要求中心突出，因为那时候讲篇章结构了。所以在三年级只要片段的练习，这个基本功要打得扎实。好像咱们造房子把预制板做得好好的，把门窗做得好好的，把房间里摆设的东西都做得好好的，而后凑起来一搭，就是一座房子。咱们作文也是这样，先是一种零件的训练、部件的训练、部分的训练、片段的训练，三年级就要练这个基本功。在这个片段的练习当中，我们要看一看学生的用词造句对不对，话写得对不对，句跟句的联系对不对。所以尽管是片段的练习，不要求中心突出，但是对学生的要求也是不算低的。我们要用一年的时间来进行这种片段的练习。那种要求三年级的孩子就能够写一千多字，写得有头有尾，写得中心突出，写得思想性很强，个别的学生是可以的，但我们不是培养一个两个尖子，我们需要大批人才来建设咱们的国家，因此我们的工作要着眼在普遍性上面，一般的学生不要忽视，这一点必须十分注意，不要过早地提高要求。如果三年级把这个段的训练，把这个片段的练习做好了，咱们以后造几十层楼房都有把握。如果你片段的练习做得不好，这块砖头也不合格，那扇门窗也不合格，你造的高楼要塌下来。这个道理是很容易懂的。

第四，有的老师问基础训练后面那个习作题，跟前面那个习作例文隔开来了，可不可以把它连起来。这个老师提的意见很对。我们编课本时考虑不够周密，我们原先只考虑一点，就是觉得这样读了习作例文，可能还要有一个培养学生去观察的训练，因此有一点儿空当，就安排学生用时间去观察，但是没有考虑另外一方面，习作例文学过之后，有的学生原先已经观察过了，可以马上让学生写作，因此我们在第六册参考书当中就提到了，可以隔开进行，也可以紧接着进行，让老师自己去处理。还有习作题的范围。昨天座谈中有个老师讲个笑话，说得我们脸红。他讲教材要求描写猫，可是这个孩子家里没有猫，家长去别人家借了一只猫，让他看眼睛，看耳朵，看尾巴，还没有看完，这只猫跑了，哎呀！这个笑话叫我们很脸红，为什么，谁叫你出这个题的？没有猫偏要叫学生写猫，我们讲这个写作范围，不要受习题的约束。老师根据自己这个地区的特点进行处理。咱们是在东北，跟长江以南情况不一样。昨天座谈会上有位老师提出个问题，我才恍然大悟。我是南方人，到冬季南方照样下大雨，所以老是打把伞，东北到冬季就根本没有雨。为什么围着围脖还要打把伞呢？因为在江南一带，到了冬季照样是又下雨又下雪，雨加雪，雪加雨，照样要打伞，那你可以根据你自己地区的特点，自己安排习作的范围。可以灵活，不要机械。因为咱们国家地区大，海南岛跟东北完全不一样。这个习作范围，只是提出个要求，提出一个大概的范围，教师可以共同商量，根据这个教学重点，实际拟定目的范围，有一定的灵活性。还有个问题，批改怎么办？座谈会上老师也提出来，作文安排太密集，不到两个星期又来一次，老师批改忙不过来。这个问题我们要很好地处理。一个学期进行十次片段的练习是很必要的。作文次数过少，甚至比十次还要少，是不适宜培养学生作文能力的。多读多练，这个多练很有道理。问题在于老师怎么批改。我们的意见是这样的：老师把批改的要求放低，重点突出。譬如说，三年级学生的作文，既然是片段练习，就不要求有头有尾，主要看选词造句怎么样，看句和句之间联系怎么样，在词和句训练的基础上加强段的训练，在词句段这方面加以注意。更重要的一点，注意让孩子不要说假话，不要说套话。每篇作文最后来一段结尾："我一定要好好学习，天天向上。"必要的可以讲，不必要的就不讲，在这方面加以注意。要求放低一点儿，重点突出一点儿。

第五，可以提倡学生之间互相改，发动学生之间相互改，同桌两个学生，你看我的，我看你的，我看看你字写错了没有，你看看我这个词用得恰当不。同学互相改，老师检查，调动学生的积极性。到了较高的年级，譬如说到了四、五年级，要提倡学生自己改，这都是发挥学生的自学能力，发挥他们的积极性。

第六，教师重点改。这次改这么几篇，下次改那么几篇，再下一次改那么几篇，重点改。改的时候要改得少，必要的地方改，不必要的地方不改，把改当中的一些主要问题提出来跟学生商量，指给学生听。把好的习作，那种片段练习写得好的，老师拿到课堂上念给学生听，指出哪些地方写得好，给学生参考。对于写得差的学生，老师不要指名批评，要保护学生的积极性，哪怕有一点儿进步都要加以鼓励。这样就能减轻老师批改中的负担，加强字词句的基本功训练。据我们估计，学生的作文要改的地方不会很多的，因为在词和句方面已经作了训练，基本的词句可以写对。我们在长春和吉林市看到的学生作业，相当不错，可见老师平时对词和句的训练下了功夫。另外在作文的时候，要由说到写，先让学生说，学生一句话一句话会说了，再写起来就可以避免很多造句方面的问题，所以怎样教习作例文，提这么几点意见，供老师们参考。

再附带说说跟习作例文有关的作文训练的问题。作文训练要求从一年级就开始，一年级主要是进行说话训练，口头造句、书面造句都要扎扎实实地打下基本功。看图说话、看图写话都是低年级的作文训练，到了三年级就开始进入段的训练，在三年级把词句段的基础打好，打扎实，这是作文训练的第一点意见。

第二点意见是读写结合。读有读的规律，写有写的规律，要在他们的共同性上面结合起来。我们是不准备搞以作文为中心的，因为以作文为中心容易忽视读，容易忽视阅读能力的培养，而阅读能力的培养并不是容易的。我们可以不夸张地说，理解一篇文章是一辈子的事情，并不是小学阶段就能很容易地完成的。有的文章含义很深刻，就是成人读起来，也是仁者见仁，智者见智，不一定理解作者的本意，所以，理解课文是不容易的。如果我们注意了阅读能力的培养，在小学阶段，年级高一点儿就可以安排比较深的讲读课文。这种比较深的讲读课文，使学生经过努力能够理解，这个读的训练是十分重要的，也是很艰苦的，花的时间要比较多，年限比较长。特别是还有个文言文，那是要到中学才考虑的问题，那是另外一种做法。所以在作文的时候，要把读当中得到的东西，运用到写作当中来。譬如很通常的做法，学生在作文当中常常是把课文中好的词、好的句式运用到作文里来，这就很好。最近我们在长春市、吉林市听课都发现了这个情况，学生用得很恰当，这是对的。但是老师要警惕的是防止学生只模仿形式，为了形式的模仿而说假话。

第三点意见是，要十分重视作文训练的阶段性，咱们很多亏都吃在阶段性不明上，要十分重视作文训练的阶段性。大纲中提出要初步培养准确、鲜明、生动的文风，有六条要求，这六条是初步培养小学生文风的具体要求。这个具体要求中最重要的是言之有物、言之有序和要内容具体、要条理清楚，这是最重要的两条。这两条要求也是逐步提高的。譬如咱们看到前三个年级学生的作文，说话都是有具体内容的，都是有条理的，那么咱们培养马克思主义的文风，就打下了扎实的基础。这里讲的作文训练，提出这么三条意见，供老师们参考。

五、基础训练问题

基础训练是听说读写和字词句篇的综合训练，是把课本中学到的知识和技能，在基础训练当中进行归类综合训练，把知识逐渐转化为能力。这是我们安排基础训练的总的指导思想。

第一，各年级的基础训练有一个循序渐进的系统。因此，就基础训练本身来讲，它就具有相对的独立性，因为它本身自成系统。既然它本身自成系统，我们教学的时候就要注意这个阶段性，不必要在基础训练的要求上面再提高要求。譬如说，“的、地、得”这三个字，在低年级里出现了，为什么出现呢？让学生有点儿感性认识，知道有的地方用的是这个“的”字，有的地方用“地方”的“地”，可是也念 de。学生有感性认识就可以，不要求从理性上面进行认识，进行区别，这样接触多了，到了高年级再来讲解道理：为什么这个地方用“的”，为什么这个地方用“地”？这个问题不要在低年级让学生理解。有的地方统考的时候出这样的题，这不是拔苗助长吗？这是不符合儿童心理的。任何一样东西的学习，都是先具体地知道怎么做，而后再逐步地领会到为什么这样做。现在拔高要求，学生似懂非懂，什么叫形容词，什么叫副词，学生根本不懂，老师讲得眉飞色舞，学生置若罔闻，没用。所以一定要讲究年级的阶段性。

第二，基础训练注意了逻辑训练和语法修辞。一年级遣词造句，很多问题不是语法问题而是逻辑问题。毛主席说准确、鲜明是逻辑问题。生动方面，除了逻辑问题之外，还有辞章问题，辞章问题就是语法的问题、语法修辞问题。所以准确、鲜明、生动这三个要求，大部分属于逻辑问题。学生写的文章、写的句子、用的词，很多属于逻辑问题，所以逻辑训练要加强，要注意培养学生逻辑思维的能力。

第三，基础训练是个基本功训练。这种基本功训练是要逐步提高的。在低年级基本功训练的项目比较多，内容比较浅，要求比较低，到了较高的年级，项目逐步减少，重点突出，内容加深，要求提高。咱们就要这样逐步提高，所以老师在低年级教学“基础训练”的时候，不要这道题我又加上了些内容，那道题我又加上了些内容，本来基础训练有十道题已经不少了，你再补充上些内容，把基础训练搞得繁重，这是没有理解基础训练的阶段性。现在基础训练的分量，一般来讲是够用了的，所以不要加重基础训练的分量。

第四，基础训练的作业要尽量在课内完成。要求说的，不要让学生动笔写；要求读的，不要补充上讲道理，这样在课内就可以完成。尽量在课内做，以减轻学生的作业负担。

六、改进教学方法要注意的几个问题

第一个问题，整套教材在编写当中都注意了有利于培养学生的自学能力，因此教学当中也要注意自学能力的培养。教材是根据大纲编写的，教学也要根据大纲来使用教材。那么自学能力的培养主要表现在什么地方呢？中心的一环就是调动学生的积极性，发挥学生的学习主动性和创造性，这就是培养自学能力的中心一环。目前在教学当中培养自学能力要解决的关键问题不是方法，而是教学思想。做教师的，不是站在教师的角度上叫学生读懂，而是要站在学生的角度上考虑一下，学生该怎样去读懂它。教师在这个问题上要加以注意，在备课的时候，首先假设我是学生，我来读这篇课文，哪些地方不好懂，我该注意；哪些地方是要点，是难点，是重点。而不是站在教师的角度来考虑这个地方你该懂，那个地方你该懂，硬要学生跟着自己跑。让学生自己去读，自己去理解，教师给以指导，给以指点，就在这个过程当中发挥教师的主导作用。一个好的教师常常是使学生在不知不觉当中跟着教师指引的路子走的，这就是培养学生的思维发展，由教师加以指引，逐步地提高、升华，这中间就包含一个主要问题，要调动学生的积极性，培养他们的主动精神。如果学生在学习语文的过程中，获得了自学能力，有了主动精神，有了创造精神，以后学习科学，学习其他各科，都会起很大的作用。这不仅仅是小学语文的问题。咱们要尽快地实现社会主义现代化，这个主动精神、创造精神，是最宝贵的东西。所以，这个自学能力的培养不仅仅是语文本身的问题。

第二，要注意要求的阶段性，不要在某一个阶段上不适当地提出过高要求，要按照学习的不同阶段掌握好分寸。譬如说，学习汉语拼音，不必要求学生给汉字注音，这个要求教师不要提。譬如说识字，有两类不同要求的生字，第二类生字，要把它作为第二类生字来处理。比如三类课文，各有不同的要求，要把不同的要求区别开来。比如说写作的时候，怎么由字到词，到句，到段，到篇，要把这个阶段性体现出来，有所区别，但并不是机械割裂，因为语文是听说读写的综合训练，彼此的联系很紧密，因此要强调重点。对待班上不同的学生，特别是到了年级比较高的时候，这一班可能有少数学生读的能力很强，写的能力很强，说的能力很强，比班上其他的同学都突出，老师要进行个别的帮助，让他进一步加强。要先克服班级教学的某些弱点，在教学的时候，要着眼于一般的水平，要着眼于这个阶段的要求。

第三，要随时注意改变那种不利于教学改革的旧习惯。年轻的老师旧习惯少，因为他什么还都不大清楚，这里特别要提醒有多年教学经验的老师，尤其是高年级老师。因为低年级的老师，你要求高学生不懂，老师马上就得到反映，所以低年级的老师一般都是很讲究教学方法的，因为他得让学生懂，必须千方百计地想办法让学生懂，这样就创造了很多好经验。咱们现在全国的小学语文特级教师，低年级的老师比较多，这就是很明显的例子，低年级的老师能够创造很多好经验。高年级的老师常常容易把自己那一套教学的习惯，多年保存下来，认为这样就能够教好学生。学生呢，由于他对自己的读、写没有一个明确的要求，所以也不会对老师产生抵触情绪，所以高年级老师要注意克服旧习惯。特别是一种叫文艺作品的，那种讲究文学欣赏，讲究文学分析、烦琐的分析，这一点更得注意。在小学阶段，主要讲记叙文，到高年级后文艺作品逐渐增加，因为用词比较好，句式变化多，表达方法变化多，所以高年级教材中文艺作品数量增多。但是在小学阶段，即使是文艺作品也是作为普通文章来教的。所以在这方面的旧习惯的改变很重要。旧习惯怎么改变？在教学思想上改变，教学思想上要特别注意有效地培养学生的读写能力。改变旧习惯是一个很痛苦的过程，不是轻而易举的事情，教学改革要在这个上面下苦功夫。

第四，我们提倡多种试验。多种教学方法的试验，不要过早地公式化，用几句公式样的话，把我们的教学经验过早地概括出来，要提倡多种试验，及时交流。咱们的教学改革正在发展当中，咱们还没有中国的小学语文教学法，咱们还没有积累一整套的小学语文教学经验，咱们需要大力创造好经验，推广这些好经验，因此要按照百花齐放的方针，提倡多种方法的试验。在吉林省，这一方面是做得很好的。要提倡多种方法的试验。试验有成功，也可能失败，咱们尽量减少、防止失败，但我们要提倡的是多种方法的试验。

今天跟大家汇报的主要就是这些问题，有些问题是这次在长春市和吉林市听课给了我们很大的启发之后提出来的。有些想法不一定对，很可能是错的，希望领导和老师们加以指正。

关于试用通用教材小学高年级语文课本的几个问题*

今年秋季开学后，小学语文将全部使用通用教材。

前三年的教材，老师们都已使用过，有的是第二次，有的将是第三次。老师们非常认真，创造了不少教学经验。

四、五年级是第一次试用，有必要就高年级课本的编写意图和有关第七、九册的一些具体问题向老师们介绍，以利于教学工作，便于创造经验，有效地提高学生的语文水平。

北京市一直很重视这套小学语文教材的试用。对高年级教材，他们仿照前三年各册的惯例，由北京市教育学院小语组的同志具体负责，在市教育学院的领导下，抓了几个区、部分学校，选择几个班先行试教。

第七册选了五个班，第九册选了四个班，从五月下旬开始，花了一个多月时间，试教了第七、九册前面的两组课文，每篇都作了研究，大家一起备课，由某一位老师试教，然后进行评论、研究，现已告一段落。在试教过程中，老师们抱着积极态度，在区和学校领导的支持下，

---

* 选自袁微子著：《袁微子谈小学语文教学》，衢县教育局教研室，衢州师范学校资料室编印。

认真备课，改进教法，摸索到了一些经验，也研究了一些问题。有的老师说，这次试教万一无效，也是很大的收获。这种探索问题的精神是可贵的。试教过程中，对教材由生疏到逐渐接近再到喜欢它，增强了信心和决心。老师们的体会是，如果有点滴成绩，也不是个人的，而是关系到全校、全区乃至全市，这境界也是很可贵的。

正是由于有这样的试教，也让我们编教材的有机会接触实际，了解实际，今天来向老师们介绍教材，该着重介绍点儿什么，心中有了数，比较有针对性。

今天来听这个介绍的，还有好几个兄弟省市的同志，其中有的也在进行或准备先作点上的试教。北京市的一些做法可供兄弟省市作参考。

今天汇报的题目是：关于试用通用教材小学高年级语文课本的几个问题。

从三个方面来谈：小学高年级语文课本的编写意图；试教小学语文第七、九册的几个具体问题；解放思想，改进教学方法。

一、小学高年级语文课本的编写意图

分四点来说明。

第一，指导思想。

根据大纲精神，小学语文教学分为两个阶段，前三年是一个阶段，主要是抓好识字，掌握整个小学阶段识字量的六分之五，并进行初步的读写基本功的训练。后两年即高年级又是一个阶段，主要是有计划地加速培养读写能力，达到大纲规定的小学毕业水平。

小学高年级该怎样加速培养读写能力，才能达到大纲的要求呢？

从指导思想看，应该着重抓两条。

第一条，按照多读多写的原则，对进一步培养读写能力的基本功，列出若干个训练项目，作出有计划的安排。多读多写是大家公认的培养读写能力的好办法，但是，是不是只要多选一些文章，多写几次作文，就能自然而然地培养好读写能力呢？能不能做得有计划一些，扎实地打下读写基础，循序渐进地培养读写能力呢？这个教学科学化的意见，不少专家、老师都提出过，一些地区和学校也正在做这方面的试验。一般地说，大家对一、二年级下的功夫比较深，取得了一定成绩，对高年级还正在试验。这次编写通用教材，对高年级的教材如何处理，经过一些调查研究，设计了一个方案。今年秋季在全国试用的高年级语文课本，便是这个方案的具体体现。

第二条，要重视学生自学能力的培养。这个意见也是许多专家、教师提出来的。在大纲中已作为一个要求提出来，经过两年来的教学实践，小学语文教学的形势已经起了一些很好的变化。自学能力的培养，与教师如何教学关系很大，但也必须在教材中有所反映，为教学提供有利条件。从两年来的实际情况看，培养自学能力也并非一帆风顺。突出的问题是教与学的矛盾。“教是为了用不着教，讲是为了用不着讲。”叶圣陶先生提出的这个意见是解决教与学矛盾的重要路子。在教与学的矛盾中，怎样逐步地由教转到用不着教，由讲转到用不着讲，这是一个辩证的发展过程。自学能力的培养，就要很好地处理这个辩证的发展过程，促进这个转化。教材也应当从这方面考虑，有利于促进这个转化。

上面讲的有计划地安排基本功训练项目和培养自学能力这两条，都是高年级教材编写中要着力之点，也是教学要注意之点。教材与教学要紧密联系，相互配合，相互促进。如果教材有所改进，而教学没配合好，那教学时就会感到不顺手，反过来，如果教学改进了，教材跟不上，就会使教师使不上劲，妨碍学生的进步。

今年一月到三月，在北京市教育学院主持下，开过几次小语教学座谈会，会开得很好。座谈会综合了大家的意见，其中着重提到："小学语文教学中要教什么和怎样教的问题，还没有完全解决，我们必须加强科学研究，才能逐步去掉教学中的盲目性，加强自觉性，根据语文教学的规律，从实际出发，提高质量，让小学语文教学大步前进。"这段话正反映了全国小学语文教学所迫切需要解决的问题。我们希望这套小学语文教材，能够如北京市老师所说的那样，为教学科学化提供材料，逐步去掉盲目性，加强自觉性，提高教学质量。

第二，编排原则。

这套小学语文课本的编排原则，在大纲中已经明确规定了三条，高年级课本的编写，也是按照这三条办的。第一条，要有利于完成小学语文教学目的和要求，处理好思想教育与语文知识教学的关系。就选材而说，高年级的选材工作，花了两年多时间，从全国各地借调一批有经验的教师，他们付出不少精力，积累了不少材料。从那些材料里面精选了一百几十篇。从已经编出的高年级课本来看，以前小语课本中没有用过的大约占三分之一以上，老师们比较欢迎的老课文也占了相当大的比重。选材时从思想内容和语言文字考虑，还从语文基本功训练来考虑，选了一些名作，或是全文，或是节选。知识面比较宽，古今中外都有所注意。对于入选的老课文都作了研究，并请有素养的语文专家作了修改。

第二条，要符合语文学习的规律，就是说，要注意听说读写之间的内在联系和字词句篇之间的内在联系。关于这一条，在编写时也作过一些考虑。比如说，既然把重点放在培养读写能力上，听和说的能力的培养就可以减轻一些，这种看法对不对？从教学实际看，听说读写之间的关系是很密切的，听话和说话的能力加强了，对读写能力的提高能起很大的促进作用。更何况从培养社会主义现代化建设人才来说，口头表达能力或听话的能力培养的重要性并不低于读写能力的培养。现在不同于科举时代，那个时候考秀才，考举人，考状元，单靠几篇文章几首诗，能读会写就行了，而现在，口头表达机会非常多，即席发言，是来不及打稿子的。有了录音机，就更需要培养说话能力。因此，在教材编写时，必须反映听说读写的训练和它们之间的联系。至于字词句篇之间，究竟是什么样的内在联系，从低年级的识字到高年级的篇章结构，在教材中也已有所反映。这次高年级教材，在这两个内在联系上，初步理了个线索。

第三条，要根据儿童的年龄特征和接受能力，循序渐进。这跟教育学、心理学有密切关系，还涉及目前小学生的实际水平和社会主义现代化建设要求之间的矛盾如何妥善解决的问题。这套通用教材应当反映八十年代乃至更长一段时间的语文水平，但又要从实际出发，不能操之过急。我们根据中央的指示精神，实事求是，在这基础上为实现社会主义现代化早出人才快出人才创造条件。全国小学中，不平衡的现象是存在的，因此，教材编写应当有一定的灵活性。

第三，读写基本功的重点训练项目。

根据大纲规定的原则精神，按照学习语文的规律，以读写训练为范围，对高年级的语文学习，列出若干个基本功的重点训练项目。去年十二月全国中学语文教学研究会，叶老有个书面发言，讲了调查研究问题，着重提到："特别需要调查和研究的是语文训练项目和步骤。为了培养学生具有应有的听说读写的能力，重点应当训练哪些项目，这些项目应当怎样安排组织，才合乎循序渐进的道理，可以收到最好的效果。"

在那以前，我们为高年级选材问题向叶老请教时，他也说过这样的意见。这次编选高年级教材，我们征求老师们的意见，学习了一些有关语文学习的专著，虽然没有看到很多系统的项目训练安排，但也获得一些体会，逐渐形成一个线索。主要的一条就是应当以培养学生具备应有的听说读写的能力为准绳，顺应学生认识事物的规律，注意读写结合，有重点地安排。要注重听说读写的知识，但更重要的是能力。培养这些能力是干什么的，是为了认识自然、认识社会，从而改造自然、改造社会。既然要认识自然、认识社会，就得有个怎样认识的办法，这就要讲求认识事物的规律，即辩证唯物主义。听说读写的能力的培养，应当顺应儿童认识事物的规律，要把认识事物和学习语文这两者紧密结合起来，显示出语文学习的特殊性。学习语文无非是语言文字的理解和运用，理解是读的任务，运用是写的任务，二者应当紧密结合。这就是安排重点训练项目的一个主要线索。小学语文教学大纲提到识字教学时曾指出，要把认识事物的规律，学习语文的规律和汉字本身的规律结合起来考虑，这次读写训练项目，也是按大纲这个精神来考虑的。

更具体地说，读写训练除了语言文字的理解能力和表达能力必须培养外，还应按照认识事物的规律性来考虑，包括观察能力和思维能力的培养。思维能力是个比较广泛的概念，连想象力等也都算了进去。观察能力，思维能力，理解能力，表达能力，这几种能力是互相促进，密切相关的。

本着这个想法，从许多语文专家的论述中，我们选择了若干个项目，经过挑选，针对当前语文学习实际，每册安排了八个，共三十二个项目。有一半侧重于读，一半侧重于写，但都贯彻读写结合的精神。为了使教师心中有数，结合我国的实际，我们在每一组后面用篇幅很短的文字写了出来，称之为“读写例话”。具体的是哪些项目，有课本在，这里就不一一列举了。至于“读写例话”是怎么一回事，教学时该怎么处理，下面还要细说。

第四，读写基本功的训练步骤。

读写基本功的训练项目初定以后，有个训练步骤问题，也就是阶段性问题。这套课本把高年级的两年分成四个阶段，一个学期作为一个阶段。现在把四个阶段读写的训练重点说一说。

四年级第一学期是第一阶段。这个阶段，学生刚从三年级上来，按照儿童学习的规律，需要对前三年所学的基本功有个复习、巩固，因而这个阶段的重点是读写训练的基本要求。从读的方面说，读懂一篇课文最基本的要求是什么，读的时候应当一边读一边想，要抓住课文的主要内容，还要能展开联想，这几个项目在前三年都已经有了具体的训练，只是还没有成为自觉的了解，到了四年级第一学期，通过重点课文的阅读，经过学生的自学，在教师的指导下，让学生自己归结到这么几项基本认识。从写的方面说，要求内容具体，要注意观察，要学会怎样选材，写的时候要具体、真实。这几项也是前三年已经有过的具体训练，现在通过重点课文的学习，经过学生的自学，在教师的指导下，让学生自己归结到这么几项基本认识。读的训练项目和写的训练项目互相配合，作了安排。而所有这些只是重点复习了前三年的基本功，经过学生的消化、整理，由具体的印象形成概念，从而自觉地运用，化为能力。

四年级第二学期是第二阶段，按照认识事物的方法，要从事物的联系、比较中去认识事物。只有重视事物的联系和比较，才能确切地认识事物。因此第八册的训练项目是以事物的联系和比较，结合读写的要求作为重点，主要是学习文章的中心、层次、空间的联系、时间的联系等。第八册的课本还没有出来，这里就不详说了。

五年级第一学期是第三阶段。事物不仅互相联系，而且在不断地发展变化，因此，第三阶段便把重点放在事物的发展变化，结合读写方面的要求提出几项来。读的方面要注意矛盾的主要方面，因而提出要分清主要的和次要的；写的方面和读相呼应，提出要突出重点，主次分明。读的方面要注意事物和环境的关系，它是怎样变化的，写的方面就提示要按事物发展的顺序写，注意事物是怎么发展的。读的方面，往往从人物的外表去体会人物的内心，由表及里，写的方面要抓住人物的特点，从人物的外表的特点来反映人物内心活动。读的方面要注意这种内外关系，要从文字之间仔细体会，要体会文中的内在含义，写的方面就要学习怎样遣词造句，来表达作者的思想感情。这样几个方面，构成了第九册的重点训练项目。

五年级第二学期是第四阶段，也是小学的最后阶段。小学前几年学习到的基本功，再选择几个特别需要注意的地方，作为关键，让学生加以注意。一是文章要有真情实感，不能无病呻吟；二是文章要有条理，层次清楚，不能杂乱无章；三是文章要注意细节，具体细致，不能空空洞洞，不着边际；四是文章与当时当地的环境有密切联系，说话要得体，不能忽视对象，不成体统。不成体统的毛病，小学生犯得很多，例如对长辈说话不讲礼貌，用词不当，是很常见的。第十册还没有编印出来，这里也从略了。

根据编写高年级教材的指导思想，大纲规定的编排原则，设计了高年级读写基本功的重点训练项目，安排了训练步骤，所有这些，都是为了培养学生的自学能力，加快培养读写能力。为此希望老师们在研究教材时，注意下面几点。

1. 重点训练项目要体现语文学科的特点。按照儿童认识事物的过程，找出一些带规律性的东西，教给学生，这样来培养儿童的智力，发展儿童的思维，是各门学科的共性，各门学科都要这么考虑。这些带规律性的东西，还要反映到语文学科上来，反映到读写能力的培养上来，体现语文教学的特殊性，这是语文科所特有的。希望老师注意这一点。

2. 循序渐进，逐步深化。这些重点训练项目是随着认识的深化，学生认识水平的提高而逐步加深、循序渐进的。这种循序渐进，不是直线式的上升，而是螺旋式的上升。意思是说，不是学了一项又一项，这一项不管那一项，像登台阶那样，一个阶梯一个阶梯一直往上走。儿童学习心理告诉我们，这样做是不易学得扎实，也易于遗忘的。因此采取的办法是学习一项新的基本功，总是要复习已经学过的基本功，在复习巩固的过程中加以提高。要不断地复习已有的知识和技能，又在这样的基础上巩固并提高。一环扣一环，循环上升，循序渐进。看起来像是重复，实际都在提高。只有这样做，才能学得扎实，牢靠，真正能打好基础。因为这是符合教学原则，符合儿童学习心理的。教师看了全部重点训练项目，会发现有重复之处，实际上是遵循循序渐进的原则安排的。

3. 抓住重点，不能忽视非重点。重点和非重点是相对而言的，重点不是孤立的，有了非重点才显示出重点来，正像低年级以识字为重点，但不能把它从听说读写中孤立出来一样。教一组课文的时候，抓住一篇重点课文，搞好重点训练，这是必要的，但即使是重点课文，也不能不照顾到必要的字词训练、词句训练、朗读默读训练，以及其他必要的一些基本功训练。不过那些不十分突出，不是重点而已。这一组课文的学习有一个重点，到下一组课文，换了一个重点，是不是就把前一个重点丢掉了呢？不，前一个重点是已经印入儿童的脑海之中，化为知识，化为能力，新的重点是在那样的基础上学习的。所以说，重点与非重点是相对的。语文能力便是在这样错综复杂的训练之中，有重点地逐步锻炼出来的。这是语文教学的特点，单打一的做法是不适宜的。

4. 基本功训练要切合儿童的接受能力。高年级教材，就已出版的第七、九册来说，有的教师反映浅，有的教师反映深，这都是从教师所教的那个班学生的实际出发来判断的，都是对的。就这些基本功训练项目来说，可以教得深，例如，文章的中心，可以涉及文学上的主题思想，但那不是我们希望的；也可以教得浅，扣准学生的实际接受能力。小学阶段，教材与教学，都应贯彻深入浅出的精神。对教师说，教材编写意图可以谈得深一些，因为那是对教师讲的，但把这个意图体现到教材里，就得浅化，用到教学上也得浅化。要用儿童易懂的语言，适合儿童的接受能力，恰如其分地提高他们，这是教材难编的地方，也是教学难教的地方。我们的教材编得不够理想，希望教学时能够弥补这些缺点，深入浅出，切切实实地做好基本功训练。

二、试教小学语文第七、九册的几个具体问题

第一，关于“看图学文”。

小学高年级仍然安排有“看图学文”。看图学文，从语文教学的目的看，看图是为了学文，以学文为主，如果以看图为主，那就成为一种美术课本了。学文是目的，看图是手段，手段为目的服务，这是对的。但是，即使看图是个手段，也并不是不要下功夫。这是因为手段和目的有相通之处，紧密相连。图中有文，文中有图。看图学文形成一种技能以后，看到文章，读者脑中习惯地浮现出一幅幅图画，这种文中有图的境地，对文章的理解将会更加细致、深刻。

由此我们了解到，看图学文的实质是什么。它的实质就是培养学生的观察能力、思维能力和理解能力。看图时着重培养观察能力，学文时着重培养理解能力，而在看图与学文的过程中，都必须培养思维能力。把三种能力联系起来，作为培养学生的语文自学能力的一个办法。

从一、二、三年级看图学文的教学经验看，有这么几个问题。

1. 看图与学文，是先看图后学文，还是可以先学文后看图。一、二年级，没有发生过先后问题，三年级发生过，学生在学习课文以前，早把文看过了。这是学生自学能力有了提高的标志，要从学生的实际出发，不可拘泥于何者为先。一般地说，还是应当先看图。在看图时，各年级要求有所不同。一、二年级应当看图上画些什么，它们的位置怎样，大体是件什么事，让学生有个初步了解便可以学文，一边学文一边

还可以再从图来理解，对图作进一步观察。到了三年级，如果出现了学生已经先学文的现象，可以一开始便图文对照，在对照时先以图为重点，把图看清，再来学文，使学生在学文时能同时有图的印象。到了高年级，安排的图除了表面的具体形象的理解，还要从中体会出图画内在的意思或思想感情来。比如第七册的两幅，一幅是“海上日出”，它和陆地的日出有什么不同，有什么特点，这是观察角度的问题。看了海上日出，给人以什么样的心境，文章是作者在海上看了日出，感到有它特殊之处，心里有所感而写的，这样便把文中的意思和图里的意思联系起来，写的是动态。至于“鸬鹚”，画的是一个宁静的湖面，国画的味道比较浓。从画上看到的是什么景色，产生一种什么感情，再看文，写的正是这种静态。文中还有捉鱼一段，那是静中有动，主要的仍然是静态。

例如第九册，一篇是“长城”，有两幅图，那是两张角度不同的照片。从两个不同的观察点来看长城，不仅要求看出长城是什么样的，而且由此产生联想，文便是这样描述的。“桂林山水”是另一幅，一幅山水图，怎样看出桂林山水的特色，这种特色该怎样具体形象地归纳出来。看文，作者是怎样叙述的。无论是看图还是学文，比起三年级来要求都高了一步。

从上面“看图学文”的要求来看，它们和第七、九册的重点训练有着联系。这种联系在课文的学习中可以反映出来。一、二、三年级是这样，高年级也是这样。

2. 看图与学文应当哪一项占的比重大，从目的看，应当学文比重大，这是对的。但是在一、二年级，特别是初次看图时，学生不懂得怎么看，看图的比重大一些，时间放长一点，也是可以的。到了高年级，学文以后，为了进一步体会文意，再来看图，从图中来回想文中的意思，用看图来加深印象，体会文意，这样做，对提高学生阅读能力有好处，是可以的，更何况从中提高了观察能力和思维能力。第七册的“鸬鹚”，第九册的“桂林山水”都是比较有味道的图，这样处理也是可以的。

概括上面的意思，看图学文的要求，是既要看懂图意，又要理解文意。从图意说，既要能看懂每幅图，又要在学文时浮现出这样的图；从文意说，要识得里面的生字新词，要懂得每句每段文字的意思。在达到上述要求的过程中，要通过看图，培养观察事物的能力；通过学文，培养理解语言文字的能力；在培养这两种能力时，都要调动学生的主动性和创造性，培养他们的思维能力。

在思维能力的训练上，一是从事物的联系中加强思维训练，二是从词句段的联系中加强思维训练，三是从事物的发展变化中加强思维训练。

有的同志认为，这套课本的看图学文，到了高年级不过每册开头这么两课，刚教出点儿味道，就没有了，感到不够。关于看图学文是否可以多一点儿，我们将加以研究。我们想说明一点的是，看图学文这种形式，在于学文时养成一个习惯，读到具体形象的文章，能够很自然地浮现出一幅幅图画，如果有了这种习惯，那么在学课文时也可以运用。课文中有的插图，往往只是提供了一个场面，可以由此推及其他；再由读推广到写，写作文时也要脑海中有一幅幅图画。这对读与写都有帮助。

有的同志教看图学文时，在看图的时候让学生有条理地说一段图意，而后同课文来对照。这个做法，许多老师证明并不理想。首先，这成了看图说话，失去了学文的本意；其次，说话后再学文，必然比较优劣异同，减轻了学文的重点，甚至减弱了儿童对学文的兴趣。我们要把看图学文和看图说话区别开来，学文是理解能力的培养，说话是表达能力的培养，重点不同，不要混淆起来。

第二，关于三类课文。

把课文分为讲读、阅读和独立阅读这样三类，主要目的是有利于培养学生的自学能力。大纲提出，它们所占课数比重，从低年级到高年级，一类逐年适当减少，二、三类适当增加，到高年级三类课文各占三分之一。七、九册实际比重如下：

第七册：一类，16；二类，10；三类，9；看图学文，2；合计 37。

第九册：一类，14；二类，10；三类，9；看图学文，2；合计 35。

这是从课数的形式看，意味着对课文的自学能力在逐步提高。从课文的实质上看，由于学生的自学能力的提高，教师讲解的成分相对地减少，学生自学的比重相应地增加，这就是说，第一类课文逐渐接近第二类课文。第二类课文由于学生自学能力的提高，课文应相应地增加深度，又有点儿与第一类课文相类似。高年级的一、二类课文正在逐步接近。这两类课文虽然比较接近，但还是各有特点，是有区别的。至于第三类课文，由于自学能力的提高，学生理解文章的水平提高了，因而他们也不会只满足于大体了解课文内容。我们要重视这个变化，而不能用前三年三类课文的看法来看待高年级的三类课文的教学。现在就四、五年级的三类课文，谈谈它们的特点。

（一）第一类讲读课文的特点。

1. 重点项目的训练。教材中安排有重点课文，和“读写例话”的重点训练项目相呼应。要切实按重点要求教好。除了教材中指定作为重点训练的重点课文外，其他的第一类课文要根据课文的特点，联系课后作业题确定教学重点。这个教学重点一般都和那组的重点项目训练有关。但是有的课文，如果不能和那组的重点训练项目联系，就不要勉强联系，仍然按照那一课的教学重点进行教学。这是因为语文课毕竟不同于数理化，课本里一篇一篇的文章，学生可以有各种各样的体会，教学时不必限制过死。同时由于学习的具体对象不同，程度不同，要求也不能一刀切，应当给教师较大的灵活性，便于针对不同程度的学生，除了明确安排的重点训练项目外，提出不同的教学重点。

2. 一般的基本功训练。“拳不离手，曲不离口”，既然是基本功，就不是训练一次便能熟练的。比如识字，词和句的训练，朗读和默读训练，说话训练，书面作业训练等等，都有一个由易到难，由简单到复杂，由生疏到熟练的过程。同一个基本功，例如朗读，各年级教学方式可以有变化，要求可以有不同，但都属于基本功训练，不能因为有了重点训练项目便忽视一般的基本功训练，只是要分个轻重，有个主次。有的同志提倡“一课一得”，就重点训练项目说，这是对的，但从语文学习看，要把这个“一得”和其他基本功训练的关系处理好，就是说处理好重点与一般的关系。

3. 教与学的关系上，第一类课文教师教的比重占得比较大。这是因为在这些课文的教学中，老师对学生提出新的要求，这种新的要求，便是重点项目以及一般基本功的巩固、提高。学生开始接触新项目，要依靠教师的指点、讲解，所以教的比重比较大。但是这种指点、讲解又必须能促使学生积极思考，有助于进一步培养自学能力。

（二）第二类阅读课文的特点。

1. 重点项目的复习巩固和运用。每一组的重点项目不仅在重点课文中体现，而且和其他的课文大抵都有些联系，有的联系紧一些，有些联系松一些，这些训练项目就在许多课文的学习中复习巩固，锻炼为能力。但是在教材中一、二类课文也并没有配合得非常好，这是因为课文是现成的作品，而现成的作品并不是由编者请作者专为重点训练的要求而写的。既然作为二类，它的一项要求就是要对已学过的重点项目进行复习，加以巩固，也就是把一类课文中学到的新知识得到运用的机会，逐步锻炼成技能。为了培养学生的自学能力，在第二类课文教学中，应当减少教师的讲解，多让学生自己动脑筋。

2. 一般基本功的重点复习巩固。在讲读课文中，一般基本功要求比较全面、细致，而在二类课文，一般基本功应当选择重点复习巩固逐步达到熟练。如果也像一类课文那样作比较全面的要求，这便会和讲读课的要求一样。其实讲读课也是有重点的，如果每课都全面地要求，就失去了重点，也就难以使学生集中注意，会降低教学效果。

3. 自学比重增加，教师指点讲解的比重比第一类少。这种自学的要求，就高年级来说，比三年级以前有所提高，所以仍然不能离开教师的指点讲解，但又要求学生自己多多开动脑筋，因而不能像讲读课文那样手把手地指点着教。

（三）第三类独立阅读课文的特点。

1. 完全依靠学生自学，只是教师事先加以布置，事后作检查，使学生熟练地掌握自学的门径。

2. 对学生理解课文的能力，要求有所提高。这可以从课文提示看出来。

3. 可以采取自学讨论的方法，和“读写例话”的处理方法相似。

本着培养自学能力的目的，按照三类课文的特点，根据学生学习能力的逐年提高，对高年级的三类课文教学，提出几点在教学中值得注意的地方。

1. 要把着力点放在讲读课文上。凡属重点课文，必须认真地切实地教好。这就是说，每册课本不过十几篇讲读课文，这些课文学生学得怎么样，是衡量是否教好这一册的主要标志。它的要求可以按照课后作业题提出的重点训练项目，结合自己班上学生的语文实际来确定。课数不多，教师备课要在这些课文上下功夫，从某种意义说，处理得好，抓住重点，教学负担是不会重的。

2. 第二类课文不能像第一类课文那样同等对待，同样要求。第二类课文要着重学生自学，但教师花的气力并不因加强学生自学而花得少些。有的教师不耐烦地说：“反正你不一定一下学得会，不如干脆我教给你吧!”坏就坏在这个“干脆”上，你一干脆，怀的是好意，讲得也顺利，图了个方便，满以为学生都学到了，实际这是使学生被动地接受，精神处于抑制状态，对培养自学能力是不利的。培养自学能力要花苦功夫、细功夫，教师既要肯下苦心，又要细心耐心。所以教第二类课文，要在如何促使学生自学上下功夫。这个功夫不在时间花多长，而在是否指导在点子上。这方面的功夫，老师平时教学不习惯，就得动脑筋。老师动的脑筋，一是要明确课文的特点，确定哪是重点；二是要了解学生的难点，确定提问重点；三是要了解学生程度，确定要求高度。

教师抓住这三项，把主要气力花在选择重点提问上。

3. 第三类课文主要在教师的指引。可以采取讨论的方式，由学生自己提问题，自己解答，自己读，自己评论，教师的引导是学生得益多少的关键。

4. 每组“读写例话”，有的以读为重点，有的以写为重点，是不是一组课文都以读为重点，一组课文都以写为重点呢？不，课文的阅读始终占着主要地位，不理解课文而谈写作，容易变成讲究写作形式的学习，对切实提高写作能力帮助不大。写作的训练应当从内容到形式，读是内容的理解，在理解内容的过程中，学到写作的知识，内容与形式结合，写作才容易学好，容易学活。如果把课文的教学重点放在写上，必然使学生失去了对文章的感受、体验，失去了对课文的兴趣，难以培养读的能力。

5. 课后作业题一般都起到点明教学重点的作用，这是必须做到的基本要求。教师可以针对具体对象、具体情况，作适当的调整，但不能放松重点要求，不要增加作业负担。

6. 要注意学生的预习。这一年多来，很多老师注意了学生的预习，在预习中自己查字典，学习看懂课文，学习提问题。这个预习工作可放在课外进行，也可以放在课内进行。学生预习是培养自学能力的重要措施，学生经过预习，提出种种自己解决不了的问题，老师的教学便有了针对性。布置预习要引起学生的学习兴趣，促使他们自愿预习，而不是一味地增加学生的负担。

第三，关于“读写例话”。

“读写例话”是通用教材小学四、五年级语文课本中的一种新的课文形式。每篇不过几百字到千把字，不列课次，编排在每组课文之末。每册八篇，按四、五年级四册计，一共三十二篇。这是对小学高年级学生有计划地加速培养读写能力的一项具体措施。

看它的形式，类似过去小语课本中曾经编列过的“知识短文”，但由于教学目的不同，所以实质并不一样。过去小学课本里的“知识短文”，顾名思义，是讲授语文知识的。首先是传技，以教师讲解为主；其次是知识，对能力培养重视不够。至于“读写例话”，它是以一篇课文为例，进行读写基本功训练的带有复习巩固性质的文章。首先以学生自学、讨论为主，教师只是给以引导、指点；其次也要学到一些读写知识，但这种读写知识是通过学生自学、讨论而得到的，在获得知识的过程中锻炼了能力。而且拿来作为例文的那篇课文，是不久前刚刚学过的，这次来学习“读写例话”，无非是把不久前学到的知识，经过消化，整理，用文字系统地写出来，属于复习、巩固、提高性质。如果按三类课文归类，它是属于第三类——独立阅读课文。

为什么不照过去那样编写“知识短文”，而要采取“读写例话”的办法呢？在编写时有这样几点考虑。

1. 配合重点课文，进行有计划的读写基本功训练。小学高年级语文课本的每组课文都安排有一篇或两篇重点课文，这种重点课文都是讲读课文。这种重点课文除了必须进行的一般的读写训练外，都各有一个重点训练项目。这个重点项目，教学时要着重抓，加强训练。每册八个重点训练项目，就在八篇或稍多一点儿的重点课文的教学中重点训练。“读写例话”要和重点课文的教学相呼应，起到配合作用。

2. 加强重点训练的复习、巩固。在教学重点课文时，由于同时进行其他非重点的读写训练（这是不可省的），学生在学习时，注意是多方面的，不很集中，容易忽视重点。安排“读写例话”，可以把重点训练项目再集中提出来，引起学生注意，同时根据儿童学习心理，使印象再次重现，这种复习、巩固，可以加深认识，提高学习效率。

3. 提高学生的自学能力。学生学习了重点课文，又在第二类阅读课文或第三类独立阅读课文中进一步训练，关于这个重点训练的项目，已经基本上有所体会，只是还没有进行概括，形成明确的概念。现在相应安排了“读写例话”，让学生自学、讨论，经过学生的独立思考和思想交流，启发积极思维，消化已经学到的零星知识，进行归纳整理，变成系统的知识，形成概念。而这种概念是学生通过自学，自觉地获得的，就必然能自觉地在读和写中应用，从而提高读写能力。学生在自学、讨论中，很有可能理解得比“例话”范围更宽一些，只要有助于读写，老师不必阻止，但老师不要主动地扩大范围，提高要求。

这样的编写意图，虽然并非某个人的主观想法，但毕竟是初次试用，是否有效，还要依靠老师们的教学实践来检验。在教学“读写例话”时，应当达到如下要求。

1. 对那篇“读写例话”重点联系的例文，即该组的重点课文，按重点要求切实进行复习。例如第九册有篇“读写例话”叫《重点突出，主次分明》，教学这一篇就要复习《蝉》那篇重点课文。复习的重点是以《蝉》为例，学习某一种写作方法。

2. 必须要指引学生自学、讨论。不认识的字、不理解的词，让学生自己查字典解决；不理解的句子、不很了解的内容，让学生经过讨论解决。学生解决不了，教师再给予帮助。

3. 教师给以必要的指点，使学生得到明确的认识。遇到学生综合概括不了的地方，一些问题争论不定的地方，教师要发挥学生的主动性，加以指点、引导，得到解决，而不是由教师代替学生概括。

为了达到这样的要求，教学“读写例话”，希望注意下面几点。

①“读写例话”是学生用来巩固学过的读写知识和技能的课文，应当让学生自学。学生自学的时候，应当共同讨论、研究，鼓励大家发表意见。教师可以提出几个问题，引导学生对重点训练的项目，充分思考。学生思维能力提高了，读写能力也相应地得到提高。

②“读写例话”要和重点课文的教学互相呼应。教重点课文时，教师要先看看这一组课文中的“读写例话”的内容和要求，在讲读重点课文时，埋下伏笔，也就是有意不把“读写例话”讲解的内容都讲了。在教重点课文的时候，只要点拨一下，引导学生思考；到学习“读写例话”的时候，学生进一步学习，他们自己学懂学会，就极大地调动了他们的积极性，培养了他们的自学能力。

③学生学习“读写例话”的时候，有哪些知识需要复习巩固，教师要做到心中有数。学生自学讨论的问题，如果只是少数学生没有领会的，就不必提出来大家讨论；要选择与重点有关并且多数学生不理解的问题，通过讨论解决。

4. 要鼓励学生自己提出问题，自己解决，也可以总结自己的阅读方面或写作方面的优缺点。以读为重点的例话，可以联系自己的读书方法；以写作为重点的例话，可以联系自己的写作方法，教师加以引导，重点讨论解决一两个问题。

5. 口头表达能力比较强的班，学生讨论时，可以训练学生作两三分钟的系统发言。学生在低年级的时候多是对话式的一问一答式的发言，到高年级需要逐步提高。口头表达能力是书面表达能力的基础，应在各项教学中注意训练。教师要从学生的实际出发，在教学方法上有所创造。

第四，关于“习作例文”和作文。

像三年级一样，高年级也安排了“习作例文”这种形式，只是篇数减少了一半。就是说两组文章之中，隔一组有一篇“习作例文”。为什么这样安排？因为到了高年级，应当让学生的作文带点儿独立作文性质，但又必须在三年级的基础上进行，所以有一半是在基础训练中出了作文的范围，但没有例文示范，给个习作的范围，让学生自行设计，自己写作；还有一半仍是有重点的要求，有例文作为示范，要按要求进行训练。

随着年级的提高，作文的要求也有所提高，要从三年级的段的训练进入到篇章结构的训练。关于篇的训练，并不首先着眼于文章的形式，例如怎样开头怎样结尾，起承转合那一些方法，用形式去套内容，而是把着重点放在从内容到形式上。从观察事物、展开联想、选择内容、确定重点，到怎样叙述、怎样讲究词句等。这样做有利于培养学生的观察能力、思维能力、理解能力、表达能力，从而形成学生的自学能力。

本着这个指导思想，对高年级的“习作例文”和作文，提出以下几点供老师参考，重点是第七、九册。

第一点，要把高年级的作文训练看作是三年级作文的巩固和提高，并非另起炉灶，新搞一套。三年级的“习作例文”，每册有十个重点，两册共二十个重点，基本上都是段的训练。这二十个重点，两册之间有重复的，这种重复并非完全一样。这是由于学生刚刚开始习作，必须一点一滴，扎扎实实地打好基本功。总括起来无非五项：1. 要言之有物，要求习作必须有具体内容，这是最根本之点。2. 要言之有序，要求习作有个前后顺序，这也是根本之点。3. 要重视观察，培养观察能力。4. 要抓住事物的特点。5. 要抓住叙述的重点。要在上述五项的基础上，初步学习写人、记事、写物的一些基本方法。三年级的“习作例文”，大抵便是这么一些训练重点，把这些重点分列成二十个项目，扎扎实实地练，尽一年之力，让学生初步懂得作文就是把所见、所闻、所思，实实在在地、有顺序、有重点地、确切地叙述出来，并不神秘。

到了四、五年级，还是这么个基础，还是这么一些基本功，只是要求比较高一些罢了。如果老师是按着这套教材的顺序教上来的，就会发现“习作例文”有些要求和三年级所提的差不多，只是希望从这个差不多里，一面复习巩固，使基本功打得更扎实，一面在这基础上有所提高，一环扣一环，一层深一层，好比画油画，涂了一块又加厚一块，在加厚的变化之中形成一幅美丽的图画。这是从儿童学习的特点来考虑的。例如第七册，安排了四篇“习作例文”，第一篇《赶羊》，要求写自己感受最深的，实际上是练习观察、抓重点；第二篇《今天我喂鸡》，要求怎样有次序地写活动，实际上是练习观察，按顺序写；第三篇《小木船》，要求借物怀念人，实际上就是抓特点，不过把事物与人联系起来；第四篇《高大的背影》，要求通过一件事写人，实际上是教顺序，不过是把事情的发展与人联系起来。第九册安排了四篇“习作例文”，第一篇《落花生》，要求把事的主次写出来，实际上仍然是抓重点，不过加上重点与非重点的关系；第二篇《钓鱼》，要求写事情的顺序，有详有略地写，实际上仍是言之有序，只是这个序有个详略不同的写法；第三篇《忆铁人》，要求通过一件事来写人，实际上仍是事与人的联系，只是事中有重点，而重点是为了写人的内心；第四篇《第一场雪》，要求写景，实际上还是观察景物，不过要把写景与人的思想联系起来。这样，教“习作例文”便心中有数了。有数的是：了解学生原有的基本功训练并要巩固它；明确所加的要求是什么，是在已有的基础上的提高。

第二点，要把“习作例文”与“读写例话”联系起来。怎样才能使“习作例文”的教学既达到指导阅读又达到指导写作的要求，在三年级只是就一篇“习作例文”进行指导，那是因为三年级的时候，识字、阅读的训练都还需要进行相当重要的初步基本功训练，这个必须抓紧，写作只限于段的训练，为的是给联词成句、联句成段打下扎实的基本功基础，因而不宜作更多的要求。但有一点是“习作例文”的特点，那便是具体体现读写结合。把读的重点和写的重点紧密联系起来。到了高年级，仍然要注意“习作例文”这个读写结合的特点。学生在三类课文的学习里，已经懂得了一些读写方法，这些读写方法在“习作例文”里再现，并加以实践。这样，学生印象更深，基本功也更扎实。

第三点，“习作例文”和作文的关系。“习作例文”担负有双重任务，但毕竟是习作的例文，因此重点还是在习作上。这个意思并不是说，阅读为写作服务，而是说读与写在理解与表达上有共同点，要在共同点上联系起来。这便是读写结合。学生有了读写的一点认识，并得到具体的印象，就要有机会在习作上实践。这个实践，便是作文。

由于高年级的作文要求比三年级高，因此，作文应当单独划出时间来进行。基础训练的习作题可以单独计算。这个作文一般要作一些准备工作，因此，在教材中没有紧接着安排，为的是便于教师作有计划的安排。

作文的题目在各册都列有范围，可以按教材的要求做。如果当地缺乏条件，可以修改，但是不要偏离要求的训练重点。

至于没有“习作例文”的那组，在基础训练中已安排有作文，并且列出范围。要求和别的组的作文一样。

关于作文，我们的想法是，希望高年级能不少于八次，可以达到十次左右。除了规定的八次，教师可以根据需要自己安排。这指的是有计划的作文。

至于短小的练习，写一段话等，可以由老师自己列入计划，不在此限。但是，有的老师在每篇讲读课文之后补一段写作练习，希望注意教学重点，不要因而冲淡重点。我们的意见是，练必须有目的地进行，一味多练，只求量，不顾要求，学生的收获并不能符合理想。

至于作文的批改和讲评，属于教学方法的范畴，这个就不凭我自己的主观提意见，希望大家创造经验，要求老师费力少而收效大，关键不在于精批细改，而在于老师的重点指导和充分调动学生的积极性。

第五，关于基础训练。

第七、九册的基础训练要在前几年的基础上，继续培养读写能力。

第七册继续重视词和句的训练，开始以篇章结构为重点。

汉语拼音、识字、写字的练习是复习的性质，要使学生通过各种形式的练习，从实践中理解一些规律性的东西。写的练习加重了段落的抄写或听写，是为做会议记录、记笔记打基础。

词和句的训练仍要给以足够的重视。词汇的练习着重在理解和运用上下功夫。通过辨析近义词、词的搭配、逻辑归类、成语的练习、词序的练习等，要求学生准确理解词义，知道怎样才是正确的句子，怎样避免错误。

说话的练习要在有条理上下功夫，回答问题，发表意见，都要注意说话有条理。一段话里前言要搭后语，一句连得上一句。

阅读要重视自学能力的培养，要在理解上下功夫，读了一段话、一篇文章，要能抓住主要内容，知道文章的脉络。

习作要注意运用学过的知识，基础训练中的习作应是学过知识的实践。按照教学大纲的要求，四年级应会写一般书信，第七册中作了相应的安排。

第九册是小学最后一个学年的开始。在这一年里，要全面完成教学大纲提出的多项要求。第九册开始以篇章结构、练习写作为重点。

汉语拼音、识字、写字，仍着重在复习。查字典的重点仍然是复习音序查字法、部首查字法，还增加了难字的数笔画查字法。写字提出对速度的要求，要在正确的基础上达到一定速度。

词语和句子的练习仍要重视。通过近义词、反义词、多义词、成语、纠正用词不当等练习，在理解和运用词语上下功夫。句子的重点仍是认识常用句式、修改病句。

在说话、阅读、习作等练习中都要注意篇章的训练，要训练学生思维有条理，说和写有条理。

在字、词、句、段、标点等练习都有一定基础的情况下，九册安排了修改一段话的练习，要求学生综合运用学过的知识。这是理解能力与表达能力的训练，也是思维的训练。

习作，各种形式的练习都是为了培养写记叙文的能力。教学大纲中要求会写读书笔记，九册中作了相应的安排。

教学中希望注意。

1. 不要就事论事。在进行字、词、句、篇、听、说、读、写的训练的同时，要重视学生观察能力、思维能力、理解能力、表达能力的培养。

2. 不要讲语法术语。为的是让学生从具体的语言现象中懂得：那样说，人家不懂得你的意思，不明白你为什么那样说；这样说，才能使人家懂得意思，明白意图。

三、解放思想，改进教学方法

今年秋季小学高年级使用新编的语文课本，从我们知道的情况看，不少省市的负责教研工作的领导和高年级的老师们都很重视。为此，就所了解的情况，提出几点希望。

第一，实事求是，从实际出发，切实练好基本功。

这套小学语文课本是全国通用的，它不可能完全适用于各种不同类型的学校、不同程度的学生，因此在使用时还要遵循实事求是的原则。事物有它的发展规律，停滞不前是错误的，揠苗助长也不对。教第七册的假如是原来的老师，对学生的实际情况心里有底，到了高年级要把注意力放在如何巩固前三年的成果，而按照七册的要求一步一步踏实地做。如果不是原来的老师，应当和原来的老师联系，了解这个班学生学习情况，作为教学参考。教第九册的困难多一些，由于是从省市自编教材过渡过来，教材的编写意图不大一样，师生都是刚接触通用教材，加上一年工夫学生就要毕业，师生压力比较大。怎么办？也要实事求是，不要着急地赶，要扎扎实实地做。我们要想到，整个小学阶段的要求是扎扎实实打好读写基础，基础打得扎实，深造就有了可靠的条件。

选作高年级课文的文章，有不少是作家的文章的节选或全篇，文学作品占的比重大。请老师们不要误会，这不是希望学生学文学，而是考虑到文学作品中的词汇比较形象丰富，句子类型比较多样，表现方法比较灵活，内容比较生动有趣，有利于加强语文的基本功训练。因此，不要把一些涉及文学作品的名词术语教给学生，仍然要把这些课文当作普通的记叙文来教。

第二，从全局着眼，做好本阶段的工作。

从高年级来看，总的要求是在前三年的基础上，有计划地加速培养读写能力。这套教材在有计划这点上作了粗线条的安排，尽管粗糙一些，但总是有了个计划。教师在教学的时候，对整个高年级心中有数，本阶段该着重做好哪几项重点的基本功训练有个安排，这样就可以突出重点，切实抓紧。当然重点和非重点，是密切相关的，在本阶段是重点，到了下阶段就成为非重点，即便是同一个重点，在上一次是怎样的要求，这一次又是怎样的要求，心里也比较明确。这种重点的确定，除了教材中规定的，还应从学生实际出发，有的应该多花点儿气力，有的可以少花点儿气力。全局在胸，做好本阶段的工作，就能够圆满地完成高年级教学任务。

第三，切实做好毕业班的语文教学工作。

这里想专对教第九册的老师提几点建议。

1. 一定要严格按照三类课文的要求教。第九册一共只有十几篇讲读课文，要扎实细致地教好。除了古诗只要求学一点儿文言词语，懂得课文内容就行，其余的课文，要切实认真下一番功夫。所谓下功夫，并不是意味着教学时间花得多，而是要重点突出，教好新的基本功，巩固提高已学的基本功。在讲读课文的教学中，要注意把中下程度的学生逐步引上来。阅读课文主要按课后提示的要求办。根据班上情况适当调整要求是可以的，但不能像讲课文那样教，要注意增加学生自学的比重。至于第三类课文，应当让学生自学，进行讨论，和“读写例话”的教法相仿。仍须教师指引，而不是完全放手。

2. 可以一组一组地备课。就一组课文，统筹安排，哪篇该是什么重点，哪篇该注意些什么，该选择哪几个启发思考问题等等，都可以通盘考虑。如果写备课笔记，也不妨重点地记。有的课文为讲读课文，备课备得细，可以写得详细些，有的课文的笔记就可以写得简略一些。教师要腾出时间来多考虑教学体会，总结自己的经验，多发现一些教学中的问题，多做些改进教学研究工作。

3. 不要光是想如何补缺，而要多想如何把一年的要求切实做到。从地方教材转到通用教材，差距是有的，补差距的办法不能只考虑增加学习内容和作业分量，这样会增加师生负担。负担过重，成效反而不大。我们要想到，一年时间虽然不长，可也不算很短。五年级课本中各项基本功训练，都是前四年基础上的加深，是前后呼应的。前几年即使是地方教材，也有很多优点，学生也经过很好的训练。因此，如果能从实处仔细算一算，哪些可以在原来的基础上适当充实一点儿，哪些可以从简一点儿，切实地、有计划地、细水长流地做，一定可以在毕业时达到大纲的要求。老师们费了劲，周密考虑，切实教学，时间又不过一年，只要能够接近大纲要求，就已属难能可贵了。

以上三点建议供下学期的五年级老师参考。这个精神也可供四年级老师参考。

第四，要把培养学生的自学能力放到重要位置上来，并把这个作为是改进教学方法的一个重要标志。

培养学生自学能力的重要意义，已为许多同志所公认。但是，讨论是一回事，切实做到又是一回事。就编教材来说，选材时除了考虑内容好、文字好，还要考虑孩子读了是否有启发，对培养自学能力能起什么作用。关于这些，我们研究得不够。就教学说，老师教的时候，考虑的只是把哪些知识教给学生，还是同时考虑经过什么途径引导学生获得新知，锻炼能力，这是教学思想上的重大分歧。至于在培养自学能力的过程中，怎样培养学生的观察能力、思维能力、理解能力、表达能力，这些细功夫，也不是一下子便可以办到的，要下苦功夫，花大气力。

就高年级的老师说，还有个特殊问题，便是老经验的改进。担任高年级教学的，不少教师是学校里的老教师、台柱子，他们有较丰富的经验，是很可贵的。这些经验里面，哪些有助于培养学生的自学能力，要继续发扬优点；哪些不利于培养学生的自学能力，要加以改进。该改进的就得改，这方面的情况比较复杂，但是只要大家是为了一个共同目标，为培养社会主义现代化建设所需要的人才而努力，咱们一定敢于创新。

老师们还有一件担心的事，便是毕业考试、初中入学考试，是否能和现在的教学相适应。关于这个问题，从我们所了解的情况看，已经在起变化。例如前不久看到杭州市初中一年级的语文入学试题，题目就出得不错。那试题有不少特点，主要是：重视能力的考查，也有知识的考查，但不考死记硬背；题目出在学生学过的课本里，从学习实际出发而不是出偏题。听说北京市的试题也出得不错。如果下学年毕业考试和初中入学考试的试题，能按大纲和学生读过的课本的要求办，老师可以放下心来扎扎实实教好课，他们的包袱就可以大大减轻了。

这次向大家介绍汇报的内容，由于水平有限，考虑欠周，定有不少缺点错误，请领导、老师批评指正。

怎样编写说话训练教材*

《小学说话课本》我看了一下，看过后想谈点儿感想，讲讲关于低年级说话训练方面的问题。

第一个问题，谈谈在低年级单独设立说话课的意义。

说话训练是很重要的，我们过去的语文教学，只要学生能够写就行了，表达能力着重靠写，而现在由于科学的发展，有了很多现代化的工具，特别是有了录音机，就不一定都要写。录音，往往是一边说一边就录下来了，就要求出口成章。这种说话能力就要从小培养起来，所以口头表达能力的训练在今后这样一个科技发达的时期，越来越显得重要。再从社会主义现代化建设来看，只有大家都用普通话，才能更广泛地展开思想交流，才能够使全国人民更好地为着一个目标工作，因此，推广普通话在现代化建设中占有重要的地位。说还是写的基础，说跟读的关系非常密切，说是口头的表达，而读是作者的文字的表达，我们读人家的文章，就好像是在读人家用文字说的话。我们重视了说话，重视了

* 选自袁微子著：《小学语文教学论集》，浙江教育出版社 1992 年版。

听、说、读、写四种能力里的一种，也有助于其他三种能力的培养。而且在说话训练中常常运用学过的词语，这就加强了词语训练。

以上几个方面，一是讲口头表达能力在现代化建设当中的地位，越来越显得重要；二是讲推广普通话的重要作用；三是讲说话训练有助于读和写，有助于听，有助于词语训练。从这些方面来看，低年级加强说话训练是必然的趋势。

在三年级以上不再安排说话课，说话训练是不是可以不重视了呢？三年级以上不单独设立说话课，并不意味着说话训练就可以不必再重视。说话训练不仅仅是一、二年级的事情，在三年级以上依然也是很重要的。不过三年级以上的说话要求更高了，涉及的面也更宽了，不必单独设立说话课了。

低年级怎样训练说话，说话课该怎样上，首先得明确目的。明确了目的，说话课就能有计划地进行。究竟该怎样来考虑说话课呢？想谈第二个问题。

第二个问题是指导思想问题。

1. 我们要把说话训练看作是语文基本功训练的组成部分。它跟听的训练、读的训练、写的训练、识字训练都紧密联系，所以在指导思想上不要把说话训练和别的训练孤立开来，不要单独为说话而说话。如果一孤立，说话训练就成为没有舵的船，没有方向，跟其他的计划就不能互相配合，就不能跟其他的基本功相辅相成，这样说话训练就不容易见到很好的效果。

2. 小孩子上了小学以后，就要识字，因而这个说话训练跟幼儿园的语言训练有所不同。它不再是单纯的语言训练，而是语言跟文字紧密结合的训练，不过偏重于语言方面的训练就是了。使文字方面的训练跟语言方面的训练融合起来，这个问题如何处理，是个重要课题。我们的孩子到了六七岁上学的时候，已经会说很多话，已经有了很好的说话基础。说话训练的基础和文字表达的基础是不同的。文字表达要靠识很多字，小学生初上学识的字不多，用文字表达还有一定的困难。说话会用很多词，这些词他早已从一岁多直到五六岁跟他的家长学，跟幼儿园的老师学，跟他周围的人学，已经打下了一些基础。而文字的表达能力必然落后于口头表达能力。这中间有个距离，这个距离如何弥补，口头表达能力从上小学以后应该注意什么，就要有一个比较明确的目标，要认识到口头表达能力与文字表达能力之间的差异。

3. 小孩子上了小学以后，在教师的直接指导下学说话，所以教师的说话往往就是学生说话的榜样。不要认为，教师对自己的说话要求可以低一些，对学生说话要求应该严格一些，这是不对的。如果教师不善于说话，对自己的说话要求不严格，怎么去训练学生，怎么去要求学生呢？如果教师不会说普通话，怎么去要求学生说普通话？所以，低年级开设说话课，不要以为比阅读、识字课容易。教师说的话是不是正确，用的词是不是准确，往往直接影响学生。

4. 低年级说话训练首先要使学生感到有话想说，这一点同作文训练是一样的。作文训练也应当是使学生首先感到有话想说，于是才来写文章的。说话课也要让学生感到有话可说，有话想说。因此，说话课本里的图画，就显得比文字占有更重要的地位。图画画得好，启发性强，孩子看过之后就有话想说；图画内容比较丰富，能联系学生已有的知识，孩子看过之后就有话可说。所以对图画必须严格要求，不能马虎。

编低年级的说话教材，图画要放在第一位。因为图画是实物的摹写，图画画不好，说话训练就进行不好。低年级说话教材的图画要放在第一位，不是插图性质的。

第三个问题，对说话课必须认真地看待，对说话教材也必须认真对待。

1. 讲一讲说话教材的内容。说话教材应当有哪些内容？说话教材的内容和语文课本一样，主要的是认识自然，认识社会，要扩大孩子的知识领域，让孩子多接触周围的事物。要丰富学生说话的内容，提供更多的说话材料，使孩子感到有话可说，看到图很喜欢，有话想说。说话教材提供的这种自然常识、社会常识，又要富有启发性。图画本身就要有启发性。学生看了图之后，懂得怎样去想，启发孩子的思维，使孩子变得聪明些，逐步地培养他们认识事物的能力。为了使孩子有话可说，有话想说，能够发展学生的思维，就要求说话材料的内容要广泛，不要限制得太窄。孩子接触的面是很宽的，特别是现在，许多地方的农村也已经有了电视机，有了录音机、收音机，孩子接触到的东西很多，我们要选择一些放到说话教材里去。因为它是语文课的一个组成部分，所以要跟语文课本适当配合。但不要重复课本内容，而要选择跟课本内容有些联系的东西，使学生读了课文之后，有所扩展。我们要使未来一代新人的知识非常丰富，不要限制在一个很小的范围里面。

选择来的材料，内容要讲究科学性，使孩子有真实感。如果不符合科学性，就要修改。孩子正是长身体、长知识的时候，要在这些方面尽可能选择有关的内容。还应该有一些启发孩子共产主义思想萌芽的东西。对低年级的孩子来讲，观察自然的比重要占得大一些，要让孩子多接触大自然，让他们认识自然。社会知识要有，不要占得很大。要有孩子的气息，有孩子的味道，孩子喜欢的东西，大人不一定喜欢，要符合孩子的心理状态。

2. 讲一讲说话教材的形式。图画的图意必须明确，要经得起孩子们仔细观察。孩子的观察有时很细，不要在很细小的地方让孩子觉得不符合事实。说话教材里的图画比一般连环图画的要求高得多。低年级的图不能太小，一张小小的 32 开的纸上有四幅图，而且图的周围空白很多，图显得太小，孩子看起来费劲。

第四个问题，谈谈理想当中的说话课本应当是怎么样的。

1. 究竟这个课本是给孩子看的，还是教师看的？还是教师、孩子都可以看的？如果这个课本是给孩子看的，就应该把图画和文字组合起来。如果主要是文字，实际上就成了阅读课本。如果只有图画而没有文字，那么实际上是个画册。说话是拿图画作凭借，凭借图练习说话。既然是说话课本，就应该包括看图说话，也包括观察实物说话。看图说话和观察实物说话有共同点，也有区别。区别在看图说话的图虽然是观察的对象，但是有局限性，学生的观察限制在图里边，图上没有画的东西孩子就不知道，也无从观察。观察实物不一样，观察实物时教师让他注意观察这个东西，这个东西的周围还有很多东西，教师尽管没有让学生去注意，他们却注意了。所以观察实物的时候怎么吸引学生的注意力，就比观察图画难得多。许多实物是动的，动态的观察往往是从观察实物来的。连环图画尽管也有行动的连续性，但行动的连续性是一张图一张图连起来的，是几个静态的东西变成一个动态的东西。所以低年级的说话训练，不仅仅要有看图的说话，而且要安排观察实物的说话。如果观察实物不能编到给孩子看的说话课本中去，也要腾出几个课时来，留给老师指导观察实物说话。

2. 看图说话应当跟看图学词学句联系起来，跟看图学文联系起来。比如学生看这个图，图底下有几句话，这几句话应该让学生读，他们认识的字不多，可以用汉语拼音标出来。这几句话很简单，读了之后，学生再来看图，图上表现的比读的内容还要丰富。那么学生就可以根据这个线索丰富他的说话内容。这就等于把看图学词学句、看图学文和看图说话联系起来了。看图学词学句学文，要有一个选择。究竟选哪几句话，选哪一些词，要斟酌。过分抽象的，孩子不容易懂的，特别是文言调子的句子就不要上。图要大一些，文字要大一些，句子要短一些。这样的课本，教学时不妨有些挂图，有幻灯片，更有利于教学。低年级的说话课，可以和电教手段紧密结合起来。一、二年级的看图说话，辨别颜色也很重要。如何辨别春天，如何辨别秋天，一年四季景色不同，插图就要有颜色。

3. 说话教材要体现出阶段性。一年级的说话课和二年级的说话课要有阶段性。二年级比一年级要有所提高。说话课本的要求应当高于阅读。因为阅读必须识字，受到文字的限制，所以阅读材料一般都比较浅。而孩子会说的话很多，如果过于浅了，孩子没兴趣。所以说话教材用汉语拼音注音的文字可以多一些，启发性的问题要提出来。可以让学生按照问题来练习说话。一、二年级应该是图画、文字并用。这些文字都用汉语拼音注音，每一篇都要使孩子能读得懂。凡是孩子读不懂的就不要放在说话课本里。

说话课本只要编到二年级为止，不要再往上推了。这样做就为三年级打下一个很好的基础。

提出了更高的要求*

在小学语文教材编辑工作过程中，有几个问题是经常考虑的。学习《邓小平文选》和“三个面向”的重要题词，感到是提出了更高的要求。现在想就如何进行教材改革谈点粗浅的意见。

一个意见是，要把小学生的语文学习跟“造就具有社会主义觉悟的一代新人”紧密联系起来。“革命的理想，共产主义的品德，要从小开始培养。”为此，我们的小学特地开设了思想品德课，小学语文也应当在培养听、说、读、写能力的同时，挑起共产主义思想教育的担子来。要使我们的新生一代，在学习语文的过程中，潜移默化地受到教育，逐步培养共产主义的世界观。小学语文教材的编写，就应当以共产主义世界观为指导，把马克思主义哲学的一些基本观点，渗透到教材中去。在修改《关于建国以来党的若干历史问题的决议》稿的过程中，陈云同志强调要学习马克思主义哲学，邓小平同志说：“现在我们的干部中很多人不懂哲学，很需要从思想方法、工作方法上提高一步。”我们应当从小开始培养，用马克思主义哲学，采取浅显易懂生动有趣的办法来武装

* 此文发表于《课程·教材·教法》1984 年第 4 期。

一代新人。

再一个意见是，要从发展语言和发展思维的辩证统一的关系上来考虑小学语文教材体系的安排。过去，我们从语言文字训练的角度考虑得多了一点，即便是语言文字的训练，从发展的观点来考虑也还显得不够。发展语言和发展思维的辩证统一，在哲学、教育学、心理学中都有明确论述，对语文学科有着重要的指导意义，是马克思主义语言学的中心问题。如果以这个语言和思维的辩证关系为线索来考虑小学语文教材体系，至少有如下好处：一是有利于跟幼儿教育相联系，在初步训练语言的基础上继续发展，可以加快语文基本功训练的速度；二是在发展语言的过程中进行文字训练，有利于密切听、说、读、写之间的联系。小学阶段要求掌握的是现代汉语，语言与文字是一致的，如果以汉语拼音为工具为中介，辅之以字形结构的方法指导，比之先识字后读书或是边识字边读书，在语言训练的连续性上更有好处。近年来黑龙江正在进行的“注音识字，提前读写”的实验，我虽接触不多，但从参加过两次研究小组的汇报座谈，读到过几封来自黑龙江省拜泉县育英小学实验班二年级小学生的来信，私以为这条实验的路子是大有前途的。当然，求其完善尚须花大气力，尤其是在方言地区，学习普通话的任务还相当艰巨，但只要路子对头，方法力求多样，对小学语文教材与教学的改革必然将产生巨大作用。三是在发展语言的同时注意思维，必将相互促进，相得益彰，有利于社会主义精神文明的建设，为培养共产主义世界观创造条件。“今天，党中央这样关注科学和教育事业，这样着力于培养选拔人才，我们可以预见，一个人才辈出、群星灿烂的新时代必将很快到来。”邓小平同志1978年说的这样鼓舞人心、充满信心的话，正是跟

“三个面向”一样地寄希望于教育。小学语文如果重视语言与思维的相互联系、相互促进，必将促进儿童的发展，为培养又红又专的人才发挥积极作用。

还有一个意见是，小学语文教材的改革应当重视语文基本功的严格训练。这里所讲的严格训练，既不是指的教材内容的“深难重”，也不是指的过重的课业负担。我是倾向于减少一点语文课时，匀一点给音、体、美，并适当多有一点自然常识、历史、地理的课时的。关于严格训练，邓小平同志曾经说过：“学生负担太重是不好的，今后仍然要采取有效措施来防止和纠正。但是，同样明显的是，要极大地提高科学文化水平，没有‘三老四严’的作风，没有从难从严的要求，没有严格训练，也不能达到目的。”学习也是劳动，而且是相当艰苦的劳动。我们的教材，应当为语文训练的有效劳动提供条件，防止和纠正种种压制学生发展的无效劳动。把语文学习称之为语文基本功的训练，这是想提示教师，在语文教学中既要重视语言文字，又要重视思想，要从语言、文字、思想三者的统一体中来进行综合训练，而在小学阶段，训练的是一些基本功。这种基本功训练，应当按照发展语言的规律和发展思维的规律，针对语文教学的特点，按照小学生所能接受的程度，有计划地通盘考虑，有步骤地严格训练。在课堂教学中自觉获得的知识和技能，应当加强与课外活动（包括课外阅读）的联系，在实践中得到巩固、提高，这才能充分发挥学生的创造性和积极性，发展智力，培养自学能力。

以上这些想法，不知道是否有可取之处。在教材编写中虽然打算有所改进，但毕竟是全国通用教材，岂能贸然行事；在教学实践中虽然也看到不少教师有所创造，但毕竟还不是整体的改革。由此我想到，教材改革应当从实验开始，不妨有多种教材，先是小规模的实验，根据实验效果，不断求其完善，再逐步扩大实验。而教材改革的关键在于加强科学研究。

安排一条探索的路*

《四川教育》准备对小学语文高年级安排的三十二个重点训练项目作些研讨，供老师们参考，以利于改进教学，提高教学质量。这是一件有益的工作。在编写那套通用教材的过程中，我是参与设计的，因而很愿意把当时的一些想法简略地说说，也许对老师们的进一步研讨有些帮助。

那是 1977 年秋到 1978 年秋，我们花了较多的精力进行通用教材的设计工作，其中一个主要课题，是如何有计划、有步骤地进行语文训练的问题。为了探讨这个问题，请教过许多老师、教研员同志，也请教过专家。叶圣陶先生便曾提过很宝贵的意见，我印象最深的是，他曾很严肃地对我们说，不要以为编辑语文课本就是选了若干篇文章，把它们按次序一编便算完事了，要讲究训练项目和步骤。他的这个意见，之后见于 1979 年中学语文教研会的书面发言，那上面是这样说的：

---

* 选自袁微子著：《小学语文教学论集》，浙江教育出版社 1992 年版。

……特别需要调查和研究的是语文训练的项目和步骤。为了培养学生具备应有的听说读写的能力，究竟应当训练哪些项目，这些项目应当怎样安排组织才合乎循序渐进的道理，可以收到最好的效果。对这个问题，咱们至今还是心里没有数。

事实正是如此。叶老当时指出了一条探索的道路，却并没有具体提示应该经过哪些站点，该怎样走。既然咱们至今还是心里没有数，何妨试着来改革一下，就先从高年级那两年先来作一番考虑。这个考虑，按叶老的指引，至少要解决三个问题：1. 怎样确定训练项目；2. 在教材中该怎样安排组织；3. 在教学中该怎样切实有效地训练。

首先，怎样确定训练项目。这是个很伤脑筋的课题，但我们是有信心的。这个信心来自两个方面，一方面是一定要认真吸收我国自己的专家和老师们的宝贵经验。就像叶老，他教过多年语文，精通中国语言文学，而且是极有造诣的作家。他自己的成就里必然包孕着许多可以吸收的营养，可以从中研究一条我们中国人自己学习语文之路。另一方面，我们一定要以马克思主义哲学为指导。我们是社会主义国家，编的是社会主义教材，必须渗透马克思主义的哲学思想，这是灵魂，是指导思想，决不能有丝毫含糊。我们要把这两个方面紧密联系起来统一研究。于是一面研读辩证唯物主义，一面研究叶老以及朱自清、夏丏尊、陈望道等诸家有关语文的论著，边研究边设计。

从叶老及诸家的著述中，我们懂得了：首先，这个训练项目不应当是孤立地摆一些语法、修辞、作文法乃至思想方法等，这方面我们是有过教训的，至今还受着束缚；其次，这个训练项目不应当是一些单纯讲知识的知识短文，这方面我们也是有过教训的，至今也还受着束缚；最后，这个训练项目不应当只是脱离读写实际的一些原理、法则，这方面我们照抄照搬别国的模式的教训也是深刻的，至今也还受着影响。这三个“不”对我们的设计帮助极大，使我们增强了改革的勇气，鼓起了信心，不至于再回到那光说些空洞道理而严重脱离实际训练的老路上去。

首先，根据叶老指示，要安排一条学生自己可以探索的道路。探索要靠实践，靠思考，靠联系自己的实际去解决问题。这样，我们初步考虑到，应当把语言文字的学习跟思想认识的培养提高紧密联系起来；要着重发展学生的思维，培养他们的能力，把知识与能力统一起来。这些训练项目便是在这样的思想基础上设计出来的。

其次，教材应该认真安排组织。这个组织应当是项目与项目之间的内在联系。这个内在联系应当一环扣一环，贯穿一个学生自行探索、自求理解的，思维发展、能力培养的过程。这是在当时我们心里比较明确的。

但是，具体来说，应当是怎样的一些阶段呢？关于这个问题，学习列宁的几篇有关辩证法的著述，我们初步勾勒出一个粗线条。大体来说，分为三个阶段。第一个阶段，把重点放在怎样从事物的联系中认识事物。第二个阶段，把重点放在事物的运动必然有一个过程，让学生从运动的过程中进一步认识事物。第三个阶段，把重点放在事物的质变，怎样从此一事物变成彼一事物，让学生从事物的变化中学会分析解剖，更进一步认识事物。

这三个阶段不能截然划分，只是有所侧重，否则便会使辩证法的运用僵化。

这三个阶段必须紧密联系语文训练的实际，显示出语文学科的特点。如果没有语文学科的特点，便会变成空洞的教条。

这三个阶段必须针对学生的思想实际、语文学习实际。如果不这样做，便会成为死记硬背、食而不化的条文，既谈不到语文训练，更谈不到培养学生的语文自学能力。

这些训练项目便是按这样的设想来安排组织的。

再次，在教学中应该切实有效地进行训练。关于这一点，叶老曾经说过，单篇教材后面要提出“提示”的项目，或者摘出要点，或者举出疑难，或者提出问题，或者指导参证，目的在于引导学生依着一条线索彻底了解教材的本身。这个话是对中学语文说的，但小学可以汲取其精神。这样，我们便从五个方面来安排，为教师的教学提供方便。

第一方面，尽量把侧重训练的项目选择若干篇课文作为依凭，列为一组，便于教师作为训练重点，便于学生能在研习巩固中熟练提高。第二方面，每篇课文列有提示性质的作业题，从要点、疑难、问题、指导等方面，从课文实际出发，把训练项目包含在里面，但不明显指出，以免学生脱离具体课文，为训练而训练。第三方面，按照课文的自学要求的程度差异，逐步加强训练的自行了解的因素，来逐步培养其能力，发展其智力。第四方面，按语文的理解与表达，有的重在指导读，有的重在指导写，但强调读写结合，相互渗透。第五方面，要在学生在教师的指导下加强自学，有所体会时，帮助学生联系自己的读写实际，使认识有所提高，并上升到实践中去。这样便作了三类课文的安排，并设计一种“读写例话”，置于每组课文之后，以加强培养学生的自学能力。因为叶老说过，即便是课外阅读，“教师总得给他们安排一条探索的道路”。

这些想法当然是相当粗糙的，但我们自信这样的设计总比一篇一篇孤零零地讲授，更有益于培养学生的自学能力。我们更相信，全国的教师自会集思广益，进行试验，创造经验，用学生是否有所进步来说明问题。

既然是继承老一辈的宝贵经验而求有所发展，以适应现代化建设的需要的试验，这也多少算是作了一点小小的改革吧。改革，免不了要触动旧习惯，免不了由于各人教学思想的不同而在实践中各行其是，还会有沿袭其形式，抹杀其新意，甚至根本予以无视的。这本是事理之常，但既然从“咱们至今还是心里没数”到拿出一个可供大家研究的试验方案来，这多少也算进了一步。我们想，只要坚持以马克思主义哲学为指导，从实际出发，走中国人自己的路，沿着这样的改革走下去，方向大致没有错。如果这个想法正确，那么，我们的几百万有志气的小学教师，他们必然会勇往直前，根据党中央指示的改革方针，在这样粗线条的基础上，进一步提出更完满的意见，使小学语文教学走向比较美好的境界。